食に関する指導の手引
第二次改訂版

平成31年3月
文部科学省

ま え が き

　急速な経済発展に伴い、生活水準が向上し、食を取り巻く社会環境の大きな変化や食に関する国民の価値観・ライフスタイル等の多様化が進む中、国民の意識の変化や世帯構造の変化、また、様々な生活状況に伴い、健全な食生活を実践することが困難な場面が増えてきています。

　特に、子供の食生活の乱れや健康に関しては、例えば、偏った栄養摂取や朝食の欠食に代表されるような不規則な食事などの食生活の乱れ、肥満や過度のやせ、アレルギー疾患等の疾病などが見受けられ、増加しつつある生活習慣病と食生活の関係も指摘されています。

　こうした中、子供の食生活については、学校、家庭、地域が連携して、次代を担う子供の望ましい食習慣の形成に努める必要があります。

　学校においては、これまでも、給食の時間や教科等の時間を通じて、食に関する指導を行ってきました。食育の推進が大きな国民的課題となっている今日、学校における食育を一層推進するため、学校給食の教育的意義を改めて認識しつつ、学校の教育活動全体で食に関する指導の充実に努めていくことが大切です。

　国においては、食育の推進を国民運動として総合的かつ計画的に推進するため、平成17年に施行された「食育基本法」に基づき「食育推進基本計画」を策定し、現在は、平成28年度から平成32年度（2020年度）までの5年間を期間とする「第3次食育推進基本計画」により、各種の施策を推進しています。

　また、平成29年には小学校学習指導要領、中学校学習指導要領、特別支援学校幼稚部教育要領、特別支援学校小学部・中学部学習指導要領、幼稚園教育要領、幼保連携型認定こども園教育・保育要領及び保育所保育指針を、平成30年には高等学校学習指導要領を、平成31年には特別支援学校高等部学習指導要領を改訂しました。各学習指導要領においては、引き続き、「学校における食育の推進」を総則に位置付け、栄養教諭が学校給食を活用した食に関する指導を充実させることを明記するとともに、教育課程の編成及び実施に当たっては、教科等横断的な視点に立ち、新たに食に関する指導の全体計画と関連付けながら効果的な指導が行われるよう留意することも明記しました。

　本書は、平成19年3月に初版を作成し、平成22年3月の第一次改訂を経て、平成29年から平成31年までの新学習指導要領等の改訂を踏まえ新たに改訂したものです。具体的には、学校における食育の必要性、食に関する指導の目標、食に関する指導の全体計画、食に関する指導の基本的な考え方や指導方法、食育の評価について示しています。

　今後、学校において、本書を活用していただき、子供がその発達の段階に応じて食生活に対する正しい知識と望ましい食習慣を身に付けることができるよう、学校教育活動全体で食に関する指導に当たられるとともに、家庭や地域、他校種との連携を深め、学校における食育の一層の推進を図っていただくことを願っています。

　本書作成に当たり、御協力を頂いた協力者や関係者の皆様に対し、心から感謝の意を表します。

平成31年3月

文部科学省初等中等教育局長

永 山 賀 久

目次

目　次

第1章　学校における食育の推進の必要性・・・・・・・・・・・・・・・1
　第1節　児童生徒の食生活を取り巻く状況等・・・・・・・・・・・・・1
　第2節　食育基本法の施行及び食育推進基本計画の推進・・・・・・・・3
　　1　食育基本法の施行・・・・・・・・・・・・・・・・・・・・・3
　　2　食育推進基本計画の推進　・・・・・・・・・・・・・・・・・3
　　3　第3次食育推進基本計画における学校で取り組むべき施策・・・・5
　第3節　学校給食法について・・・・・・・・・・・・・・・・・・・7
　第4節　学習指導要領の改訂・・・・・・・・・・・・・・・・・・・8
　　1　中央教育審議会の提言・・・・・・・・・・・・・・・・・・・8
　　2　学習指導要領における食育の位置付け及び幼児教育における食に関する指導・・・・8
　第5節　栄養教諭について・・・・・・・・・・・・・・・・・・・・14
　　1　栄養教諭制度の創設・・・・・・・・・・・・・・・・・・・・14
　　2　栄養教諭の配置・・・・・・・・・・・・・・・・・・・・・・14
　　3　栄養教諭の職務・・・・・・・・・・・・・・・・・・・・・・14
　第6節　学校における食育の推進・・・・・・・・・・・・・・・・・16
　　1　食に関する指導の目標・・・・・・・・・・・・・・・・・・・16
　　2　食に関する指導の内容・・・・・・・・・・・・・・・・・・・20
　　3　教科等における食に関する指導の評価の考え方・・・・・・・・23
　　4　食育の推進体制・・・・・・・・・・・・・・・・・・・・・・23
　　5　食育推進のPDCA　・・・・・・・・・・・・・・・・・・・24

第2章　学校・家庭・地域が連携した食育の推進・・・・・・・・・・・26
　第1節　連携の基本的な考え方・・・・・・・・・・・・・・・・・・26
　第2節　家庭や地域との連携の進め方・・・・・・・・・・・・・・・27
　　1　児童生徒及び家庭の実態把握、課題や目標の共通理解・・・・・27
　　2　学校の指導内容や指導方法、役割等についての共通理解・・・・27
　　3　成果・取組後の課題の共有・・・・・・・・・・・・・・・・・27
　　4　家庭との連携の進め方・・・・・・・・・・・・・・・・・・・27
　　5　地域との連携の進め方・・・・・・・・・・・・・・・・・・・28
　　6　校種間の連携・・・・・・・・・・・・・・・・・・・・・・・30
　　7　栄養教諭の役割・・・・・・・・・・・・・・・・・・・・・・31

第3章　食に関する指導に係る全体計画の作成・・・・・・・・・・・・35
　第1節　食に関する指導に係る全体計画の作成の必要性・・・・・・・35
　　1　食に関する指導の組織的・計画的な実施・・・・・・・・・・・35
　　2　教職員の共通理解・・・・・・・・・・・・・・・・・・・・・35
　　3　学校と家庭・地域等の連携・・・・・・・・・・・・・・・・・36
　第2節　全体計画作成の手順及び内容・・・・・・・・・・・・・・・37
　　1　実態把握・・・・・・・・・・・・・・・・・・・・・・・・・37

2　学校における食育の推進状況に関する評価指標の設定・・・・・・・・・・・37
　　3　食に関する指導の目標の設定・・・・・・・・・・・・・・・・・・・・37
　　4　食に関する指導の全体計画①の内容について・・・・・・・・・・・・・38
　　5　食に関する指導の全体計画②の内容について・・・・・・・・・・・・・39
　第3節　具体的な全体計画のイメージ・・・・・・・・・・・・・・・・・・42
　　1　食に関する指導の全体計画①（小学校）例・・・・・・・・・・・・・42
　　2　食に関する指導の全体計画①（中学校）例・・・・・・・・・・・・・46
　第4節　栄養教諭の役割・・・・・・・・・・・・・・・・・・・・・・・・50
　　1　全体計画の進行管理・・・・・・・・・・・・・・・・・・・・・・・50
　　2　教職員の連携・調整・・・・・・・・・・・・・・・・・・・・・・・50
　　3　家庭や地域等との連携・調整・・・・・・・・・・・・・・・・・・・51
　　4　各種計画との関連付け・・・・・・・・・・・・・・・・・・・・・・51
　　5　児童生徒の食生活の実態把握と活用・・・・・・・・・・・・・・・・52
　　6　食育の取組事例等に関する情報提供・・・・・・・・・・・・・・・・52
　　7　学校給食の現状や課題等に関する情報提供・・・・・・・・・・・・・52
　　8　複数の学校や共同調理場を兼務する栄養教諭の対応・・・・・・・・・53
　第5節　特別支援学校における食に関する指導に係る全体計画の作成及び指導上の留意点　54
　　1　実態把握・・・・・・・・・・・・・・・・・・・・・・・・・・・・54
　　2　学校における食育の推進状況に関する評価指標の設定・・・・・・・・54
　　3　食に関する指導の目標の設定・・・・・・・・・・・・・・・・・・・55
　　4　食に関する指導の全体計画の内容について・・・・・・・・・・・・・56
　　5　全体計画を踏まえた、食に関する指導を推進するに当たっての留意点・・・59
　第6節　具体的な全体計画のイメージ（特別支援学校）・・・・・・・・・・62
　　1　食に関する指導の全体計画①（小・中・高等学校に準じた教育を行う場合）例・・・62
　　2　食に関する指導の全体計画①（知的障害のある児童生徒の教育を行う場合）例　・・・68

第4章　各教科等における食に関する指導の展開・・・・・・・・・・・・・74
　第1節　総論・・・・・・・・・・・・・・・・・・・・・・・・・・・・74
　　1　教科等における食に関する指導の基本的な考え方・・・・・・・・・・74
　第2節　各論・・・・・・・・・・・・・・・・・・・・・・・・・・・・77
　　1　社会・・・・・・・・・・・・・・・・・・・・・・・・・・・・・77
　　2　理科・・・・・・・・・・・・・・・・・・・・・・・・・・・・・87
　　3　生活（小学校）・・・・・・・・・・・・・・・・・・・・・・・・99
　　4　家庭、技術・家庭・・・・・・・・・・・・・・・・・・・・・・・103
　　5　体育、保健体育・・・・・・・・・・・・・・・・・・・・・・・・120
　　6　道徳・・・・・・・・・・・・・・・・・・・・・・・・・・・・・131
　　7　総合的な学習の時間・・・・・・・・・・・・・・・・・・・・・・144
　　8　特別活動・・・・・・・・・・・・・・・・・・・・・・・・・・・157
　　9　特別支援学校・・・・・・・・・・・・・・・・・・・・・・・・・173

第5章　給食の時間における食に関する指導・・・・・・・・・・・・・・218
　第1節　学校給食とは・・・・・・・・・・・・・・・・・・・・・218
　　1　目的と役割・・・・・・・・・・・・・・・・・・・・・・・218
　　2　学校給食の栄養管理・・・・・・・・・・・・・・・・・・・218
　　3　学校給食の衛生管理・・・・・・・・・・・・・・・・・・・219
　　4　特別活動における学校給食の位置付け・・・・・・・・・・・220
　第2節　給食の時間に行われる食に関する指導・・・・・・・・・・223
　　1　給食指導・・・・・・・・・・・・・・・・・・・・・・・・223
　　2　給食の時間における食に関する指導・・・・・・・・・・・・224
　　3　給食を教材とした教科等における食に関する指導・・・・・・226
　　4　栄養教諭の役割・・・・・・・・・・・・・・・・・・・・・227
　第3節　学校給食におけるリスクマネジメント・・・・・・・・・・229
　　1　食中毒の防止・・・・・・・・・・・・・・・・・・・・・・229
　　2　異物混入の防止・・・・・・・・・・・・・・・・・・・・・230
　　3　食物アレルギー対応・・・・・・・・・・・・・・・・・・・231
　　4　窒息事故防止・・・・・・・・・・・・・・・・・・・・・・232

第6章　個別的な相談指導の進め方・・・・・・・・・・・・・・・・234
　第1節　個別的な相談指導の基本的な考え方・・・・・・・・・・・234
　　1　想定される個別的な相談指導・・・・・・・・・・・・・・・234
　　2　授業等との関連・・・・・・・・・・・・・・・・・・・・・235
　　3　指導上の留意点・・・・・・・・・・・・・・・・・・・・・235
　第2節　学校内の体制及び教職員の役割・・・・・・・・・・・・・236
　　1　学校内の体制・・・・・・・・・・・・・・・・・・・・・・236
　　2　教職員の役割・・・・・・・・・・・・・・・・・・・・・・237
　第3節　学校と家庭・地域の関係機関等との連携・・・・・・・・・239
　　1　家庭との連携・・・・・・・・・・・・・・・・・・・・・・239
　　2　地域の関係機関等との連携・・・・・・・・・・・・・・・・239
　第4節　栄養教諭の役割・・・・・・・・・・・・・・・・・・・・240
　　1　栄養教諭の役割・・・・・・・・・・・・・・・・・・・・・240
　　2　個別的な相談指導の計画・実施・評価・・・・・・・・・・・240
　　3　個別的な相談指導を行う際の留意点・・・・・・・・・・・・241
　第5節　具体的な指導方法・・・・・・・・・・・・・・・・・・・242
　　1　方法及び流れ・・・・・・・・・・・・・・・・・・・・・・242
　　2　偏食のある児童生徒・・・・・・・・・・・・・・・・・・・242
　　3　肥満傾向にある児童生徒・・・・・・・・・・・・・・・・・243
　　4　やせ傾向にある児童生徒・・・・・・・・・・・・・・・・・244
　　5　食物アレルギーを有する児童生徒・・・・・・・・・・・・・244
　　6　スポーツをする児童生徒・・・・・・・・・・・・・・・・・245
　　7　食行動に問題を抱える児童生徒・・・・・・・・・・・・・・247
　第6節　個別的な相談指導の評価・・・・・・・・・・・・・・・・249

第7章　学校における食育の推進の評価・・・・・・・・・・・・・・・・・252
　第1節　評価の基本的な考え方・・・・・・・・・・・・・・・・・・・252
　第2節　評価の実施方法・・・・・・・・・・・・・・・・・・・・・・253
　　1　成果指標（アウトカム）の評価・・・・・・・・・・・・・・・253
　　2　活動指標（アウトプット）の評価・・・・・・・・・・・・・・256
　　3　評価の進め方・・・・・・・・・・・・・・・・・・・・・・・257
　第3節　学校評価との関連・・・・・・・・・・・・・・・・・・・・258
　第4節　評価（Check）から改善（Act）へ・・・・・・・・・・・・260

第1章　学校における食育の推進の必要性

第1節　児童生徒の食生活を取り巻く状況等

　食は人間が生きていく上で欠かすことのできない大切なものであり、健康な生活を送るためには健全な食生活は欠かせないものです。また、健全な食生活を日々実践し、おいしく楽しく食べることは、人に生きる喜びや楽しみを与え、健康で心豊かな暮らしの実現に大きく寄与するものです。

　しかし、我が国では、急速な経済発展に伴い、生活水準が向上、食を取り巻く社会環境が大きく変化した中で、食に関する国民の価値観やライフスタイル等の多様化が進んできています。

　このような中、国民の意識の変化とともに、世帯構造の変化や様々な生活状況により、健全な食生活を実践することが困難な場面も増えてきています。

　国民の食生活においては、エネルギーや食塩等の過剰摂取や野菜の摂取不足等の栄養の偏り、朝食の欠食に代表されるような食習慣の乱れが見られ、近年、朝食を欠食する児童生徒の割合も横ばい傾向となっています。これらに起因する肥満や生活習慣病は引き続き課題である一方で、若い女性のやせ傾向等の健康面での問題も指摘されており、引き続きこれらの課題の改善に向けた取組が必要です。

　特に、子供に食生活の乱れや健康に関して懸念される事項、例えば、偏った栄養摂取や不規則な食事などの食生活の乱れ、肥満や過度のやせ、アレルギー等の疾患への対応などが見られ、増加しつつある生活習慣病と食生活の関係も指摘されています。成長期にある子供にとって、健全な食生活は健康な心身を育むために欠かせないものであると同時に、将来の食習慣の形成に大きな影響を及ぼすもので、極めて重要です。子供のころに身に付いた食習慣を大人になって改めることは、容易ではありません。このため、成長期にある子供への食育は、生涯にわたって健やかに生きるための基礎を培うことを目的としています。

　また、古くから各地で育まれてきた地域の伝統的な食文化等、国民の食文化に関する意識が希薄化し、失われていくことも危惧されています。このため、食を通じて地域等を理解することや失われつつある食文化の継承を図ることが重要です。食は、それぞれの国や地域の風土及び伝統に根ざした文化的な営みであり、失われつつある食文化の継承や地域の産物の理解の上でも大きな意義を有するとともに、団らんなどを通じて社会性を身に付けるという効果も期待できます。

　さらに、食については、情報が社会に氾濫し、情報の受け手である国民が、食に関する正しい情報を適切に選別し活用することが困難な状況も見受けられます。食品の安全性に関わる国内外の事案の発生により、食品の安全性に対する国民の関心は引き続き高く、国民による情報の適切な選別、活用が促進されるようにしていく必要性が高まっています。

　子供たちには、栄養や食事のとり方などについて、正しい基礎知識に基づいて自ら判断し、食生活をコントロールしていく、いわば食の自己管理能力が必要となっています。特に、食品の品質や安全性についても、正しい知識・情報に基づいて自ら判断できる能力が必要となってきています。

加えて、我が国は食料を海外に大きく依存しており、食料自給率及び我が国の農林水産業が有する食料の潜在生産能力である食料自給力の維持向上が急務となっています。一方で、開発途上国を中心に多くの人々が飢餓や栄養不足で苦しんでいる中で、我が国は大量の食品廃棄物を発生させ、環境への大きな負荷を生じさせており、食料問題を世界全体の問題としても捉えていくことが求められています。食は、他の動物や植物の命（自然の恵み）によって自らの命を維持し心身を育むもの、勤労の成果によるものであることから、子供たちが食品ロスの視点を持ち、命の大切さや食への感謝の気持ちを養うことが大切です。

食に関する問題は、言うまでもなく家庭が中心となって担うものです。家族一緒の食事は、家庭教育の第一歩であるとともに、大切な家族のコミュニケーションやしつけの場でもあります。他方、核家族化の進展、共働きの増加などの社会環境の変化や、外食や調理済み食品の利用の増加などの食品流通の変化等を背景として、食生活の在り様も大きく変化しつつあり、保護者が子供の食生活を十分に把握し、管理していくことが困難になってきていることも現実です。

このような状況を踏まえると、子供に対する食育については、家庭を中心としつつ学校においても積極的に取り組んでいくことが重要です。今後も、栄養教諭が中核となり食育推進体制を確立し、学校・家庭・地域が連携して、次代を担う子供の食環境の改善に努めることが必要です。

また、子供に望ましい食習慣を身に付けさせることは、次の世代の親への教育であるという視点も忘れてはなりません。

第1章　学校における食育の推進の必要性

第2節　食育基本法の施行及び食育推進基本計画の推進

1　食育基本法の施行

　食育の基本理念と方向性を明らかにするとともに、食育に関する施策を総合的かつ計画的に推進するために、食育基本法（平成17年法律第63号）が平成17年6月17日に成立し、同年7月15日に施行されました。

　本法律の前文では、「子どもたちが豊かな人間性をはぐくみ、生きる力を身に付けていくためには、何よりも「食」が重要である」、「食育を、生きる上での基本であって、知育、徳育及び体育の基礎となるべきものと位置付けるとともに、様々な経験を通じて「食」に関する知識と「食」を選択する力を習得し、健全な食生活を実践することができる人間を育てる食育を推進することが求められている」、「子どもたちに対する食育は、心身の成長及び人格の形成に大きな影響を及ぼし、生涯にわたって健全な心と身体を培い豊かな人間性をはぐくんでいく基礎となるものである」と規定し、特に子供に対する食育を重視しています。

　また、子供の食育における教育関係者の役割として、「子どもの教育、保育等を行う者にあっては、教育、保育等における食育の重要性を十分自覚し、積極的に子どもの食育の推進に関する活動に取り組むこととなるよう、行われなければならない」（第5条）、食に関する体験活動と食育推進活動の実践として、「食育は、広く国民が家庭、学校、保育所、地域その他のあらゆる機会とあらゆる場所を利用して、食料の生産から消費等に至るまでの食に関する様々な体験活動を行うとともに、自ら食育の推進のための活動を実践することにより、食に関する理解を深めることを旨として、行われなければならない」（第6条）、教育関係者の責務として、「教育並びに保育…に関する職務に従事する者並びに教育等に関する関係機関及び関係団体…は、食に関する関心及び理解の増進に果たすべき重要な役割にかんがみ、基本理念にのっとり、あらゆる機会とあらゆる場所を利用して、積極的に食育を推進するよう努めるとともに、他の者の行う食育の推進に関する活動に協力するよう努めるものとする」（第11条第1項）と規定し、子供に対する食育の推進のために教育関係者の取組を強く期待しています。

2　食育推進基本計画の推進

　食育基本法に基づいて、国の食育推進会議では、これまでの食育の推進の成果と食をめぐる状況や諸課題を踏まえつつ、食育に関する施策を総合的かつ計画的に推進していくため、5年おきに食育推進基本計画を作成しており、第3次食育推進基本計画は、平成28年度から平成32年度までの5年間を期間とし、平成28年3月に作成しました。

(1)　重点課題＜平成28年度から平成32年度＞

　本計画において、この5年間に特に取り組むべき重点課題は、図1のとおり定められています。なお、重点課題に取り組むに当たっては、子供から高齢者まで、生涯を通じた取組を推進するという視点と国や地方公共団体、教育関係者、農林漁業者、食品関連事業者、ボランティア等が主体的かつ多様に連携・協働しながら食育の取組を推進するという視点に十分留意する必要があります。

第1章　学校における食育の推進の必要性

図1　五つの重点課題

* 若い世代を中心とした食育の推進
* 多様な暮らしに対応した食育の推進
* 健康寿命の延伸につながる食育の推進
* 食の循環や環境を意識した食育の推進
* 食文化の継承に向けた食育の推進

(2) 食育推進に当たっての目標

　食育を国民運動として推進するためには、国や地方公共団体を始め、多くの関係者の理解の下、共通の目標を掲げ、その達成を目指して連携・協働して取り組むことが有効です。また、より効果的で実効性のある施策を展開していく上で、その成果や達成度を客観的で具体的な目標値により把握できるようにすることが必要です。

　このため、基本計画においては、国民運動として食育を推進するにふさわしい定量的な目標値を主要な項目について設定することとし、その達成が図られるよう基本計画に基づく取組を推進しています。

図2　食育推進に当たっての目標（下線は主として学校教育が担うもの）

(1) 食育に関心を持っている国民を増やす
(2) 朝食又は夕食を家族と一緒に食べる「共食」の回数を増やす
(3) 地域等で共食したいと思う人が共食する割合を増やす
(4) 朝食を欠食する国民を減らす
(5) 中学校における学校給食の実施率を上げる
(6) 学校給食における地場産物等を使用する割合を増やす
(7) 栄養バランスに配慮した食生活を実践する国民を増やす
(8) 生活習慣病の予防や改善のために、ふだんから適正体重の維持や減塩等に気をつけた食生活を実践する国民を増やす
(9) ゆっくりよく噛んで食べる国民を増やす
(10) 食育の推進に関わるボランティアの数を増やす
(11) 農林漁業体験を経験した国民を増やす
(12) 食品ロス削減のために何らかの行動をしている国民を増やす
(13) 地域や家庭で受け継がれてきた伝統的な料理や作法等を継承し、伝えている国民を増やす
(14) 食品の安全性について基礎的な知識を持ち、自ら判断する国民を増やす
(15) 推進計画を作成・実施している市町村を増やす

　本計画において、子供に対する食育の推進の目標に関する事項として、朝食を欠食する子供（小学校6年生のうち「朝食を毎日食べているか」という問いに対して「あまりしていない」「全くしていない」と回答した者）の割合を平成27年度の4.4％から平成32年度

－ 4 －

までに0％を目指すこと、学校給食において地場産物及び国産食材を使用する割合（食材数ベース）を平成26年度の全国平均26.9％と77.3％から平成32年度までにそれぞれ30％と80％以上を目指すことを掲げています。

　また、学校給食を通じて、より効果的に食育を推進することを目指し、公立中学校における学校給食の実施率について、平成26年度に87.5％となっている割合を、平成32年度までに90％以上とすることが新たな指標として掲げられました。尚、この実施率の割合は、平成28年に90.2％になり目標を達成しています。

3　第3次食育推進基本計画における学校で取り組むべき施策

　学校において、魅力ある食育推進活動を行い、子供の健全な食生活の実現と豊かな人間形成を図るため、国が取り組むとともに、地方公共団体等が推進に努める施策として、(1)食に関する指導の充実、(2)学校給食の充実、(3)食育を通じた健康状態の改善等の推進を第3次食育推進基本計画の中で掲げています。これらの概要は以下のとおりです。

(1)　食に関する指導の充実

　小学校、中学校学習指導要領には、食育の推進を踏まえ、体育科（保健体育科）、家庭科（技術・家庭科）及び特別活動の時間はもとより、各教科、道徳科、外国語活動及び総合的な学習の時間等、学校教育活動全体を通じて食育を組織的・計画的に推進することが示されています。また、特別支援学校小・中学部学習指導要領には小学校、中学校学習指導要領に示されたことに加えて、自立活動や知的障害者である児童生徒に対する教育についても示されています。さらに、幼稚園教育要領、特別支援学校幼稚部教育要領や高等学校学習指導要領、特別支援学校高等部学習指導要領にも食育の推進に関する内容が示されています。

　栄養教諭制度は、食に関する指導のために創設されたものであり、栄養教諭は学校の食に関する指導に係る全体計画の策定、教職員間や家庭との連携・調整等において中核的な役割を担い、各学校における指導体制の要として、食育を推進していく上で不可欠な教師です。全ての児童生徒が、栄養教諭の専門性を生かした食に関する指導を等しく受けられるよう、栄養教諭の役割の重要性やその成果の普及啓発等を通じて、学校栄養職員の栄養教諭への速やかな移行を図るなど配置の促進に努めることとされています。

　学校教育活動全体で食育の推進に取り組むためには、各学校において食に関する指導の目標や具体的な取組についての共通理解をもつことが必要です。このため、校長や他の教職員への研修の充実等、全教職員が連携・協働した食に関する指導体制を充実し、教材の作成等の取組を促進することとされています。また、食に関する指導の時間が十分確保されるよう、栄養教諭を中心とした教職員の連携・協働による学校の食に関する指導に係る全体計画の作成を推進することとされています。

　さらに、地域の生産者団体等と連携し、学校教育を始めとする様々な機会を活用して、子供に対する農林漁業体験や食品の調理に関する体験等の機会を提供することとされています。加えて、効果的な食育の推進を図るために、各地域において、校長のリーダーシップの下、栄養教諭を中核として、学校、家庭、地域等が連携・協働した取組を推進するとともに、その成果を広く周知・普及することとされています。

第1章　学校における食育の推進の必要性

(2)　学校給食の充実

　児童生徒が食に関する正しい知識や望ましい食習慣を身に付け、適切な栄養の摂取による健康の保持増進が図られるよう、中学校の給食を拡充させるとともに、十分な給食の時間の確保や指導内容及び、各教科等の食に関する指導と関連付け、教材として活用がされるよう献立内容の充実を図るとされています。

　また、市区町村が中心となり、生産者や学校との連携を強化し、学校給食における地域の農林水産物の安定的な生産・供給体制を構築することで、食生活が自然の恩恵や食に関わる人々の様々な活動の上に成り立っていることを、児童生徒に理解させ、感謝の心を育むことが求められています。さらに、引き続き米飯給食を着実に実施するとともに、児童生徒が多様な食に触れる機会にも配慮することとされています。そのために、地場産物や国産食材の活用及び我が国の伝統的な食文化についての理解を深める学校給食の普及・定着等の取組を推進するとともに、学校給食の一層の充実を図るため、関係各省と連携しながら、全国学校給食週間に係る取組の充実を図るとされています。

　なお、学校給食を実施していない学校においても、児童生徒が健康の大切さを実感し、生涯にわたって自己の健康に配慮した食生活が営めるよう、食育の観点も踏まえて望ましい食習慣の形成の指導を行う必要があります。

(3)　食育を通じた健康状態の改善等の推進

　栄養教諭は、学級担任、養護教諭、学校医、学校歯科医等と連携して、保護者の理解と協力の下に、児童生徒への指導において、肥満ややせが心身の健康に及ぼす影響等、健康状態の改善等に必要な知識の普及を図るとともに、食物アレルギー等、食に関する健康課題を有する子供に対しての個別的な相談指導を行うなど、望ましい食習慣の形成に向けた取組を推進することとされています。

第1章　学校における食育の推進の必要性

第3節　学校給食法について

　学校給食法（昭和29年法律第160号）は、昭和29年に制定され、学校給食の根拠法としてその時々の状況に応じ、学校給食を制度的に支えてきました。平成20年1月の中央教育審議会答申「子どもの心身の健康を守り、安全・安心を確保するためには学校全体としての取組を進めるための方策について」を受け、平成20年6月に大幅に改正されました（平成21年4月1日施行）。

　学校給食法の第1条（法律の目的）に、「学校における食育の推進」が規定されました。第2条（学校給食の目標）は、食育の観点を踏まえ、新たに目標を加え、七つに整理・充実されました。この目標の整理・充実により、学校給食の教育的効果を引き出し、学校における食育を推進するという趣旨がより明確になりました。これは、「教育基本法」（平成18年12月改正）第2条の"教育の目標"や「学校教育法」（平成19年6月改正）第21条の"義務教育の目標"を踏まえたものとなっています。

　また、第10条では、栄養教諭は「学校給食を活用した食に関する実践的な指導を行うものとする」とし、その果たすべき役割を明確にするとともに、栄養教諭が食に関する実践的な指導を行う場合は、地場産物の活用等の創意工夫を行うことや、校長が「食に関する指導の全体的な計画」を作成することが規定されました。

　さらに、学校給食法の第8条では、文部科学大臣が、学校給食に関して維持されることが望ましい基準として「学校給食実施基準」を定めるとともに、設置者がこの基準に照らして適切な学校給食を実施するように努めることが規定されました。また、第9条では、文部科学大臣が学校給食の適切な衛生管理を図る上で維持されることが望ましい基準として「学校給食衛生管理基準」を定めるとともに、設置者がこの基準に照らして適切な衛生管理に努めることが規定されました。

第1章　学校における食育の推進の必要性

第4節　学習指導要領の改訂

1　中央教育審議会の提言

　中央教育審議会では、平成28年12月の答申「幼稚園、小学校、中学校、高等学校及び特別支援学校の学習指導要領等の改善及び必要な方策について」（以下「答申」という。）の中で、「現代的な諸課題に対応して求められる資質・能力」の中の「健康・安全・食に関する資質・能力」として食に関する資質・能力の考え方が示されました。

　現代的な諸課題に対応して、子供の姿や地域の実情を踏まえつつ、以下のような力を育んでいくことが「答申、別紙4」に記載されています。

健康・安全・食に関わる資質・能力（答申　別紙4）

○ 健康・安全・食に関する資質・能力を、「知識・技能」、「思考力・判断力・表現力等」、「学びに向かう力・人間性等」の三つの柱に沿って整理すると、以下のようになると考えられる。

（知識・技能）

　様々な健康課題、自然災害や事件・事故等の危険性、健康・安全で安心な社会づくりの意義を理解し、健康で安全な生活や健全な食生活を実現するために必要な知識や技能を身に付けていること。

（思考力・判断力・表現力等）

　自らの健康や食、安全の状況を適切に評価するとともに、必要な情報を収集し、健康で安全な生活や健全な食生活を実現するために何が必要かを考え、適切に意思決定し、行動するために必要な力を身に付けていること。

（学びに向かう力・人間性等）

　健康や食、安全に関する様々な課題に関心を持ち、主体的に、自他の健康で安全な生活や健全な食生活を実現しようとしたり、健康・安全で安心な社会づくりに貢献しようとしたりする態度を身に付けていること。

2　学習指導要領における食育の位置付け及び幼児教育における食に関する指導

　学校における食に関する指導は、従来給食の時間や関連教科などにおいて、食生活と心身の発育・発達などの内容に関しての指導が行われてきていますが、食育の推進が大きな国民的課題となり、平成20年に告示された小学校、中学校の学習指導要領総則及び平成21年に告示された高等学校、特別支援学校の学習指導要領総則に「学校における食育の推進」が初めて位置付けられました。また、平成20年に告示された幼稚園教育要領においても、食育に関する内容が充実されました。そして、答申も踏まえ、平成29年に告示された小学校、中学校、特別支援学校小・中学部の学習指導要領総則、平成30年に告示された高等学校の学習指導要領総則及び平成31年に告示された特別支援学校高等部学習指導要領総則に、「学校における食育の推進」がこれまで以上に明確に位置付けられ、小学校、中学校では、各教科、道徳科、外国語活動及び総合的な学習の時間等が加えられました。

第1章　学校における食育の推進の必要性

(1) 学校における体育・健康に関する指導

> 第1章　総則　第1小学校（中学校）教育の基本と教育課程の役割
> 　2(3) 学校における体育・健康に関する指導を，児童(生徒)の発達の段階を考慮して，学校の教育活動全体を通じて適切に行うことにより，健康で安全な生活と豊かなスポーツライフの実現を目指した教育の充実に努めること。特に，学校における食育の推進並びに体力の向上に関する指導，安全に関する指導及び心身の健康の保持増進に関する指導については，体育科（保健体育科），家庭科（技術・家庭科）及び特別活動の時間はもとより，各教科，道徳科＜，外国語活動＞及び総合的な学習の時間などにおいてもそれぞれの特質に応じて適切に行うよう努めること。また，それらの指導を通して，家庭や地域社会との連携を図りながら，日常生活において適切な体育・健康に関する活動の実践を促し，生涯を通じて健康・安全で活力ある生活を送るための基礎が培われるよう配慮すること。

＜　　＞内は小学校のみの記載。（　　　）内は中学校において記載。

　総則では、学校における食育の推進が位置付けられており、児童生徒の発達の段階を考慮して、学校教育活動全体として取り組むことが必要であることを強調しています。
　現在、栄養摂取の偏りや朝食欠食といった食習慣の乱れ等に起因する肥満・やせや生活習慣病等の健康課題が見られるほか、食品の安全性の確保等の食に関わる課題が顕在化しています。
　こうした課題に適切に対応するため、児童生徒が食に関する正しい知識と望ましい食習慣を身に付けることにより、生涯にわたって健やかな心身と豊かな人間性を育んでいくための基礎が培われるよう、栄養のバランスや規則正しい食生活、食品の安全性などの指導が一層重視されなければならないとしています。また、これら心身の健康に関する内容に加えて、自然の恩恵・勤労などへの感謝や食文化などについても教科等の内容と関連させた指導を行うことが効果的であるとしています。食に関する指導に当たっては、給食の時間を中心としながら、体育科（保健体育科）における望ましい生活習慣の育成や、家庭科（技術・家庭科）における食生活に関する指導、特別活動における学級活動はもとより各教科、道徳科＜、外国語活動＞及び総合的な学習の時間での指導などを相互に関連させながら、学校教育活動全体として効果的に取り組むことが重要であり、栄養教諭等の専門性を生かすなど教師間の連携に努めるとともに、地域の産物を学校給食に使用するなどの創意工夫を行いつつ、学校給食の教育的効果を引き出すよう取り組むことが重要であるとしています。

(2) 教育課程の編成及び実施

> 第1章　総則　第5　学校運営上の留意事項
> 　1イ　教育課程の編成及び実施に当たっては，学校保健計画，学校安全計画，食に関する指導の全体計画，いじめの防止等のための対策に関する基本的な方針など，

－ 9 －

第1章　学校における食育の推進の必要性

> 各分野における学校の全体計画等と関連付けながら，効果的な指導が行われるように留意するものとする。

　これは、教育課程の編成及び実施に当たり、法令等の定めにより学校が策定すべき各分野の全体計画等と関連付けて、当該全体計画等に示す教育活動が効果的に実施されるようにすることを示しています。各学校は、法令等の定めにより、学校保健計画、学校安全計画、食に関する指導の全体計画、いじめの防止等のための対策に関する基本的な方針など、各分野における学校の全体計画等を策定することとされています。これらの全体計画等には、児童生徒への指導に関する事項や学校運営に関する事項を位置付けることとなります。そのため、教育課程の編成及び実施に当たっては、これらの全体計画等との関連付けを十分に行うことで、カリキュラム・マネジメントの充実が図られ、より効果的な指導を実現することにつながります。

(3) 食育とカリキュラム・マネジメント

　「カリキュラム・マネジメント」とは教育課程に基づき組織的かつ計画的に各学校の教育活動の質の向上を図っていくことです。学習指導要領に基づき、子供たちの姿や地域の実情等を踏まえて、各学校が設定する学校教育目標を実現するために、教育課程を編成し、それを実施・評価し改善していくことが求められています。

　育成を目指す資質・能力を育んでいくためには、学習指導要領に基づき、各学校が教育課程を組み立て、家庭・地域と連携・協働しながら実施し、目の前の子供たちの姿を踏まえながら改善を図ることが求められます。こうした「カリキュラム・マネジメント」は、学習指導要領解説総則編で以下の三つの側面から整理して示されています。

> ○　児童（生徒）や学校、地域の実態を適切に把握し、教育の目的や目標の実現に必要な教育の内容等を教科等横断的な視点で組み立てていくこと。
> ○　教育課程の実施状況を評価してその改善を図っていくこと。
> ○　教育課程の実施に必要な人的又は物的な体制を確保するとともにその改善を図っていくこと。

　食に関する内容は教科等横断的な視点に立った学習が求められます。そのため、食に関する指導の全体計画を作成する段階では、地域の実情や子供たちの姿を踏まえ、各教科等や学級活動の関連を明らかにします。その上で、各教科等の具体の内容を関連付けながら効果的な年間指導計画などについて校内研修等を通じて研究していくことが重要です。

　そして、食に関する内容について給食の時間を含む必要な教育内容を意図的に配列した教育課程を全教職員で組織的に実施できる体制を構築し、PDCA サイクルに基づき進めていくことが必要となります。

(4) 幼児教育における食に関する指導

　幼児期には、食べる喜びや楽しさ、食べ物への興味や関心を通じて自ら進んで食べようとする気持ちが育つようにすることが大切であり、これらのことが小学校以降の食育の充実につながります。

－ 10 －

①幼稚園

　幼稚園教育要領では、心身の健康に関する領域「健康」において「先生や友達と食べることを楽しみ、食べ物への興味や関心をもつ」ことが指導する内容とされています。また、幼児の発達を踏まえた指導を行うに当たって留意すべき事項として、「健康な心と体を育てるためには食育を通じた望ましい食習慣の形成が大切であることを踏まえ、幼児の食生活の実情に配慮し、和やかな雰囲気の中で教師や他の幼児と食べる喜びや楽しさを味わったり、様々な食べ物への興味や関心をもったりするなどし、食の大切さに気付き、進んで食べようとする気持ちが育つようにすること」とされています。

②幼保連携型認定こども園

　幼保連携型認定こども園教育・保育要領では、身体的発達に関する視点「健やかに伸び伸びと育つ」又は心身の健康に関する領域「健康」において、乳児期は「個人差に応じて授乳を行い、離乳を進めていく中で、様々な食品に少しずつ慣れ、食べることを楽しむ」、満1歳以上満3歳未満の園児は「様々な食品や調理形態に慣れ、ゆったりとした雰囲気の中で食事や間食を楽しむ」、満3歳以上の園児は「保育教諭等や友達と食べることを楽しみ、食べ物への興味や関心をもつ」ことが内容とされています。また、「第3章健康及び安全第3節食育の推進」において、「食育の目標」「食育の基本」「食育の計画」「食育のための環境」「保護者や関係者等との連携した食育の取組」「一人一人の対応」が示され、「全職員が相互に連携し、組織的かつ適切な対応を行うことができるような体制整備や研修を行うことが必要である」とされています。

③保育所

　保育所保育指針では、食に関する保育の内容として、身体的発達に関する視点「健やかに伸び伸びと育つ」又は心身の健康に関する領域「健康」において、乳児保育では「個人差に応じて授乳を行い、離乳を進めていく中で、様々な食品に少しずつ慣れ、食べることを楽しむ」、1歳以上3歳未満児の保育では「様々な食品や調理形態に慣れ、ゆったりとした雰囲気の中で食事や間食を楽しむ」、3歳以上児の保育では「保育士等や友達と食べることを楽しみ、食べ物への興味や関心をもつ」こと等が示されています。また、「食育の推進」において、「食育の目標」「食育の計画」「食に関わる保育環境」「保護者や地域の関係者等との連携及び協同の下での食育の取組」「一人一人の子供の心身の状態に応じた対応等」が示され、保育所の特性を生かした食育は、「子供が生活と遊びの中で、意欲をもって食に関わる体験を積み重ね、食べることを楽しみ、食事を楽しみあう子供に成長していくことを期待するものであること」とされています。

(5) 高等学校における体育・健康に関する指導

第1章　総則　第1款高等学校教育の基本と教育課程の役割

　2(3) 学校における体育・健康に関する指導を，生徒の発達の段階を考慮して，学校の教育活動全体を通じて適切に行うことにより，健康で安全な生活と豊かなスポーツライフの実現を目指した教育の充実に努めること。特に，学校における食育の推進並びに体力の向上に関する指導，安全に関する指導及び心身の健康の保持増進に関する指導については，保健体育科，家庭科及び特別活動の時間はもと

第1章　学校における食育の推進の必要性

> より，各教科・科目及び総合的な探究の時間などにおいてもそれぞれの特質に応じて適切に行うよう努めること。また，それらの指導を通して，家庭や地域社会との連携を図りながら，日常生活において適切な体育・健康に関する活動の実践を促し，生涯を通じて健康・安全で活力ある生活を送るための基礎が培われるよう配慮すること。

　高等学校の総則でも、学校における食育の推進が位置付けられており、生徒の発達の段階を考慮して、学校教育活動全体として取り組むことが必要であると強調しています。

　高校生を含む若い世代は、食に関する知識や意識、実践状況等の面で他の世代より課題が多く、こうした若い世代が食育に関する知識を深め、意識を高め、心身の健康を増進する健全な食生活を実践することができるように食育を推進することが必要です。

　また、厚生労働省の平成27（2015）年「国民健康・栄養調査」においては、主食・主菜・副菜を組み合わせた食事を1日に2回以上食べることが「ほとんど毎日」の者の割合は、男女ともに若い世代ほど低い傾向にあることが分かりました。

　こうした課題に適切に対応するため、小学校、中学校で学んできた食に関する正しい知識と望ましい食習慣と関連させ、生涯にわたって健やかな心身と豊かな人間性を育んでいくための基礎が培われるよう、栄養のバランスや規則正しい食生活、食品の安全性などの指導が一層重視されなければならないとしています。また、これら心身の健康に関する内容に加えて、自然の恩恵・勤労などへの感謝や食文化などについても教科等の内容と関連させた指導を行うことが効果的であるとしています。食に関する指導に当たっては、保健体育科における望ましい生活習慣の育成や、家庭科における食生活に関する指導、特別活動における生涯にわたって心身の健康を保持増進するための指導はもとより各教科・科目及び総合的な探究の時間での指導などを相互に関連させながら、学校教育活動全体として効果的に取り組むことが重要です。その際、教師間の連携に努めるとともに、学校や地域の実情に応じて、その地域の小学校、中学校等に配置されている栄養教諭等の専門性を有する教職員や、地域の有識者等との連携に努めることにも配慮することが大切であるとしています。

　幼児教育から高等学校まで、切れ目のない食育を推進していくことで、子供の健康な食習慣、運動習慣の定着を図っていくことが大変重要です。そのために、幼児教育と小学校及び中学校、小学校及び中学校と高等学校の接続を意識し、教科等横断的な視点で教育課程を編成していく必要があります。

第1章 学校における食育の推進の必要性

図3　幼稚園、小学校、中学校、高等学校及び特別支援学校の学習指導要領等の改善及び必要な方策等について（答申）別紙4

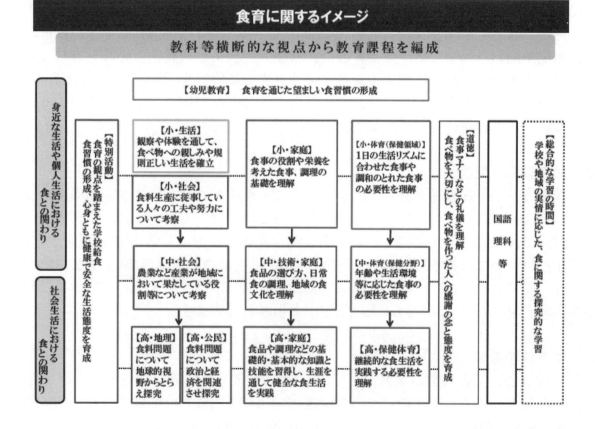

第1章　学校における食育の推進の必要性

第5節　栄養教諭について

1　栄養教諭制度の創設

　児童生徒の食生活の乱れが深刻化する中で、学校における食に関する指導を充実し、児童生徒が望ましい食習慣を身に付けることができるよう、平成17年4月から新たに栄養教諭制度が開始されました。栄養教諭は、管理栄養士又は栄養士の免許を有しており、栄養に関する専門性と教育に関する資質を併せ有する教師です。その専門性を十分に発揮し、特に学校給食を生きた教材として有効に活用することなどによって、食に関する指導を充実していくことが期待されています。

2　栄養教諭の配置

　学校教育法に栄養教諭を置くことができることが明示されています。幼稚園については第27条において、小学校については第37条第2項において規定され、中学校については第49条において、義務教育学校については第49条の8において第37条の規定が準用され、高等学校については第60条において、中等教育学校については第69条第2項において規定され、特別支援学校については第82条において第27条、第37条（第49条において準用する場合を含む。）及び第60条の規定が準用されています。

3　栄養教諭の職務

　学校教育法に栄養教諭の職務として、「児童の栄養の指導及び管理をつかさどる」ことが規定されています。小学校については第37条第13項において規定され、幼稚園については第28条において、中学校については第49条において、義務教育学校については第49条の8において、高等学校については第62条において、中等教育学校については第70条において、特別支援学校については第82条において第37条（第28条、第49条及び第62条において準用する場合を含む。）の規定が準用されています。

【栄養に関する指導及び管理】
「栄養教諭制度の創設に係る学校教育法等の一部を改正する法律等の施行について」
（平成16年6月30日付け通知）

```
≪指導≫
①児童生徒に対する栄養に関する個別的な相談指導
②学級担任、教科担任等と連携して関連教科や特別活動等における食に関する指導
③食に関する指導に係る全体的な計画の策定等への参画　など
≪管理≫
①学校給食を教材として活用することを前提とした給食管理
②児童生徒の栄養状態等の把握
③食に関する社会的問題等に関する情報の把握　など
```

文部科学省が平成29年3月に作成した「栄養教諭を中核としたこれからの学校の食育」において、栄養教諭の職務を「食に関する指導」と「学校給食の管理」に分類し、図4のように整理しました。

図4　栄養教諭の職務

栄養教諭の職務

教育に関する資質と栄養に関する専門性を生かして、教職員や家庭・地域との連携を図りながら、食に関する指導と学校給食の管理を一体のものとして行うことにより、教育上の高い相乗効果をもたらします。

(1)食に関する指導

①給食の時間の指導
　給食の時間における食に関する指導

②教科等の指導
　教科等における食に関する指導

③個別的な相談指導
　食に関する健康課題を有する児童生徒に対する個別的な指導

一体として推進

(2)学校給食の管理

①栄養管理（献立作成）
　学校給食実施基準に基づく、適切な栄養管理

②衛生管理
　学校給食衛生管理基準に基づく危機管理、検食、保存食、調理指導　調理・配食　等

教職員、家庭や地域との連携・調整

出典「栄養教諭を中核としたこれからの学校の食育」（文部科学省、平成29年3月）

第1章　学校における食育の推進の必要性

第6節　学校における食育の推進

1　食に関する指導の目標

【食に関する指導の目標】

　学校教育活動全体を通して、学校における食育の推進を図り、食に関わる資質・能力を次のとおり育成することを目指します。

（知識・技能）
食事の重要性や栄養バランス、食文化等についての理解を図り、健康で健全な食生活に関する知識や技能を身に付けるようにする。
（思考力・判断力・表現力等）
食生活や食の選択について、正しい知識・情報に基づき、自ら管理したり判断したりできる能力を養う。
（学びに向かう力・人間性等）
主体的に、自他の健康な食生活を実現しようとし、食や食文化、食料の生産等に関わる人々に対して感謝する心を育み、食事のマナーや食事を通じた人間関係形成能力を養う。

【食育の視点】

　下記の六つは、今まで「食に関する指導の目標」として示してきましたが、「教科等における指導の目標」が曖昧になることがありました。そこで、これらの六つを「食育の視点」とし、食に関する指導がさらに、実践しやすいように再整理します。

◇　食事の重要性、食事の喜び、楽しさを理解する。【食事の重要性】
◇　心身の成長や健康の保持増進の上で望ましい栄養や食事のとり方を理解し、自ら管理していく能力を身に付ける。【心身の健康】
◇　正しい知識・情報に基づいて、食品の品質及び安全性等について自ら判断できる能力を身に付ける。【食品を選択する能力】
◇　食べ物を大事にし、食料の生産等に関わる人々へ感謝する心をもつ。【感謝の心】
◇　食事のマナーや食事を通じた人間関係形成能力を身に付ける。【社会性】
◇　各地域の産物、食文化や食に関わる歴史等を理解し、尊重する心をもつ。【食文化】

次に、それぞれの視点を解説し、視点に関わる資質・能力の三つの柱を例示します。

◇　食事の重要性（食事の重要性、食事の喜び、楽しさを理解する。）

　子供たちが豊かな人間性を育み、生きる力を身に付けていくためには何よりも食が大切であるという視点である。
　食は人間が生きていく上での基本的な営みの一つであり、健康な生活を送るためには、健全な食生活や食環境が欠かせないものであり、その営みを大切にすることが重要である。

第1章　学校における食育の推進の必要性

（知識・技能）

・食事は人間が生きていく上で欠かすことのできないものであること、食事には空腹感を
満たしたり気持ちを鎮めたりする働きがあること、仲間との食事や食味のよさは心を豊
かにすること、朝食をとるなど食事は規則正しくとることが大切であり、心と体を活動
できる状態にし、持てる力を十分に発揮できるようになることなど、食事の重要性や食
事の喜び、楽しさを理解できるようにする。

（思考力・判断力・表現力等）

・食環境と自分の食生活との関わりなどを見つめ、必要な情報を収集し、健康な生活や健
全な食生活を実現するために何が必要かを考え、適切に意思決定して行動できるように
する。

（学びに向かう力・人間性等）

・食事に興味・関心をもち、健全な日常生活の基盤を支えるために、自ら調理して食事の
準備をしたり栄養バランスに配慮した食生活を実践したりしようとする態度を養う。

◇　心身の健康（心身の成長や健康の保持増進の上で望ましい栄養や食事のとり方を理解
し、自ら管理していく能力を身に付ける。）

　生涯にわたって健全な食生活を実現することが、心身の健康の増進と豊かな人間形
成に資するという視点である。そのために、望ましい栄養や食事のとり方を理解する
必要がある。
　また、食事を規則正しく３食とるなど望ましい生活習慣を形成し、食の自己管理能
力を身に付けることが、心身の健康にとって重要である。

（知識・技能）

・望ましい栄養や食事のとり方とともに、手洗いやよく噛むこと、よい姿勢や和やかな雰
囲気づくりは、食事の基本であることを理解し、健全な食生活に必要な技能を身に付ける。
・心身の成長や健康の保持増進には、朝食を含む１日３度の栄養バランスのよい食事摂取、
適切な運動、休養及び睡眠が必要であることや、様々な食品にはそれぞれ栄養的な特徴
があることを理解できるようにする。

（思考力・判断力・表現力等）

・１日分の献立をふまえ、栄養のバランスをよくするために、簡単な日常食の調理を考え
ることができるようにする。
・栄養や食事のとり方などについて、正しい知識・情報に基づいて自ら判断できるように
する。

（学びに向かう力・人間性等）

・自分の食生活を見つめ直して、主体的によりよい食習慣を形成しようと努力する態度を
養う。

◇　食品を選択する能力（正しい知識・情報に基づいて、食品の品質及び安全性等につい
て自ら判断できる能力を身に付ける。）

第1章　学校における食育の推進の必要性

> 　正しい知識・情報に基づいて食品の品質及び安全等について自ら判断し、食品に含まれる栄養素や衛生に気を付けていくことが重要であるという視点である。
> 　正しい知識・情報とは、食品や料理の名前、形、品質や栄養素及び安全面、衛生面等に関する事項である。それらの情報について関心をもち、得た情報を整理・分析した上で、食品の適切な選択ができる能力が求められている。

（知識・技能）
・学校給食にはいろいろな食品が使われていること、日常食べている食品、料理の名前、形、品質や栄養素及び安全面、衛生面等について理解し、これらを踏まえて簡単な調理を行うために必要な技術を身に付ける。

（思考力・判断力・表現力等）
・食事の準備や調理、後片付けを行う際に、安全や衛生についてどういった点に気を付けることが必要かを考えることができるようにする。
・食品の品質の良否を見分け、食品に含まれる栄養素やその働きを考え、適切な選択ができるようにする。

（学びに向かう力・人間性等）
・食品表示など食品の品質や安全性等の情報を進んで得ようとする態度を養う。

◇　感謝の心（食べ物を大事にし、食料の生産等に関わる人々へ感謝する心をもつ。）

> 　人の食生活が自然の恩恵の上に成り立っていること、また、食に関わる人々の様々な活動に支えられていることに対して感謝する心が大切であるという視点である。
> 　人々の生活は昔から動植物などの自然の恩恵に支えられて成り立っていることや生産・流通・消費など食に関わる人々の様々な活動に支えられていることに気づき、環境保全や食品ロスの視点も含めて、感謝の気持ちや食べ物を大事にする心を育むことが求められている。

（知識・技能）
・食料の生産は、すべて自然の恩恵の上に成り立っていることを理解できるようにする。
・食生活は、生産者を始め多くの人々の苦労や努力に支えられていることや食という行為は、動植物の命を受け継ぐことであることを理解し、食品を無駄なく使って調理するために必要な技能を身に付ける。

（思考力・判断力・表現力等）
・自然界の中で動植物と共に生きている自分の存在について考え、食品ロスの視点も含めて環境や資源に配慮した食生活を実践するために何が必要かを考えることができるようにする。

（学びに向かう力・人間性等）
・食事のあいさつで、食に関しての感謝の気持ちを表現しようとする態度を養う。

◇　社会性（食事のマナーや食事を通じた人間関係形成能力を身に付ける。）

第1章　学校における食育の推進の必要性

　　協力して食事の準備から後片付けをしたり食事のマナーを身に付けたりすること
　で、人間関係形成能力を身に付けることが大切であるという視点である。
　　食器の使い方や食事の時の話題選びなどの食事のマナーを身に付けることが、楽し
　い共食につながることや、一緒に調理したり食事をしたりすることを通してコミュニ
　ケーションを図り、心を豊かにすることが大切である。

（知識・技能）
・はしの使い方、食器の並べ方、話題の選び方などの食事のマナーを身に付け、協力して
　食事の準備や後片付けをするために必要な技能を身に付ける。
（思考力・判断力・表現力等）
・相手を思いやることや、楽しい食事につながるために何が必要かを考えることができる
　ようにする。
（学びに向かう力・人間性等）
・食事が大切なコミュニケーションの場であるということを理解し、コミュニケーション
　を図ろうとする態度を養う。
・健康で安心な社会づくりに貢献しようとする態度を養う。

◇　食文化（各地域の産物、食文化や食に関わる歴史等を理解し、尊重する心をもつ。）

　　日本の伝統ある優れた食文化や食に関わる歴史、地域の特性を生かした食生活（地
　場産物の活用）、食料自給率等を理解し尊重しようとする視点である。
　　地域の特性を生かした食生活や食料自給率を考えることは、地域や日本を知り、大
　切にする心を育むとともに、他の国々の食文化を理解することにもつながっていく。
　また、食料の生産はそれぞれの国や地域の気候風土と深く結びついており、それらの
　特質を理解し継承・発展させていくことが求められている。

（知識・技能）
・自分たちの住む地域には、昔から伝わる料理や季節、行事にちなんだ料理があることや、
　日常の食事は、地域の農林水産物と関連していることを理解できるようにする。
・自分たちの食生活は、他の地域や諸外国とも深い関わりがあることを理解できるように
　する。
（思考力・判断力・表現力等）
・日本の食文化や食に関わる歴史にふれたり、諸外国の食事の様子を知ったりすることで、
　日本や諸外国の伝統や食文化を大切にするためには、何が必要かを考えることができる
　ようにする。
（学びに向かう力・人間性等）
・各地域の伝統や気候風土と深く結び付き、先人によって培われてきた多様な食文化を尊
　重しようとする態度を養う。

　　各学校における食に関する指導の目標は、学校教育目標に基づき児童生徒や学校・家庭・
　地域の実態、国・都道府県・市区町村の食に関する指導の目標や食育推進計画を考慮した

－ 19 －

第1章　学校における食育の推進の必要性

上で独自に設定し、各教科等において指導を行います。その際、「食事の重要性」「心身の健康」「食品を選択する能力」「感謝の心」「社会性」「食文化」の六つの視点に基づいて具体的な目標を設定することが重要です。児童生徒等の実態に応じて軽重を付けることは必要ですが、六つの視点はどれも大切なものですので、それぞれの視点を目標の中に位置付けることが望ましいと考えられます。

2　食に関する指導の内容

　食に関する指導の内容としては、「各教科等における食に関する指導の展開」、「給食の時間における食に関する指導」、「個別的な相談指導の進め方」の三つに体系化していることから、具体的な目標及び内容については、「第4章 各教科等における食に関する指導」、「第5章　給食の時間における食に関する指導」、「第6章 個別的な相談指導の進め方」において示すこととします。

　発達の段階に応じた食に関する指導の目標（例）については、「資料6」のとおり例示しました。

図5

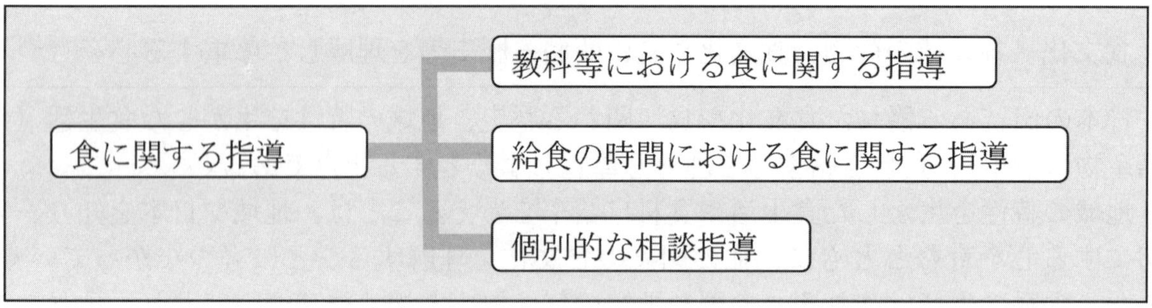

食に関する指導
- 教科等における食に関する指導
- 給食の時間における食に関する指導
- 個別的な相談指導

第1章　学校における食育の推進の必要性

資料6

学年段階別に整理した資質・能力（例）

学年		①食事の重要性	②心身の健康	③食品を選択する能力	④感謝の心	⑤社会性	⑥食文化
小学校	低学年	○食べ物に興味・関心をもち、楽しく食事ができる。	○好き嫌いせずに食べることの大切さを考えることができる。 ○正しい手洗いや、良い姿勢でよく噛んで食べることができる。	○衛生面に気を付けて食事の準備や後片付けができる。 ○いろいろな食べ物や料理の名前が分かる。	○動物や植物を食べて生きていることが分かる。 ○食事のあいさつの大切さが分かる。	○正しいはしの使い方や食器の並べ方が分かる。 ○協力して食事の準備や後片付けができる。	○自分の住んでいる身近な土地でとれた食べ物や、季節や行事にちなんだ料理があることが分かる。
	中学年	○日常の食事に興味・関心をもち、楽しく食事をすることが心身の健康に大切なことが分かる。	○健康に過ごすことを意識して、様々な食べ物を好き嫌いせずに3食規則正しく食べようとすることができる。	○食品の安全・衛生の大切さが分かる。 ○衛生的に食事の準備や後片付けができる。	○食事が多くの人々の苦労や努力に支えられていることや自然の恩恵の上に成り立っていることが理解できる。 ○資源の有効利用について考える。	○協力したりマナーを考えたりすることが相手を思いやり楽しい食事につながることを理解し、実践することができる。	○日常の食事が地域の農林水産物と関連していることが理解できる。 ○地域の伝統や気候風土と深く結び付き、先人によって培われてきた多様な食文化があることが分かる。
	高学年	○日常の食事に興味・関心をもち、朝食を含め3食規則正しく食事をとることの大切さが分かる。	○栄養のバランスのとれた食事の大切さが理解できる。 ○食品をバランスよく組み合わせて簡単な献立をたてることができる。	○食品の安全に関心をもち、衛生面に気を付けて、簡単な調理をすることができる。 ○体に必要な栄養素の種類と働きが分かる。	○食事にかかわる多くの人々や自然の恵みに感謝し、残さず食べようとすることができる。 ○残さず食べたり、無駄なく調理したりしようとすることができる。	○マナーを考え、会話を楽しみながら気持ちよく会食をすることができる。	○食料の生産、流通、消費について理解できる。 ○日本の伝統的な食文化や食に関わる歴史等に興味・関心をもつことができる。

－ 21 －

第1章 学校における食育の推進の必要性

中学校	○日常の食事に興味・関心をもち、食環境と自分の食生活との関わりを理解できる。	○自らの健康を保持増進しようとし、自ら献立をたて調理することができる。 ○自分の食生活を見つめ直し、望ましい食事の仕方や生活習慣を理解できる	○食品に含まれている栄養素や働きが分かり、品質を見分け、適切な選択ができる。	○生産者や自然の恵みに感謝し、食品を無駄なく使って調理することができる。 ○環境や資源に配慮した食生活を実践しようとすることができる。	○食事を通してより良い人間関係を構築できるよう工夫することができる。	○諸外国や日本の風土、食文化を理解し、自分の食生活は他の地域や諸外国とも深く結びついていることが分かる。

3　教科等における食に関する指導の評価の考え方

　学習評価は、当該教科等の指導における、子供たちの学習状況を評価するものです。「子供たちにどういった力が身に付いたか」という学習の成果を的確に捉え、教師が指導の改善を図るとともに、子供たち自身が自らの学びを振り返って次の学びにつなげることができるようにするために行うものです。

　各教科等においては、それぞれの特質に応じた見方・考え方を働かせ、三つの柱に沿った資質・能力の育成を目指し目標を示しています。関連する教科等において食に関する指導を行う場合には、当該教科等の目標がよりよく達成されることを第一義的に考え、その実現の過程に「食育の視点」を位置付け、意図的に指導することが重要です。教科等において食に関する指導を一層充実させることによって、学校として食育の充実につなげていくことが求められます。

　これらのことを踏まえて、教科等における食に関する指導では、教科等の評価について、改訂された学習指導要領に基づいて「知識・技能」「思考・判断・表現」「主体的に学習に取り組む態度」の３観点で行うとともに、「食育の視点」に関しての評価は、学校における食育の推進を評価することを目的として、中央教育審議会答申（平成28年12月21日）で示された健康・安全・食に関わる資質・能力に沿った食に関する指導の目標（16ページ参照）に基づいて行います。したがって、学年段階別に整理した資質・能力（例）（21ページ参照）を参考にして、各学校の実態に応じて資質・能力の具体的な姿を示すことが大切です。

4　食育の推進体制

　学校における食育は、栄養教諭が中心となって取り組まれることにはなりますが、食に関する具体的な指導は、各教科等の多様な場面において行われるものです。その学校の全教職員が十分に連携・協力して、食の指導に関わることにより、児童生徒に対して、継続的かつ効果的な指導を行うことができるようになります。

　学校は一つの組織体であることから、指導を進めるためには体制づくりが必要です。そのためには、各学校における教育の方針や指導の重点などに食に関する指導を位置付けます。その上で、学校における食育を担当する委員会を明確にするなど、校務分掌に位置付け、食に関する指導の推進体制を整えることが重要です。その際には、次の二つの方法が考えられます。

　一つは、既存の組織を活用することです。各学校には既に学校保健委員会等が設置されています。これらの既存の組織と兼ねて設置する方法です。ここには、校長、保健主任、給食（食育）主任、養護教諭、関係する教師のほかに、学校医等も参加しており、専門的な助言を受けることができます。

　もう一つは、食に関する指導を重点的に考え、推進していく専門委員会を新しく立ち上げる方法です。例えば「食育推進委員会」といったような組織が考えられます。新しい組織は、健康教育に関わる教職員を中心としつつ、学校の状況に応じて構成メンバーを選びます。

　上記いずれかの方法により、担当する委員会においては、各教科等の指導計画や児童生徒の実態を踏まえつつ、栄養教諭が中心となって関係教職員と連携・協力しながら全体計

画を作成し、全教職員の共通理解の下に、効果的な指導を推し進めるといった組織的な取組が求められます。

図7

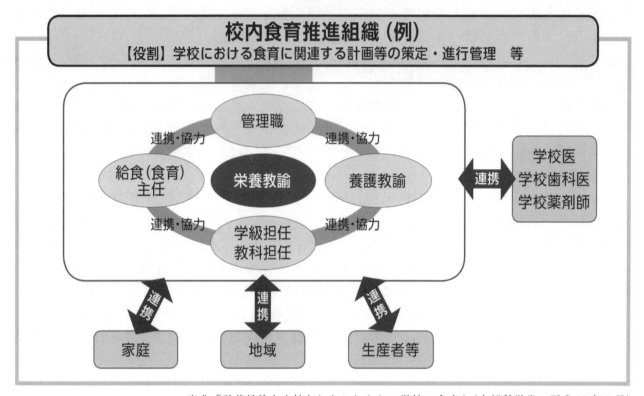

出典「栄養教諭を中核としたこれからの学校の食育」（文部科学省、平成29年3月）

5 食育推進のPDCA

　各学校において食育を推進する際には、図8のように「計画（P）」「実践（D）」「評価（C）」「改善（A）」のPDCAサイクルに基づいて行います。PDCAサイクルに基づいて行うことで、よりよい食育を推進することが可能となります。詳しくは「栄養教諭を中核としたこれからの学校の食育～チーム学校で取り組む食育推進のPDCA～」（文部科学省、平成29年3月）に記載されています。

　計画（Plan）とは、各学校や地域に適した食育を系統立てて実践するための準備の段階です。計画がこの後に続く、実践（Do）や評価（Check）を決めます。学校における食育を実践し、その実践を振り返って改善していくためには、目に見える形での評価、すなわち、数値での評価も重要ですが、そのためには、計画（Plan）の段階で、実態把握を行い、食に関する指導の目標や評価指標を決め、実態把握の結果（現状値）から評価指標及び目標値を設定する必要があります。

　実践（Do）とは、計画で立てた内容を実践する段階です。実践の途中でも、計画で立てた目標の評価（Check）を行い、改善可能な課題を見つけた場合、年度途中であっても、計画を見直し・改善（Act）します。実践では、教師がそれぞれの立場で子供の変容をみとることも大切です。そして、そのみとりは評価（Check）で生かしていくことになります。

　評価（Check）とは、計画で立てた食に関する指導の目標が達成できたかを確認する段階です。評価の目的は、家庭や地域とも連携しながら、実践した食育の内容を振り返り、

計画を改善し、子供たちのためにより良い食育を実践することです。
　改善（Act）の目的は、評価（Check）の結果を踏まえて、計画や実践を見直し、より良い食育計画を作成することです。評価（Check）が年度ごとと実践の取組ごとの評価があるように、改善（Act）も、それぞれの評価に伴い、年度ごとと実践の取組ごとに実施されます。

図8

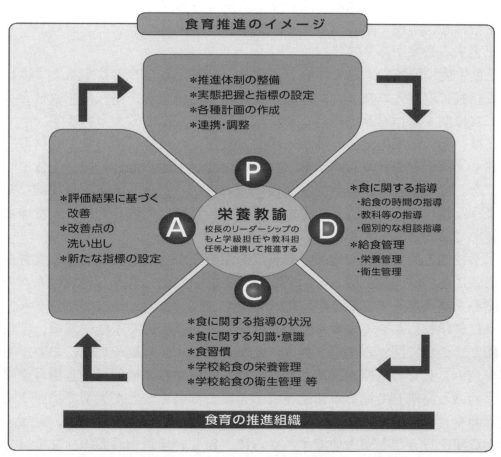

出典「栄養教諭を中核としたこれからの学校の食育」（文部科学省、平成29年3月）

第2章　学校・家庭・地域が連携した食育の推進

第2章　学校・家庭・地域が連携した食育の推進

第1節　連携の基本的な考え方

　食育を推進するに当たり、第一義的な役割が家庭にあることには変わりありませんが、学校においても、校内食育推進体制を整備するとともに、学校が家庭や地域社会と連携、協働し、食育を一層推進していくことが求められています。そして、児童生徒が食に関する理解を深め、日常の生活で実践していくことができるようになるためには、学校と家庭との連携を密にし、学校で学んだことを家庭の食事で実践するなど家庭において食に関する取組を充実する必要があります。

　また、児童生徒に地域のよさを理解させたり、愛着をもたせたりする上では、地域の生産物を学校給食に取り入れたり、食に関する知識や経験を有する人材や教材を有効に活用したりして食に関する指導を進めることが、大変有意義だと考えられます。

　各地域には、その地域の気候、風土、産業、文化、歴史等に培われた食材や特産物が生産されており、郷土食や行事食が伝承されていたり、生産や流通に関わる仕事や食育のボランティアをしている人々、経験豊富な地域の人々がいたりします。具体的な指導の際には、このような地域の人材や地元で生産される食器具などの教育資源、教育環境を活用することが極めて有効と考えられます。

　さらに、学校相互間の連携や地域との連携を深めながら、学校における食育を進め、地域にも広めることで、児童生徒とその家庭の食生活が向上したり、地域の人々の食や健康課題への関心を高めたりすることが期待できます。

　このように、学校において食育を進めるに当たっては、広く家庭や地域、学校相互間との連携を図りつつ食に関する指導を行うことが必要です。家庭や地域においても食育に対する理解が進み、食育の取組が推進されるよう、学校から積極的に働き掛けや啓発を行うとともに、地域と協働して進める体制整備を充実していくことが大切です。また、地域の健康増進計画や食育推進計画において、明らかにされている学校や家庭、地域の役割とも関連させた取組を行うことが大切です。さらに、新しい学習指導要領前文では「社会に開かれた教育課程の実現が重要となる」と述べられています。それぞれの学校において、必要な学習内容をどのように学び、どのような資質・能力を身に付けられるようにするのかを教育課程において明確にしながら、社会との連携及び協働によりその実現を図っていくことが求められています。

－ 26 －

第2章　学校・家庭・地域が連携した食育の推進

第2節　家庭や地域との連携の進め方

1　児童生徒及び家庭の実態把握、課題や目標の共通理解

　児童生徒及び家庭の食生活の状況や基本的な生活習慣の実態把握に当たっては、学校が家庭や地域の協力を得て、調査を実施します。

　明らかになった児童生徒の食に関する課題について、学校運営協議会等で情報を共有し、指導の目標を具体化するための協議を行います。指導の目標は、学校教育の重点目標として位置付けたり、学校評価の観点にしたりして、学校・家庭・地域は指導に向けた具体的な方策を共有します。

2　学校の指導内容や指導方法、役割等についての共通理解

　学校は、食に関する指導の目標や計画、各教科等における食育の視点や指導内容、教育活動の様子、学校給食の意義、役割等について、家庭や地域に積極的に公開したり、情報を発信したりして、家庭や地域の理解や協力を得やすい環境を整えます。

3　成果・取組後の課題の共有

　学校は、保護者や地域の方々に学校の公開授業や学習発表会等への参加を促したり、学校評価の結果を踏まえ、学校運営協議会等で協議したりして、食に関する指導における学習の成果や取組後の課題を共有するとともに、必要な改善を行い、連携・協働の輪を広げていきます。

4　家庭との連携の進め方

　学校における食に関する指導の充実と合わせて、家庭での食に関する取組がなされることにより、児童生徒の食に関する理解が深まり、望ましい食習慣の形成が図られることから、学校から家庭への働きかけや啓発活動等を積極的に行うことが大切です。

(1) 家庭への働きかけ

　児童生徒が、食に関する学習の課題を探究する過程で、自分の考えを深めたり、まとめたりするためには、学習の課題を家庭で調べる、振り返る、実践できるような具体的な手立てを講じる必要があります。家庭の協力を得る方法として、授業で学んだことをまとめた学習ノートやワークシートを活用し、学習内容を家庭に伝えるとともに、家庭で実践したことを学校で確認できるようにします。

> （例）
> ・【小学校低学年　学級活動 (2)】「食事のマナーをよりよくする」ことを目標にした「はしの使い方を練習する学習」において、学習後、練習キット・振り返り表を家庭に持ち帰り、自己目標に基づいた練習を行う。家庭では、親子で練習に取り組み、親は励ましのコメントを振り返り表に記載する。
>
> ・【小学校高学年　家庭科】「いためて朝食のおかずを作ろう」の学習後に、夏休みに「オリジナル朝食レシピ作り」の課題を設け、親子で一緒に試作し、レシピを完成させる。

第2章　学校・家庭・地域が連携した食育の推進

(2) 家庭への啓発活動

　家庭では、食に関する情報に基づいて判断したり、振り返ったりすることにより、家庭の食生活をよりよくしようとする意識を高めることが大切です。

　その方策として、参観日に食に関する指導の授業を行ったり、学校と地域が連携して講習会や研修会等を企画し、「実際に食べる」「調理を体験する」など親子で取り組める機会を設けたりして、学校給食の献立や栄養のバランス、望ましい食習慣や生活習慣、食文化や郷土食・行事食、自然や季節と食事との関わりなどについて理解できるようにします。

　企画の際には、学校の食育のねらいや児童生徒、保護者の到達目標とも関連させた計画や内容にすることが大切です。

　講習会等を開催するに当たっては、アンケート等を実施するなどして、参加者の感想や意識の変化等を把握し、次回の講習会等の内容に反映させるようにします。

（例）
・【参観日】食に関する指導の授業を実施
・親子に正しい食事の在り方などを啓発し、親子のコミュニケーションが図れるように計画した親子料理教室の開催
・家庭において食に関する話題を促進するため、食育参観日を実施
・【参観日　学校行事】家庭で課題意識を高めるための「食生活習慣の見直し」に関する親子参加の講演会の実施

5　地域との連携の進め方

　学校における食に関する指導を充実するためには、校区や近隣の人材や機関にとどまらず、広く地域と連携していくことが必要です。連携先は、学校独自で人材や機関を開発するだけでなく、学校運営協議会や地域学校協働本部のネットワークとも関連させて充実していくことが大切です。

(1) 地域で行われる食育の取組との連携

　地域の方々を学校へ招いて学習するばかりではなく、関係機関や団体等が主催する各種教室や体験活動のイベント等に参加することは、児童生徒の食に対する興味・関心を高め、発展的な学習の機会ともなります。また、市区町村や関係機関、関係団体が主催する食育に関する発表会等に学校が発表したり、参加したりすることで、新たな取組のヒントを得ることや連携先を構築するきっかけとなります。

　学校では、市区町村教育委員会とも相談しながら、食育を推進する組織が開催情報をとりまとめ、各学年の参加計画が学習との関連に応じてタイミングよく立てられるようにします。地域によっては、関係者により食育推進のための会議が設けられているところもあり、そのような場を活用して情報交換や協力要請、各種行事等の情報の把握を行うことが考えられます。

　各種教室や体験活動を効果的に進めるためには、児童生徒が自主的に活動できるよう、活動の進め方の打合せをしたり、助言したりすることも大切です。

第2章　学校・家庭・地域が連携した食育の推進

（例）
・地域の保健機関や公民館、量販店、企業等が主催する料理等の体験教室への参加
・市主催「食育まつり」での児童生徒の実践発表
・老人会等と連携した料理教室の開催

(2) 医療関係者等の専門家との連携

　児童生徒一人一人が食生活の問題や課題を改善及び克服できるように指導したり、保護者が抱えている問題や不安を解消できるように支援したりするためには、学校での個別的な相談指導だけでなく、家庭や地域、関係機関や学校医、地域の保健機関等の専門家との連携・協力が欠かせません。このため、これらの関係者とのネットワークを構築しておくことや連携体制を整備しておくことが望まれます。

　また、食物アレルギーを有する児童生徒への個別的な相談指導や学校給食における個別対応に関する情報、助言を得るための連携も重要です。

（例）
・各小学校、中学校における学校保健委員会の開催
・地域の保健機関を中心とした「食のネットワーク」への参加
・地域で行われる「健康フェスティバル」への参加

(3) 生産者や関係機関との連携

　地域では、食生活改善推進員等のボランティア、農林漁業者やその関係団体、公民館、社会教育関係団体などの様々な人々や関係機関・団体が存在し、食に関する専門的知識等に基づいて様々な活動を行っています。また、農林水産物の生産、食品の製造、加工及び流通等の現場や教育ファーム、市民農園などが存在しており、それらは地域で食育を進めていく上で貴重な場となっています。学校において食に関する指導を行うに当たり、それらの人材の協力を得たり、生産等の場を活用したりすることは教育的効果を高める上で有意義と考えられます。

　また、学校給食における地場産物活用を進めるに当たっては、生産者や関係機関、関係団体等と推進体制を整備することが重要です。その際、連絡先に対して学校給食の意義や児童生徒の食に関する指導への理解を進め、体験活動等の支援や協力を得ることで、食育の効果を高めることが可能です。

（例）
・【小学校低学年　生活科】地域の生産者のアドバイスによるさつまいもの栽培学習
　及び食生活改善推進員を講師に招いたさつまいも料理調理体験学習
・【小学校中学年・高学年　総合的な学習の時間】農業団体の女性部が所管している
　みその加工場におけるみそ作り体験活動
・【給食の時間】地元の野菜を利用した学校給食実施日における生産者による講話及
　び交流給食

第2章　学校・家庭・地域が連携した食育の推進

(4) 地域の関係機関等との連携

　食に関する課題は地域の特色が関係していることもあるため、市区町村における健康関係部署や生涯学習関係部署と連携した取組が有効です。市区町村が実施する活動（健康教室、運動教室、調理実習、講演会など）と連動した取組は、児童生徒や保護者にとって、地域住民として生涯にわたる健康の維持増進にもつながります。そのほか、地域の保健所や健康・保健センターなど、健康管理に関する関係機関の情報や助言をもとに指導の充実を図ります。

6　校種間の連携

　子供への食育は、乳幼児期から青少年期までの発達の段階に応じて適切に行われることや、地域全体の子供の食に関する共通の課題の解決が重要であることから、地域にある幼稚園、保育所及び幼保連携型認定こども園や小学校、中学校の間での連携した指導が行われることが望まれます。

(1) 小学校・中学校と幼稚園・保育所・幼保連携型認定こども園との連携

　校種間の連携としては、地域の健康課題や幼児児童生徒の実態、指導の在り方を把握し、関連付けることを通して、それぞれの学校段階の全体計画を充実させたり、小中一貫としての共通のカリキュラムを作成したりすることができます。また、近隣の同じ課題やテーマをもつ学校同士が交流することを通して、幼児児童生徒が視野を広げ、豊かな人間形成を図っていくことが期待されます。さらに、食物アレルギーを有する幼児児童生徒の校種間の情報を共有することも重要です。

（例）
・「中学校卒業後バランスのとれたお弁当を日常的に作ることができる」を到達目標
　とし、小中発達の段階に応じたカリキュラムを作成する。
・幼稚園児と小学生が学校給食で交流しながら食事を楽しむ。
・地域で行われる「プレゼンフェア」で食育の実践を交流し、食や健康に対する課題
　意識の持ち方や解決方法を学び合う。
・小学生が中学生と一緒になって地域起こし（料理開発）に取り組む。

---

(2) 小学校・中学校と特別支援学校との連携

　学校間の連携としては、交流給食や家庭科、技術・家庭科（家庭分野）の調理実習等、共同的な学習が考えられます。

　交流を行う際には、事前に実施内容を検討し、児童生徒一人一人の実態に応じた様々な配慮を行うなど、交流及び共同学習が効果的に行われるようにします。例えば、小学校、中学校において、事前に食事に関する基本動作やコミュニケーションの持ち方等について、相互理解につながる指導を行うことが大切です。

　交流は、文通や作品の交換といった間接的な交流も含め、継続的に実施することが大切です。

7　栄養教諭の役割

　栄養教諭は、学校における食育推進の要として、校内の食に関する全体を構想・企画する際に、家庭や地域の連携を視野に入れて作成するとともに、教職員間の連絡・調整を図り、それぞれの活動を協力・支援し、学外との渉外に努め、地域との連携事業を実施する等の役割を担うことが求められています。

(1)　家庭における食生活や生活習慣等の実態把握

　学級担任や養護教諭と連携し、保護者等の協力を得ながら調査を行い、家庭や地域での生活スタイルや食環境の実態及び課題を明確にします。その課題解決の方策を食に関する指導の全体計画や学校給食の献立内容、日々の指導に反映するようにします。

　なお、実態把握をする際には、地域の健康増進計画や食育推進計画における課題や取組計画、評価指標等と関連させた調査を行うようにして、地域全体の課題として取り組みやすいようにします。

(2)　家庭と連携した取組を推進するための企画・提案

　栄養教諭は、地域の保護者の状況等を考慮しながら、各家庭への働き掛けや啓発活動の年間計画の企画・提案を行います。企画する際には、児童生徒の学習内容と関連させ、家庭においても取り組みやすく実現可能な目標や内容、評価を計画し、手立てを講じるようにします。

　また、学校給食の献立表を通して給食内容を知らせるとともに、食育だより等で、児童生徒の食生活の状況や望ましい食生活の在り方等、食に関する学校の課題や家庭の取組事例を保護者や地域に提供するようにします。食育だより等を作成する際には、返信欄等を活用して情報交換ができるように工夫することも大切です。

　さらに、PTA が開催する研修会で講師をしたり、食に関する研修会や学習会の開催に当たっての助言をしたりするなどの支援を図ることが望まれます。

(3)　地域の食育の取組の情報収集

　地域の生産者や関係機関・団体の状況、行事等についての情報収集を行い、必要に応じて地域の食育のイベントにも参加するなど、地域と連携する役割を担うことが期待されます。

　また、収集した各地域での取組事例を校長その他の教職員に積極的に提供し、全体計画の作成及び全体計画を踏まえた指導に生かすようにします。

(4)　地域の関係機関・団体と連携した取組を推進するための企画及び連絡調整

　地域の人材や体験活動が可能な施設、関係機関・団体が企画している食育プログラム等の情報を考慮し、食に関する年間計画の企画を行います。公民館や社会教育関係団体、地域の団体等が、児童生徒対象の料理教室や食育講座を開催する際には、児童生徒の個人情報の保護に十分配慮した上で、学校の既習事項や児童生徒の特徴等を情報提供し、効果的な進め方等の助言を行うことが望まれます。その際に、可能であれば地域の栄養士会等の協力を得て実際に指導に関わることも考えられます。

第2章　学校・家庭・地域が連携した食育の推進

　　教師が食に関する指導を行う際には、栄養教諭が、地域の人材や体験活動が実施できる施設等の情報を提供したり、具体的な日程調整や実施内容の企画提案・連絡等を行ったりすることも考えられます。

(5) 校内での「食に関する指導の人材等のリスト」の作成・活用

　　家庭や地域等との連携を図るためには、各学校において、それぞれの地域の人材や協力が期待できる組織、体験活動が実施可能な施設等をまとめた「食に関する指導の人材等のリスト」（以下「リスト」という。）を作成しておくことが有効です。栄養教諭は、「リスト」を作成することを通じて、ネットワークを構築しておくことが大切です。その際、教育委員会は、地域学校協働活動推進員や委員会が作成した「リスト」を学校へ提供したり、栄養教諭の作成をサポートしたりすることが重要です。

　　なお、「リスト」については、学校運営協議会・地域学校協働本部等とも共有し、食育推進に関するネットワークが安定的かつ継続的に担保されることが望まれます。

【食に関する指導の人材等のリスト（例）】
○地域の人々
　保護者、学校サポートグループ、子供会活動のセンター委員、農林水産業等の生産者、
　管理栄養士・栄養士、調理師
○関係機関
　　学校関係：大学、高等学校、研究機関
　　農林水産関係：農政事務所、農業改良普及センター、生産者組合・生産者・商店、
　　　　　　　　　　教育ファーム、市民農園、企業、量販店、商店
　　保健所関係：保健福祉事務所、健康・保健センター
　　医師会関係：学校医、学校薬剤師

【地域と連携した食に関する取組（例）】
公民館や青少年教育施設等での料理教室、健康まつり、学校給食展、子供会行事、
健康フェスタ、体験教室、食育講演会、食育フォーラム

---

(6) 栄養教諭同士の連携

　　幼稚園、保育所、幼保連携型認定こども園から小学校に入学する幼児及び小学校から中学校に入学する児童、さらに、幼稚園、保育所、幼保連携型認定こども園、小学校、中学校から特別支援学校に入学する幼児児童生徒のよりよい成長発達のためには、幼保小中連絡会等での情報共有とともに、これまでの給食の栄養管理評価や個別対応の内容について、スムーズに移行することが重要です。そのためには、各施設の栄養教諭等が連絡を取り合い、詳細な情報を交流することが必要です。

　　また、小学校、中学校と特別支援学校の児童生徒が、給食の時間や食の体験学習等で活動をともにする場合においても、栄養教諭同士が、配慮が必要な児童生徒の状況や受入れ施設の状況等の情報を提供し、関係職員とともに共有することが大切です。

　　なお、異なる校種を兼務又は担当している栄養教諭は、連携した指導が行われるようコー

第2章　学校・家庭・地域が連携した食育の推進

ディネートすることが必要です。

＜共同調理場を担当している栄養教諭の役割＞
　共同調理場を担当している栄養教諭は、その地域の給食を管理していることを生かした献立計画や各学校の食に関する指導の全体計画を作成することが求められます。地域の児童生徒の食生活や生活習慣等の実態を把握し、児童生徒や各学校が抱える課題と食育推進のための方策を明らかにすることも必要です。共同調理場の栄養教諭と各学校の給食（食育）主任が連携するための組織を構築することで、地域全体の食育を推進することができます。

第3章　食に関する指導に係る全体計画の作成

第1節　食に関する指導に係る全体計画の作成の必要性

　学校全体で食育を組織的、計画的に推進するためには、各学校において食に関する指導に係る全体計画（以下「全体計画」という）を作成することが必要です。

　国の第3次食育推進基本計画（平成28年3月作成）においても、「食に関する指導の時間が十分確保されるよう、栄養教諭を中心とした教職員の連携・協働による学校の食に関する指導に係る全体計画の作成を推進する。」と、各学校で全体計画を作成することの必要性を挙げています。

　また、学校給食法の第10条に「校長は、当該指導が効果的に行われるよう、学校給食と関連付けつつ当該義務教育諸学校における食に関する指導の全体的な計画を作成することその他の必要な措置を講ずるものとする。」と規定されています。

　さらに、改訂された小学校学習指導要領及び中学校学習指導要領（平成29年告示）第1章総則第5の1のイ、特別支援学校学習指導要領（平成29年告示）第1章総則第6の1(2)、高等学校学習指導要領第1章総則第6款1のイに、「教育課程の編成及び実施に当たっては，学校保健計画，学校安全計画，食に関する指導の全体計画，いじめの防止のための対策に関する基本的な方針など，各分野における学校の全体計画等と関連付けながら，効果的な指導が行われるように留意するものとする。」と当該全体計画等に示す教育活動が効果的に実施されるようにすることが示されています。

1　食に関する指導の組織的・計画的な実施

　食に関する指導を実施する際、自校の「食に関する指導目標」を達成するために「いつ」「誰が」「どのように」行うのかを明確にすることが大切です。

　具体的には、学校の中で「食育推進組織」を設置するとともに、学校の「食に関する指導の目標」に基づき、各学年では、どのような資質・能力を育成するのかを「各学年の食に関する指導の目標」で明らかにし、その目標を達成するために「食に関する指導」で、どの教科等でいつ、誰がどのように食に関する指導を行うのか、日常の給食指導ではどのように行うのか、肥満などの個別指導等をどう行うのかを計画します。

　食に関する指導は、栄養教諭だけでは決して実施することはできません。各学校がチーム学校として全職員の協働で取り組んでいかなければ達成することはできないのです。

2　教職員の共通理解

　各学校における「食に関する指導の全体計画」は、全教職員がチームとなって実施するための計画です。そのために、各学校の児童生徒や保護者、地域の実態を明らかにするとともに、全体計画を作成する必要性を全教職員に理解してもらうための、法的な根拠などを明らかにしておく必要があります。

　食に関する指導の全体計画は、食育を推進するための校内組織が校長のリーダーシップの下に作成していきます。この計画は、全教職員に共通理解され、確実に実践されなければなりません。

第3章　食に関する指導に係る全体計画の作成

3　学校と家庭・地域等の連携

　食育は、第2章で示したとおり、学校の取組だけで目標達成はできません。家庭や地域等との連携があって学校給食や食に関する授業が豊かなものになります。

　例えば、特別活動の学級活動(2)に基づき食に関する指導における学習を行った場合は、食に関する自己の課題を解決する方法を意思決定しますが、その方法を実践する場面は学校給食だけではなく家庭にもあります。その際、家庭での励ましや賞賛が児童生徒の実践への意欲を高めます。

　また、学校給食に地場産物を活用したり、地域の生産者に食に関する授業にゲストティーチャーとして参画してもらったりすることによって、子供たちは、地域の人々の生き方や地域の良さに気付くこともできます。このことを示したのが、全体計画です。

第3章　食に関する指導に係る全体計画の作成

第2節　全体計画作成の手順及び内容

1　実態把握

　食に関する児童生徒の実態は、学校で実施している既存の「食に関する実態調査」や教師の観察などに基づいて「体力や学力」「健康状態や体格」「食習慣」「態度や意識」などの観点を整理します。整理された実態から、児童生徒の課題を明らかにし、各学校が児童生徒に育成したい「食に関する指導の目標」を設定します。

　次に、保護者や地域の実態も明らかにしていきます。この実態は、各学校が実施している学校評価や保護者アンケートなどから調査したり、学校運営協議会等において、地域や保護者などの食育の取組状況を協議したりする中で明確にします。

　また、自校の教職員の食に関する指導の全体計画等に基づいた授業の実施状況、地場産物を活用した献立や栄養管理に配慮した献立の作成状況、適切な給食時間の設定等の環境整備にかかる内容、給食の時間、教科等における指導及び個別的な相談指導における教職員間の連携状況などに係る内容などから、その取組状況を評価し課題を明らかにすることも大切です。

2　学校における食育の推進状況に関する評価指標の設定

　これらの実態把握を通して、児童生徒の食に関する課題解決に向けて、食育推進の評価指標を設定します。評価指標が設定されることによって、年度内に目指す子供の姿がより具体化されます。したがって、この評価指標は、学校の食育推進の羅針盤的な役割を担うものであり、十分に検討されたものでなければなりません。

　評価指標の設定に当たっては、学校の教育目標や児童生徒の実態調査の結果に照らして段階的に設定する方法があります。児童生徒の実態を把握する上では、第1章第6節に示す六つの「食育の視点」（16ページ参照）を踏まえることも考えられます。

　次に、食に関する自校の教職員、組織、家庭・地域の実態に照らして、課題を生み出している原因の中から、課題性（自校の食育を推進するために改善しなければならないことは何か。）、緊急性（すぐに改善しなければならないことは何か。）、方向性（教職員が食育推進のために実践することは何か。）の観点から焦点化して評価指標を設定します。

3　食に関する指導の目標の設定
(1)　学校

　学校の教育目標を受け、各学校は育成を目指す資質・能力を踏まえた食に関する指導目標を設定します。このとき、第1章第6節で示されている「食に関する指導の目標」（16ページ参照）を参考にしながら設定します。

　また、各学校の食に関する指導の目標の中には、六つの「食育の視点」を位置付けて設定することが重要です。

(2)　各学年

　各学年の食に関する指導の目標を設定するときは、各学年の児童生徒の実態や発達の段階などを考慮して、自校の食に関する指導の目標に基づいて設定します。

－ 37 －

第3章　食に関する指導に係る全体計画の作成

　具体的には、小学校の低学年の場合は、基本的な生活習慣が定着するよう、適切な題材を設定します。

　また、中学年の場合は、問題を自分のものとして真剣に考えることができるようにし、具体的な解決方法や目標を決めて、一定の期間継続して努力できるように設定します。

　さらに、高学年の場合は、思春期にさしかかり、心身ともに大きく変化する時期なので、食育などに関する悩みの解消などを重視したり、自己の問題について真剣に受け止め、資料などを参考にして自己に合った実現可能な解決方法を決めたり、目標をもって粘り強く努力できるように設定します。

　そして、中学校においては、小学校の段階で生徒が、どのような食育を経験してきているのかを入学してくる小学校と十分に連携を図り、情報を収集して、生徒のこれまでの学びの上に目標を設定していくことが大切です。

4　食に関する指導の全体計画①の内容について

(1) 幼稚園・保育所・幼保連携型認定こども園と小学校、小学校と中学校の間での連携

　42ページの「食に関する指導の全体計画①」に示した幼稚園、保育所、幼保連携型認定こども園、小学校、中学校の連携に関する方針等の記載に当たっては、食に関する指導について校種間等のつながりを意識することが大切です。

　小学校では、近隣の幼稚園、保育所、幼保連携型認定こども園での幼児の食生活の実態や、食に関する指導により幼児がどのように育ってきているのかを十分に把握してから、食に関する指導の全体計画を作成することが求められます。さらに、中学校では小学校までにどのような「食に関する指導」が行われてきたのか、その結果どのような資質・能力が育成されてきたのかを理解した上で、中学校における食に関する全体計画を作成することが求められます。

(2) 地場産物等の活用

　全体計画①に示した「地場産物の活用」については、学校給食に地域の産物を活用することによって地域の食文化や産業、生産、流通、消費など食料事情等について理解することができるようにします。

　例えば、小学校の低学年では、自分の住んでいる地域で収穫できる食べ物に関心をもつこと、中学年では地域の産物に関心をもち、日常の食事と関連付けて考えることができること、高学年では地域の食文化や食料の生産、流通、消費などについて理解を深めることができるようにします。

(3) 家庭・地域等との連携

　全体計画①に示した「家庭・地域との連携」については、家庭や地域と連携した取組を位置付けることが必要です。特に、学校での指導内容や時期等と合わせて家庭や地域で関連した取組が行われることは、児童生徒の理解の深まりや興味・関心の向上、発展的な学習のために重要なことだと考えられます。

　このため、全体計画の作成段階から、児童生徒の食生活の実態や地域の実情等を十分に把握するなど、家庭や地域との連携について十分に留意し、実際に指導等を行うに当たっ

て、家庭や地域の生産者等の理解や協力を得られるように事前に連絡し、了解を得ておくことが必要です。また、学校と家庭や地域との双方向の情報交換ができるように工夫した給食だよりを発行することや、栄養教諭と学級担任や教科担任とが情報を共有することが重要です。

栄養教諭は、当該の学校や域内の食育のコーディネーターとして、栄養に関する専門性と教育に関する専門性を生かして、家庭や地域との連携・調整の要としての役割を果たし、これらの作業が円滑に進むように取り組むことが必要です。

このため、日ごろから、地域の行事や集まりなどの活動に参加するなどして、家庭や地域の生産者等との人間関係や連携関係を綿密に図り、関係者とのネットワークを構築していくことが求められます。

(4) 全体計画の評価

自校の食に関する指導の全体計画に基づいて、児童生徒への食に関する指導が計画通りに推進されたのか、学校給食の管理、連携・調整がどの程度充実したのかなどについて評価を行い、その結果を次年度に生かしていくことが求められます。

このとき、「学習後、家庭学習と関連させ、家庭で実践が継続できるよう仕組むことができた。」「オリジナル朝食レシピの内容は、普段の食事で作りやすいものが多くなった。」などの定性的な評価と、「朝食を毎日食べる児童生徒を80%から95%に増やす。」「朝食作りの手伝いをする児童・生徒を50%から60%に増やす。」などの成果指標を設定した定量的な評価をしていくことが大切です。

このように取組の成果を評価しながら、「主食・主菜・副菜のそろった朝食を食べる子供の割合を増加させる。」などの新たな指標を設定したり「朝食作りの手伝いをする児童・生徒の割合の目標値を下げる。」などの目標値を見直したりしていくことで、次年度に向けた新たな食に関する指導目標が設定されます。

5　食に関する指導の全体計画②の内容について
(1) 関連教科等の指導内容

「食に関する指導の全体計画②」に示された各教科、道徳科、外国語活動及び総合的な学習の時間の指導について、小学校学習指導要領及び中学校学習指導要領（平成29年告示）の総則には、第1章のように示されています。

これを受け、小学校の家庭科では、「食に関する指導については，家庭科の特質に応じて、食育の充実に資するよう配慮すること。また，第4学年までの食に関する学習との関連を図ること。」と示されています。中学校の技術・家庭科では、「食に関する指導については、技術・家庭科の特質に応じて，食育の充実に資するよう配慮すること。」と示されています。

さらに、体育科には、「保健の内容のうち運動，食事，休養及び睡眠については，食育の観点も踏まえつつ，健康的な生活習慣の形成に結び付くよう配慮するとともに，保健を除く第3学年以上の各領域及び学校給食に関する指導においても関連した指導を行うようにすること。」中学校の保健体育科には、「内容の(1)のアの(イ)及び(ウ)については，食育の観点も踏まえつつ健康的な生活習慣の形成に結び付くように配慮する。」と示されています。各教科等において、食に関する指導を行うときには、関連する教科の内容を踏ま

第3章　食に関する指導に係る全体計画の作成

えることが大切です。

(2) 特別活動の指導内容

　全体計画②に示された特別活動では、食に関する指導は主として、小学校学習指導要領特別活動の学級活動(2)「日常の生活や学習への適応と自己の成長及び健康安全」の「エ(中学校、高校はオ)　食育の観点を踏まえた学校給食と望ましい食習慣の形成」で学習します。学級活動・ホームルーム活動(2)の学習の留意点は、「共通した課題」について子供たち一人一人が自己の課題の解決方法などを「意思決定する学習活動」を行うということです。具体的には、平成30年に国立教育政策研究所から出された「小学校特別活動の指導資料」に示された、「つかむ」→「さぐる」→「見つける」→「決める」という学習の過程が参考になります。

　小学校学習指導要領（平成29年告示）解説特別活動編には、例えば次のような資質・能力が示されています。

○　望ましい食習慣の形成を図ることの大切さや，食事を通して人間関係をよりよくすることのよさや意義などを理解すること。

○　給食の時間の楽しい食事の在り方や健康によい食事のとり方などについて考え，改善を図って望ましい食習慣を形成するために判断し行動することができるようにすること。

○　そうした過程を通して，主体的に望ましい食習慣や食生活を実現しようとする態度を養うこと。

　中学校学習指導要領（平成29年告示）解説特別活動編には、例えば次のような資質・能力が示されています。

○　健康や食習慣の正しい知識が大切であることを理解し，給食の時間の衛生的で共同的な楽しい食事の在り方等を工夫すること。

○　自らの生活や今後の成長，将来の生活と食生活の関係について考え，望ましい食習慣を形成するために判断し行動ができるようにすること。

○　そうした過程を通して，健康な心身や充実した生活を意識して，主体的に適切な食習慣を形成する態度を育てること。

---

(3) 個別的な相談指導

　近年、肥満ややせ傾向、食物アレルギー等食に関する問題を有する児童生徒が見られることから、健康実態を十分把握した上で、個に応じた献立の工夫や児童生徒及び保護者に対する適切な指導や助言が必要になってきています。

　個別的な相談指導を行う場として、給食の時間や栄養相談の機会などが考えられますが、特に給食の時間は、自分の健康のためにどのような食品をどれだけ食べる必要があるのかを実際に食べて学習できることから、献立は指導にふさわしいバランスのよい献立でなければなりません。また、学級担任等はグループに入り給食を共に食べながら、児童生徒一

人一人の健康状態や個性を観察し、必要に応じて個別に適切な指導や助言を行うことが大切です。

　さらには、養護教諭等との連携や必要があれば学校医等、外部の専門機関とすぐに連絡が取れるような校内システムを日頃から構築しておくことも肝要です。

第3章 食に関する指導に係る全体計画の作成

第3節 具体的な全体計画のイメージ

1 食に関する指導の全体計画①（小学校）例

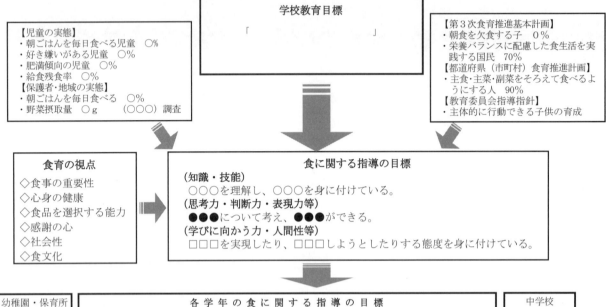

食育推進組織（○○委員会）
　委員長：校長（副委員長：副校長・教頭）
　委員：栄養教諭、主幹教諭、教務主任、保健主事、養護教諭、学年主任、給食（食育）主任、体育主任、学級担任
　　※必要に応じて、保護者代表、学校医・学校歯科医・学校薬剤師の参加

食に関する指導
　─ 教科等における食に関する指導：関連する教科等において食に関する指導の視点を位置付けて指導
　　　　　　　　　　　　　　　　　社会、理科、生活、家庭、体育、道徳、総合的な学習の時間、特別活動　等
　─ 給食の時間における食に関する指導：─ 食に関する指導：献立を通して学習、教科等で学習したことを確認
　　　　　　　　　　　　　　　　　　　└ 給食指導：準備から片付けまでの一連の指導の中で習得
　─ 個別的な相談指導：肥満・やせ傾向、食物アレルギー・疾患、偏食、スポーツ、○○

地場産物の活用
　物資選定委員会：年○回、構成委員（○○、○○）、活動内容（年間生産調整及び流通の確認、農場訪問（体験）計画）
　地場産物等の校内放送や指導カードを使用した給食時の指導の充実、教科等の学習や体験活動と関連を図る、○○

家庭・地域との連携
　積極的な情報発信、関係者評価の実施、地域ネットワーク（人材バンク）等の活用
　学校だより、食育（給食）だより、保健だより、学校給食試食会、家庭教育学級、学校保健委員会、講演会、料理教室
　自治体広報誌、ホームページ、公民館活動、食生活推進委員・生産者団体・地域食育推進委員会、学校運営協議会、
　地域学校協働本部、○○

食育推進の評価
　活動指標：食に関する指導、学校給食の管理、連携・調整
　成果指標：児童の実態、保護者・地域の実態

第3章 食に関する指導に係る全体計画の作成

食に関する指導の全体計画の作成視点

- 実態把握・評価指標（各種調査等の項目等）及び目標値、食に関する指導の目標は一連のものとなる
- 各種調査結果（既存の調査、前年度評価指標とした項目含む）、観察等に基づき、児童の実態把握
- 学校評価等から、保護者・地域の実態把握及び食に関する指導の取組状況を把握
  ↓
  観点ごとに課題を整理
  ↓
  具体的（数値等）に実態を記述
- 児童の実態把握・課題から評価指標及び目標値を設定
- 実態把握の結果：評価指標及び目標値に反映
- 食に関する指導の目標：評価指標の目標値を達成するための指導の目標

← 各種調査は、既存の調査を活用してもよい
← 取組状況は、活動指標も含めて把握する
← 量的に把握した実態は、評価指標の現状値となる
← 一つの評価指標が間接的に他の評価指標としてもよい

- 学校教育目標を実現する観点から、食に関する指導の目標を設定
  ↓
  食に関する指導の目標が学校教育目標を受けている
- 育成を目指す児童の姿として、資質・能力の三つの柱（知識及び技能、思考力、判断力、表現力等、学びに向かう力、人間性等）と六つの食育の視点が入るよう設定
- 年度内に育成を目指すものであるため、重点化を図ることも可能

学習指導要領、食育基本法の趣旨、食育推進基本計画、各自治体の食育推進計画等での指標、教育委員会の方針や目標等を踏まえ
↓
児童の実態と照らし合わせ、食に関する指導の目標となる内容を整理
↓
具体的項目（数値等含む）を記述

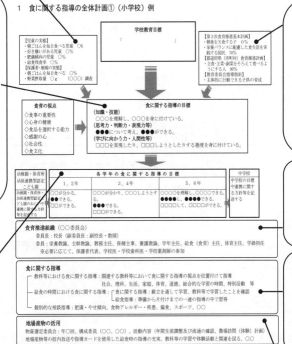

食に関する指導を組織的に行うための組織について、構成メンバー、地域との連携等について記述
（組織の活動計画については、全体計画②へ記述）

- 学校教育目標を実現させるため、各学年の目標を設定
- 各学年の実態（資質・能力の三つの柱の育成状況等）を考慮
- 発達段階を考慮
- 系統的、具体的に設定
  幼稚園等、小学校、中学校間で一貫性をもたせる
- 目標等を記述

教科等における指導、給食の時間における指導、個別的な相談指導ごとに連携協働して取り組む事例、指導体制等を具体的に記述
（関連教科等の単元等については、全体計画②へ記述）

地場産物活用の推進組織、活用方針等を記述
（組織の活動計画については、全体計画②へ記述）

課題や目標についての共通理解、課題解決するための実践の場として、食に関する取組を充実させる連携の基本方針及び情報の収集・発信の方法や食に関する学校行事、関係機関との連携した取組等を記述
（食に関する指導内容の時期と合わせたり、連携したりした活動計画については、全体計画②へ記述）
（詳細は、第2章 学校・家庭・地域が連携した食育の推進 26～33ページ）

- 学校教育目標、食に関する指導の目標と関連した評価指標とする
- 取組状況の評価（活動指標）と取組の成果（成果指標）を、総合的な評価につなげるように設定
- 二つの指標の関連等についても検討
- 評価項目・評価内容・評価基準を併せて設定
- 評価結果は実態とし、次年度の目標設定につなげる
（詳細は、第7章 学校における食育の推進の評価 252～261ページ）

第3章　食に関する指導に係る全体計画の作成

食に関する指導の全体計画②（小学校）例

教科等			4月	5月	6月	7月	8～9月
学校行事等			入学式	運動会	クリーン作戦	集団宿泊合宿	
推進体制	進行管理			委員会		委員会	
	計画策定		計画策定				
教科・道徳等　総合的な学習の時間	社会		県の様子【4年】、世界の中の日本、日本の地形と気候【5年】	私たちの生活を支える飲料水【4年】、高地に住む人々の暮らし【5年】	地域にみられる販売の仕事【3年】、ごみのしょりと再利用【4年】寒い土地のくらし【5年】日本の食糧生産の特色【5年】、狩猟・採集や農耕の生活、古墳、大和政権【6年】	我が国の農家における食料生産【5年】	地域に見られる生産の仕（農家）【3年】、我が国の業における食料生産【5
	理科			動物のからだのつくりと運動【4年】、植物の発芽と成長【5年】、動物のからだのはたらき【6年】	どれくらい育ったかな【3年】、暑くなると【4年】、花から実へ【5年】、植物のからだのはたらき【6年】	生き物のくらしと環境【6年】	実がたくさんできたよ【3年】
	生活		がっこうだいすき【1年】	たねをまこう【1年】、やさいをそだてよう【2年】	————————————————→		秋のくらし　さつまいもしゅうかくしよう【2年】
	家庭			おいしい楽しい調理の力【5年】	朝食から健康な1日の生活を【6年】		
	体育				毎日の生活と健康【3年】		
	他教科等		たけのこぐん【2国】	茶つみ【3音】	ゆうすげむらの小さな旅館【3国】	おおきなかぶ【1国】海のいのち【6国】	
	道徳		自校の道徳科の指導計画に照らし、関連する内容項目を明記すること。				
	総合的な学習の時間			地元の伝統野菜をPRしよう【6年】			
特別活動	学級活動（*食育教材活用）		給食がはじまるよ*【1年】	元気のもと朝ごはん*【2年】、生活リズムを調べてみよう*【3年】、食べ物の栄養*【5年】	よくかんで食べよう【4年】、朝食の大切さを知ろう【6年】	夏休みの健康な生活について考えよう【6年】	弁当の日のメニューを考う【5・6年】
	児童会活動		残菜調べ、片付け点検確認・呼びかけ ——— 目標に対する取組等（5月：身支度チェック、12月：リクエスト献立募集・集計） 掲示（5月：手洗い、11月：おやつに含まれる砂糖、2月：大豆の変身）		給食委員会発表「よく噛むことの大切さ」		
	学校行事		お花見給食、健康診断		全校集会		遠足
	給食の時間	給食指導	仲良く食べよう 給食のきまりを覚えよう 楽しい給食時間にしよう		楽しく食べよう 食事の環境について考えよう		食べ物を大切にしよう 感謝して食べよう
		食に関する指導	給食を知ろう 食べ物の働きを知ろう 季節の食べ物について知ろう				食べ物の名前を知ろう 食べ物の三つの働きを知 食生活について考えよう
学校給食の関連事項	月目標		給食の準備をきちんとしよう	きれいなエプロンを身につけよう	よくかんで食べよう	楽しく食事をしよう	正しく配膳をしよう
	食文化の伝承		お花見献立	端午の節句		七夕献立	お月見献立
	行事食		入学進級祝献立お花見献立		カミカミ献立		祖父母招待献立、すいと
	その他			野菜ソテー	卵料理		
	旬の食材		なばな、春キャベツ、たけのこ、新たまねぎ、きよみ	アスパラガス、グリーンピース、そらまめ、新たまねぎ、いちご	アスパラガス、じゃがいも、にら、いちご、びわ、アンデスメロン、さくらんぼ、	おくら、なす、かぼちゃ、ピーマン、レタス、ミニトマト、すいか、プラム	さんま、さといも、ミニトマトうもろこし、かぼちゃ、えだまきのこ、なす、ぶどう、なし
	地場産物		じゃがいも	こまつな、チンゲンサイ、じゃがいも	こまつな、チンゲンサイ、なす、ミニトマト		こまつな、チンゲンサイ、まねぎ、じゃがいも
			地場産物等の校内放送や指導カードを使用した給食時の指導充実。教科等の学習や体験活動と関連を図る。				
			推進委員会（農場訪問（体験）の計画等）				推進委員会
個別的な相談指導				すこやか教室		すこやか教室（面談）	
家庭・地域との連携			積極的な情報発信（自治体広報誌、ホームページ）、関係者評価の実施、公民館活動、地域ネットワーク（人材バンク）等の活				
			学校だより、食育（給食）だより、保健だよりの発行 ・朝食の大切さ・運動と栄養・食中毒予防・夏休みの食生活・食事の量				・地元の野菜の特色
				学校公開日	学校給食試食会	公民館親子料理教室	家庭教育学級

－ 44 －

第3章　食に関する指導に係る全体計画の作成

10月	11月	12月	1月	2月	3月
時健康診断	避難訓練				卒業式
会		委員会		委員会	
		評価実施	評価結果の分析	計画案作成	
			市の様子の移り変わり【3年】、長く続いた戦争と人々のくらし【6年】	日本とつながりの深い国々【6年】	
		水溶液の性質とはたらき【6年】	物のあたたまりかた【4年】		
て元気！ごはんとみそ 5年】	まかせてね今日の食事【6年】				
	育ちゆく体とわたし【4年】		病気の予防【6年】		
で元気【1国】言葉の...に関心をもとう【6国】	くらしの中の和と洋【4国】、和の文化を受けつぐ【5国】	プロフェッショナルたち【6国】	おばあちゃんに聞いたよ【2国】	みらいへのつばさ（備蓄計画）【6算】	うれしいひなまつり【1音】
物はどこから＊【5年】	食事をおいしくするまほうの言葉＊【1年】、おやつの食べ方を考えてみよう＊【2年】、マナーのもつ意味＊【3年】、元気な体に必要な食事＊【4年】		食べ物のひみつ【1年】、食べ物の「旬」＊【2年】、小児生活習慣病予防健診事後指導【4年】	しっかり食べよう　3度の食事【3年】	
	生産者との交流給食会		学校給食週間の取組		
	交流給食会		給食感謝の会		
			給食の反省をしよう		
			1年間の給食を振り返ろう		
			食べ物に関心をもとう		
			食生活を見直そう		
			食べ物と健康について知ろう		
付けをきちんとしよう	食事のあいさつをきちんとしよう	きれいに手を洗おう	給食について考えよう	食事マナーを考えて食事をしよう	1年間の給食をふりかえろう
献立	地場産物活用献立	冬至の献立	正月料理	節分献立	和食献立
		クリスマス献立	給食週間行事献立	リクエスト献立	卒業祝献立（選択献立）
汁（わが家のみそ汁）	伝統的な保存食（乾物）を使用した料理			韓国料理、アメリカ料理	
、さけ、きのこ、さつまい...り、かき、りんご、ぶどう	新米、さんま、さけ、さば、さつまいも、はくさい、ブロッコリー、ほうれんそう、ごぼう、りんご	のり、ごぼう、だいこん、ブロッコリー、ほうれんそう、みかん	かぶ、ねぎ、ブロッコリー、ほうれんそう、キウイフルーツ、ぽんかん	しゅんぎく、ブロッコリー、ほうれんそう、みかん、いよかん、キウイフルーツ	ブロッコリー、ほうれんそう、いよかん、きよみ
な、チンゲンサイ、たま...じゃがいも、りんご	たまねぎ、じゃがいも、りんご	りんご	たまねぎ、じゃがいも		
		推進委員会		推進委員会（年間生産調整等）	
	すこやか教室 管理指導表提出		個別面談		個人カルテ作成
産物のよさ・日本型食生活のよさ			・運動と栄養・バランスのとれた食生活・心の栄養		
	学校保健委員会、講演会				

第3章

第3章 食に関する指導に係る全体計画の作成

2 食に関する指導の全体計画①（中学校）例

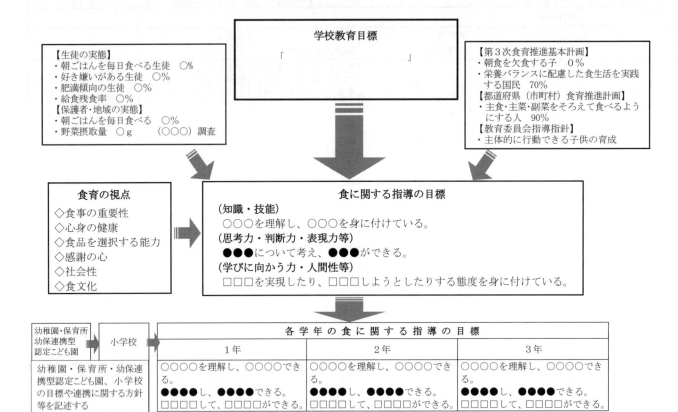

食育推進組織（○○委員会）
　　委員長：校長（副委員長：副校長・教頭）
　　委員：栄養教諭、主幹教諭、教務主任、保健主事、養護教諭、学年主任、給食（食育）主任、体育主任、学級担任
　　　※必要に応じて、保護者代表、学校医・学校歯科医・学校薬剤師の参加

食に関する指導
　　教科等における食に関する指導：関連する教科等において食に関する指導の視点を位置付けて指導
　　　　　　　　　　　　　　　社会、理科、技術・家庭、保健体育、道徳、総合的な学習の時間、特別活動　等
　　給食の時間における食に関する指導：食に関する指導：献立を通して学習、教科等で学習したことを確認
　　　　　　　　　　　　　　　　　　　給食指導：準備から片付けまでの一連の指導の中で習得
　　個別的な相談指導：肥満・やせ傾向、食物アレルギー・疾患、偏食、スポーツ、○○

地場産物の活用
　　物資選定委員会：年○回、構成委員（○○、○○）、活動内容（年間生産調整及び流通の確認、農場訪問（体験）計画）
　　地場産物等の校内放送や指導カードを使用した給食時の指導の充実、教科等の学習や体験活動と関連を図る、○○

家庭・地域との連携
　　積極的な情報発信、関係者評価の実施、地域ネットワーク（人材バンク）等の活用
　　学校だより、食育（給食）だより、保健だより、学校給食試食会、家庭教育学級、学校保健委員会、講演会、料理教室
　　自治体広報誌、ホームページ、公民館活動、食生活推進委員・生産者団体・地域食育推進委員会、学校運営協議会、
　　地域学校協働本部、○○

食育推進の評価
　　活動指標：食に関する指導、学校給食の管理、連携・調整
　　成果指標：生徒の実態、保護者・地域の実態

第3章　食に関する指導に係る全体計画の作成

食に関する指導の全体計画の作成視点

- 実態把握・評価指標（各種調査等の項目等）及び目標値、食に関する指導の目標は一連のものとなる
- 各種調査結果（既存の調査、前年度評価指標とした項目含む）、観察等に基づき、生徒の実態把握
- 学校評価等から、保護者・地域の実態把握及び食に関する指導の取組状況を把握
  ↓
  観点ごとに課題を整理
  ↓
  具体的（数値等）に実態を記述
- 生徒の実態把握・課題から評価指標及び目標値を設定
- 実態把握の結果：評価指標及び目標値に反映
- 食に関する指導の目標：評価指標の目標値を達成するための指導の目標

← 各種調査は、既存の調査を活用してもよい

← 取組状況は、活動指標も含めて把握する

← 量的に把握した実態は、評価指標の現状値となる

← 一つの評価指標が間接的に他の評価指標としてもよい

- 学校教育目標を実現する観点から、食に関する指導の目標を設定
  ↓
  食に関する指導の目標が学校教育目標を受けている

- 育成を目指す生徒の姿として、資質・能力の三つの柱（知識及び技能，思考力，判断力，表現力等，学びに向かう力、人間性等）と六つの食育の視点が入るよう設定
- 年度内に育成を目指すものであるため、重点化を図ることも可能

学校教育目標を実現させるため、各学年の目標を設定
- 各学年の実態（資質・能力の三つの柱の育成状況等）を考慮
- 発達段階を考慮
- 系統的、具体的に設定
幼稚園等、小学校、中学校間で一貫性をもたせる
- 目標等を記述

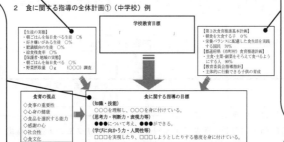

2 食に関する指導の全体計画①（中学校）例

- 学習指導要領、食育基本法の趣旨、食育推進基本計画、各自治体の食育推進計画等での指標、教育委員会の方針や目標等を踏まえ
  ↓
  生徒の実態と照らし合わせ、食に関する指導の目標となる内容を整理
  ↓
  具体的項目（数値等含む）を記述

- 食に関する指導を組織的に行うための組織について、構成メンバー、地域との連携等について記述
  （組織の活動計画については、全体計画②へ記述）

- 教科等における指導、給食の時間における指導、個別的な相談指導ごとに連携協働して取り組む事例、指導体制等を具体的に記述
  （関連教科等の単元等については、全体計画②へ記述）

- 地場産物活用の推進組織、活用方針等を記述
  （組織の活動計画については、全体計画②記述）

課題や目標についての共通理解、課題解決するための実践の場として、食に関する取組を充実させる連携の基本方針及び情報の収集・発信の方法や食に関する学校行事、関係機関との連携した取組等を記述
（食に関する指導内容の時期と合わせたり、連携したりした活動計画については、全体計画②へ記述）
（詳細は、第2章　学校・家庭・地域が連携した食育の推進　26～33ページ）

- 学校教育目標、食に関する指導の目標と関連した評価指標とする
- 取組状況の評価（活動指標）と取組の成果（成果指標）を、総合的な評価につなげるように設定
- 二つの指標の関連等についても検討
- 評価項目・評価内容・評価規準を併せて設定
- 評価結果は実態とし、次年度の目標設定につなげる
（詳細は、第7章　学校における食育の推進の評価　252～261ページ）

第3章　食に関する指導に係る全体計画の作成

食に関する指導の全体計画②（中学校）例

教科等			4月	5月	6月	7月	8～9月
学校行事等			入学式	運動会	クリーン作戦	集団宿泊合宿	
推進体制	進行管理			委員会		委員会	
	計画策定		計画策定				
教科・道徳・総合的な学習の時間	社会		世界各地の人々の生活と環境【1年】、大航海時代の幕開け【2年】、都市から広がる大衆文化【3年】	世界各地で生まれる文明【1年】、東アジアの貿易と南蛮人、日本の気候の特色【2年】	世界の食文化とその変化【1年】、各地を結ぶ陸の道・海の道【2年】、大きく変化した私たちの生活【3年】	稲作による生活の変化【1年】、日本の農業とその変化【2年】、私たちの生活と文化【3年】	世界の諸地域（アジア）年】、日本の諸地域（九州西諸島）【2年】
	理科		花のつくりとはたらき【1年】、物質の成り立ち【2年】、生物の成長とふえ方【3年】	水や栄養分を運ぶしくみ【1年】	栄養分をつくるしくみ【1年】、生命を維持する働き【2年】	植物のなかま分け【1年】、遺伝の規則性と遺伝子【3年】	動物のなかま【2年】
	技術・家庭		食生活と栄養【2年】		献立作りと食品の選択【2年】		秋のくらし　さつまいもしゅうかくしよう【2年】
	保健体育			食生活と健康【3年】	体の発育・発達【1年】、水の利用と確保【2年】		
	他教科		花曇りの向こう【1国】、握手【3国】、A History of Vegetables【3英】	ダイコンは大きな根【1国】	言葉を集めよう【1国】		学校の文化祭【1英】、盆【2国】
	道徳		自校の道徳科の指導計画に照らし、関連する内容項目を明記すること。				
	総合的な学習の時間					働く人から学ぼう【2年】	
特別活動	学級活動*食育教材活用				健康な歯や骨を作ろう【1年】		弁当の日のメニューを考う【1、2、3年】
	生徒会活動		残菜調べ、片付け点検確認・呼びかけ　目標に対する取組等（5月：身支度チェック、12月：リクエスト献立募集・集計）　掲示（5月：手洗い、11月：おやつに含まれる砂糖、2月：大豆の変身）		給食委員会発表「よく噛むことの大切さ」		
	学校行事		お花見給食、健康診断		試食会、学校保健委員会、全校集会		遠足
	給食の時間	給食指導	給食時間の過ごし方・準備、後片付けの仕方・協力体制・当番の身支度・手洗いの励行				準備・後片付けの協力の・給食当番と当番以外の	
		食に関する指導	朝食の大切さを見直そう　伝統的食文化（行事食・節句料理・郷土料理）・朝食・生活リズム　夏の食事（夏野菜・水分補給・夏バテ予防）				日本食を見直し良さを知食事のあいさつ、ノロウバランスのよい食事（3
学校給食の関連事項	月目標		給食の準備をきちんとしよう	きれいなエプロンを身につけよう	よくかんで食べよう	楽しく食事をしよう	正しく配膳をしよう
	食文化の伝承		お花見献立	端午の節句		七夕献立	お月見献立
	行事食		入学進級祝献立お花見献立		カミカミ献立		祖父母招待献立、すいと
	その他			南蛮料理			世界（日本）の料理
	旬の食材		なばな、春キャベツ、たけのこ、新たまねぎ、きよみ	アスパラガス、グリーンピース、そらまめ、新たまねぎ、いちご	アスパラガス、じゃがいも、にら、いちご、びわ、アンデスメロン、さくらんぼ、	おくら、なす、かぼちゃ、ピーマン、レタス、ミニトマト、すいか、プラム	さんま、さといも、ミニトマトうもろこし、かぼちゃ、えだまきのこ、なす、ぶどう、なし
	地場産物		じゃがいも	こまつな、チンゲンサイ、じゃがいも	こまつな、チンゲンサイ、なす、ミニトマト		こまつな、チンゲンサイ、まねぎ、じゃがいも
			地場産物等の校内放送や指導カードを使用した給食時の指導充実。教科等の学習や体験活動と関連を図る。				
			推進委員会（農場訪問（体験）の計画等）				推進委員会
個別的な相談指導						個別相談指導（面談）	
家庭・地域との連携			積極的な情報発信（自治体広報誌、ホームページ）、関係者評価の実施、公民館活動、地域ネットワーク（人材バンク）等の活				
			学校だより、食育(給食)だより、保健だよりの発行　・朝食の大切さ・運動と栄養・食中毒予防・夏休みの食生活・食事の量				・地元の野菜の特色
				学校給食試食会		公民館親子料理教室	家庭教育学級

－ 48 －

第3章　食に関する指導に係る全体計画の作成

10月	11月	12月	1月	2月	3月
	避難訓練				卒業式
会		委員会		委員会	
		評価実施	評価結果の分析	計画案作成	
・国家でのくらし【1年】、～の諸地域（中国・四国）年】	世界の諸地域（ヨーロッパ、アフリカ）【1年】、日本の諸地域（近畿）【2年】、私たちのくらしと経済【3年】	世界の諸地域（南北アメリカ）【1年】、日本の諸地域（中部）【2年】	世界の諸地域（オセアニア）【1年】、日本の諸地域（関東）【2年】	世界の様々な地域の調査【1年】、日本の諸地域（東北）、地域によって異なる食文化【2年】	日本の諸地域（北海道）【2年】
	水溶液の性質【1年】、酸・アルカリと塩【3年】	多様なエネルギーとその移り変わり【3年】	自然界のつり合い【3年】	自然が人間におよぼす影響【3年】	
～と食文化【2年】	生物育成（技）【2年】				
～習慣病とその予防【3		健康な生活と病気の予防【3年】			
・魚は生きていた【1国】、～物のデザイン【1美】、～ソレントへ【3音】	故郷【3国】	新聞の社説を比較して読もう【3国】	組曲「展覧会の絵」から【2音】		
					→
					→
	生産者との交流給食会		学校給食週間の取組		
～己	交流給食会		給食感謝の会		
～き			正しい食事マナー ・はし、食器の持ち方　・会話の内容 ・食事のあいさつ		
～土の産物　・郷土への関心）			楽しい給食時間の過ごし方を考えよう（1年間の振り返り）		
～ランス、寒さに負けない食事（風邪予防・冬至とかぼちゃ））			学校給食週間（歴史・伝統食と世界の料理） 生活習慣病予防		
～付けをきちんとしよう	食事のあいさつをきちんとしよう	きれいに手を洗おう	給食について考えよう	食事マナーを考えて食事をしよう	1年間の給食をふりかえろう
～献立	地場産物活用献立	冬至の献立	正月料理	お月見献立	桃の節句献立
		クリスマス献立	給食週間行事献立	リクエスト献立	卒業祝献立（選択献立）
～料理、煮・焼・蒸（魚・野菜）料理	→				
～ま、さけ、きのこ、さつまい～くり、かき、りんご、ぶどう	新米、さんま、さけ、さば、さつまいも、はくさい、ブロッコリー、ほうれんそう、ごぼう、りんご	のり、ごぼう、だいこん、ブロッコリー、ほうれんそう、みかん	かぶ、ねぎ、ブロッコリー、ほうれんそう、キウイフルーツ、ぽんかん	しゅんぎく、ブロッコリー、ほうれんそう、みかん、いよかん、キウイフルーツ	ブロッコリー、ほうれんそう、いよかん、きよみ
～つな、チンゲンサイ、たま～、じゃがいも、りんご	たまねぎ、じゃがいも	りんご	たまねぎ、じゃがいも		
		推進委員会		推進委員会（年間生産調整等）	
	管理指導表提出		個別面談		個人カルテ作成
～場産物のよさ・日本型食生活のよさ			・運動と栄養・バランスのとれた食生活・心の栄養		

第3章

－ 49 －

第3章　食に関する指導に係る全体計画の作成

第4節　栄養教諭の役割

　栄養教諭は、「児童生徒の栄養の指導及び管理をつかさどる」教師として、校長のリーダーシップのもと食に関する指導における全体計画の作成や実践等で中心的な役割を果たすとともに、学校内の教職員はもとより、家庭・地域、関係機関等との連携・調整の要として、地域学校協働活動推進員等と連携し、子供たちの健康の保持増進に向けた健全な食生活の実現に取り組んでいくことが求められています。

1　全体計画の進行管理

　学校における食育推進の基本的な考え方と方向性を全体計画として示すためには、必要な実態調査等の実施、指導内容や方法の決定等、複数の作業が必要となるため、推進体制を整備し、計画策定及び進行管理を組織的に行うことが大切です。全体計画を策定し、実施していくには、各種調査等に基づき、児童生徒の実態把握をしておくことが必要となります。その実態を踏まえて食育推進組織（校長（副校長・教頭）、栄養教諭、主幹教諭、教務主任、保健主事、養護教諭、学年主任、給食（食育）主任、体育主任、学級担任等）において課題を整理し、前年度評価や食育推進計画等を踏まえた指標を設定します。

　栄養教諭は、各教科等の目標やそれらの教科等における食に関する指導に係る単元・内容等について十分に理解した上で、各教科等の年間指導計画と関連付けを図りながら全体計画の原案を作成します。関連付けた各教科等における指導内容、学習過程における「食育の視点」について関係教職員に積極的に提示するとともに、学校給食の管理と食に関する指導を一体のものとして推進する観点から、全体計画に給食管理の内容も位置付けていきます。

　全体計画の作成に当たっては、教務主任など学校教育活動全体を把握している教職員を食育推進組織の構成員として位置付けることが肝要になります。

　栄養教諭は、学級担任や教科担任と協力しながら、学習指導要領や教科書などから食に関する指導に関連している単元等を抽出します。教務主任は、各分野における学校の全体計画等と関連付けながら、効果的な指導が行われるよう教育課程の編成及び実施に当たります。

　また、全体計画を作成する食育推進組織等の運営にも積極的に取り組むことが望まれます。
　なお、全体計画の作成は、例えば、
　①　栄養教諭を中心とした関係教職員による作成委員会等の設置
　②　全体計画の原案作成
　③　各学年会や教科部会に原案を提示、調整
　④　食に関する食育推進組織に原案を提示、調整
　⑤　校長の了承・決裁
　⑥　職員会議で校内教職員へ周知
といった手順などが考えられます。

2　教職員の連携・調整

　栄養教諭は全体計画の作成に当たっては、学級担任や教科担任等から、各教科等での食

－ 50 －

に関する指導に係る単元等の提示を促し、担当する教職員間での検討や協議、校長、教頭、教務主任、研究主任等との連絡・調整等を行います。

また、作成された全体計画の目標、指導内容等について、各教職員、調理員等が十分に理解し、それに基づいて実際の取組や調理等を行うことが大切です。

栄養教諭は、教育に関する資質と他の教職員が有していない栄養に関する専門性を積極的に生かして、教職員の連携・調整の要としての役割を果たし、これらの取組が円滑に進むようにしていくことが求められます。

このため、日ごろから、学校という組織の一員としての自覚をもち、校長の方針や学校の取組内容等について理解を深めるよう努めることが重要です。

3　家庭や地域等との連携・調整

全体計画においては、家庭や地域と連携した取組も位置付けていきます。特に、学校での指導内容や時期等と合わせて家庭や地域で関連した取組が行われることは、児童生徒が食に関する理解を深め、日常生活で実践していくことにつながっていきます。

このため、全体計画の作成段階から、児童生徒の食生活の実態や地域の実態等を把握し、家庭や地域と連携した取組を進めていきます。実際に取組等を行うに当たって、家庭や地域の関係機関・団体、生産者等の理解や協力を得られるように事前に十分な打合せを行うことが大切です。また、学校と家庭や地域との双方向の情報交換ができるように工夫した給食だよりを発行することや、栄養教諭と学級担任が情報共有をしておくことが重要です。

栄養教諭は、当該の学校や域内の食育コーディネーターとして、教育に関する資質と栄養に関する専門性を生かして、地域学校協働活動推進員等と連携し、家庭や地域との連携・調整の要としての役割を果たし、これらの取組が円滑に推進されるように啓発等の働きかけを行うことが求められます。

また、地域学校協働活動推進員等は、栄養教諭と連携し、地域と学校の連絡・調整の役割を果たすことが求められます。

このため、地域社会の一員としての活動を通して、家庭や地域の関係機関・団体、生産者等とのネットワークを構築していくことが重要です。

4　各種計画との関連付け

児童生徒の栄養の指導と管理をつかさどることを職務とする栄養教諭は、食に関する指導と学校給食の管理を一体のものとして行いますので、献立作成の責任者となります。そのため、学校給食が各教科等と関連付けた指導が行えるように、給食献立計画、各教科等における食に関する指導の計画の関連付けを行うことができる唯一の教師といえます。

栄養教諭は、全体計画の作成の際に、各教科等における指導の場面、内容、時期と学校給食献立との関連付けを明確にします。学級担任や教科担任が各教科等における食に関する指導において、学校給食献立を活用できるように献立計画において、当該献立の趣旨や地場産物の活用を明確に示したり、他の教職員に資料提供したりすることなどの取組を行うことが必要です。

第3章　食に関する指導に係る全体計画の作成

5　児童生徒の食生活の実態把握と活用

　学校において食育を推進するに当たっては、児童生徒の食生活等の実態を踏まえて、指導の内容、方法、指標等を決定し、実施していきます。

　全体計画を作成する際には、栄養教諭は、児童生徒の食生活等の実態を把握し、課題を校長その他の教職員に提示します。児童生徒の食生活等の実態の把握に当たっては、校長の指導の下に、学級担任、教科担任、養護教諭等と連携を図るとともに、学校医からも助言等を得ることが必要です。実際に家庭に調査を依頼する場合には、事前に各家庭に対して調査の目的や結果の活用等について分かりやすく説明し、同意を得ておきます。

　また、把握した児童生徒の食生活等の実態についての情報は、全体計画の作成とともに日々の指導を行う際にも重要なものとなります。

　特に、食に関する個別的な相談指導においては、食習慣を含む生活習慣や心の健康に関する問題も想定されるので、学級担任や養護教諭、保健主事、体育主任（又は部活動担当）等と情報共有し、スクールカウンセラー、スクールソーシャルワーカー、学校医、保護者等と連携を図りながら対応していくことが極めて重要です。

6　食育の取組事例等に関する情報提供

　食育基本法及び食育推進基本計画の趣旨や内容等を踏まえ食育が全国的に推進され、学校や地域等における食育実践事例が増えていくとともに、大学等での研究成果が充実しつつあります。

　栄養教諭は、日常から食育に関する新しい動向、地域等での取組事例、研究成果、各種情報の収集、把握に努め、全体計画の作成及び全体計画を踏まえた指導を進める際、校長その他の教職員に対してそれらの情報を積極的に提供することが望まれます。

　また、評価結果を踏まえて全体計画を改善する際にも、改善点を情報提供していきます。

7　学校給食の現状や課題等に関する情報提供

　学校給食は、学校における食育の推進において大きな役割を担うものであり、学校給食を活かした食に関する指導や給食の時間における食に関する指導は、重要な位置付けとなるものです。

　このため、栄養教諭は、学校給食の今日的な役割や学校給食を活用した食に関する指導の意義、教育的な効果等について、学校内の教職員、保護者等に対して積極的に周知を図り、理解を得るようにすることが重要です。

　また、各学校における学校給食の課題を解決することは、各教科等における食に関する指導を充実させるとともに、児童生徒一人一人の食生活上の課題を解決することにもつながります。

　栄養教諭は、勤務している学校や共同調理場における学校給食の現状を把握し、問題点や課題について、校長その他の教職員に優先順位を付けて、分かりやすく情報提供したり、具体的な問題提起を行ったり、さらには解決方策等についての提案を行ったりすることが大切です。

第3章　食に関する指導に係る全体計画の作成

8　複数の学校や共同調理場を兼務する栄養教諭の対応

　全体計画は、各学校における食育を推進する上で極めて重要なものであり、全ての学校において作成しなければなりません。このため、複数の学校や共同調理場を担当する栄養教諭は、本務校と兼務校のいずれにおいても、全体計画の作成に積極的に参画し、中心的な役割を果たすことが必要です。例えば、栄養教諭と各学校の教職員による全体計画の作成委員会を設置して、各学校の食育担当教職員や教務主任、研究主任など関係教職員と協力して計画等を策定したり、必要な支援を行ったりすることが考えられます。このために、普段から定期的に、担当する各学校の教育活動の状況等について把握するともに、校長その他の教職員との連携・協力体制を築いておくことが重要です。

　各学校において食に関する指導を行う際は、全体計画を踏まえた指導はもとより、食育担当の教師等との情報交換をとおした指導計画の調整、学級担任から児童生徒の食に関する情報収集を行うことも重要です。

　栄養教諭は、その配置の状況により、また、担当する学校の数により、給食の管理業務のほか、児童生徒に対する直接的な指導に携わることとなる時間は様々であり、それぞれの状況に応じて取り組んでいくことが求められます。

　なお、複数の学校や共同調理場を担当している栄養教諭は、全体計画の作成と合わせて、各学校における指導日の調整を行う必要があります。栄養教諭による直接的な指導は、本務校と兼務校のいずれにおいても均等になることが望まれますが、児童生徒の実態等により学校ごとに重点となる目標や教科、指導場面が異なってくることから、各学校の意向を踏まえつつ、重複しないように指導日を調整します。

【検討方法の例】
①　栄養教諭が中心となって本務校及び兼務校の教職員と作成委員会を組織する。
②　作成委員会の場で栄養教諭が教職員に対して１年間の学校給食の運営、献立計画、食に関する指導の方針を提示する。
③　各学校における児童生徒の実態に応じた重点的な食に関する指導方針を協議し、どの時期にどの学年で何の教科等でどのような内容の指導を行うかなどについて検討、調整する。
④　各学校の全体計画の作成が終了した際、作成委員会で再度検討し、各学校において栄養教諭を活用した指導をいつどの場面で行うか調整し、決定する。

－ 53 －

第3章　食に関する指導に係る全体計画の作成

第5節　特別支援学校における食に関する指導に係る全体計画の作成及び指導上の留意点

　特別支援学校の教育の目的は、学校教育法第72条に「幼稚園、小学校、中学校又は高等学校に準ずる教育を施すとともに、障害による学習上又は生活上の困難を克服し自立を図るために必要な知識技能を授けることを目的とする」と示されています。

　特別支援学校における食に関する指導に係る全体計画については、本章第1節から第4節（35 ～ 53 ページ）に準ずるとともに、以下の点について留意する必要があります。

1　実態把握

　特別支援学校においては、幼児児童生徒（以下「児童生徒」という。）の障害の重度・重複化、多様化等が見られ、学部や学年、学級ごとに、食に関する指導の目標なども異なってくる場合が考えられます。

　従って、全体計画を作成する際には、児童生徒の実態を以下の項目例を参考にして把握し、それに応じた食に関する指導が実施できるよう計画していくことが重要です。

　そのためには、栄養教諭が、学級担任等や養護教諭、特別支援教育コーディネーター、寄宿舎指導員等と連携し、必要に応じて保護者や主治医等の協力を得ながら児童生徒の実態を的確に把握し、取り組むべき課題を明確にすることが大切です。

　その後、校内の教師間で協議を繰り返し、共通理解を図りながら、一緒に全体計画を作り上げていく過程を大切にすることが必要です。

　そして年度末には、必ず見直しを行い、その時点における児童生徒の実態に応じて再度教師間で検討し、次年度の食に関する指導の全体計画に反映させていくようにします。

> **実態把握の項目例**
> ・障害や病気の状態や程度　・障害の特性　・知的発達や身体発育、身体機能の状態
> ・学習上の配慮事項　・食べることに関する発達や経験の程度　・本人の願い
> ・本人の嗜好　・生活環境や生活習慣、生活リズム　・対人関係（マナー）の状況
> ・長所や得意分野　・コミュニケーションの状態　・家庭や地域の環境　・進路　等

2　学校における食育の推進状況に関する評価指標の設定

　評価指標の設定についての考え方は、小学校、中学校の児童生徒に対する考え方と基本的に同様です。

　評価指標の設定は、評価の際にその実現状況が見極められるように、できる限り具体的に設定する必要があります。

　つまり、具体的に目標を達成した様子が児童生徒の姿でイメージでき、かつ、それを誰が見てもほぼ同じように評価できるような指標が望ましいと言えます。従って、曖昧な表現や意味の広い言葉（「楽しく」「たくさん」など）を使わないようにすることが大切です。

　ただし、多方面から評価・検討し工夫を重ねても達成されない場合、当初設定した目標が高すぎていないかを検討する必要が生じますし、逆に、すぐに達成された場合は、その目標が低すぎると考えた方がよいかもしれません。（252 ページ「学校における食育の推進の評価」参照）

－ 54 －

評価については、単に目標が達成できたかどうかだけではなく、常に「評価」⇒「分析」⇒「改善」の流れを意識しておくことが大切です。

3　食に関する指導の目標の設定
(1) 学校
　学校教育法第72条に定める特別支援学校の教育の目的を実現するため、特別支援学校では、各教科、道徳科、外国語活動、総合的な学習の時間、特別活動の他に、幼稚園、小学校、中学校又は高等学校にはない特別の指導領域として自立活動を設け、教育課程上重要な位置付けがなされています。

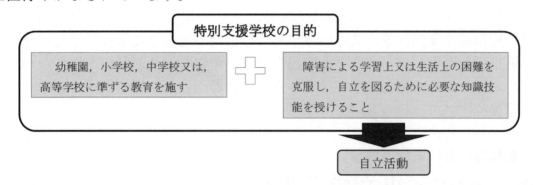

　従って、特別支援学校における食に関する指導の目標の設定に当たっては、幼稚園、小学校、中学校又は高等学校に準ずるとともに、児童生徒の実態を十分考慮しながら、健康状態の維持・改善に関することや食事をするために必要な動作に関することなど、自立活動（200ページ「(2)自立活動の指導」参照）の視点を加味して設定することが必要です。
　また、保護者の要望や意向などを十分に考慮して設定するとともに、小学校、中学校同様、資質・能力の三つの柱及び六つの食育の視点が入るように設定することが重要です。

(2) 各学部
　学校としての食に関する指導の目標を実現させるために、児童生徒の障害の状態や特性及び心身の発達の段階等を考慮しつつ、部ごとの具体的な目標を設定します。ただし、障害の状態等により、2学年分まとめて設定するなどの場合も考えられますので、どちらにするのかは校内で検討します。
　例えば、小学部（幼稚部）では、児童（幼児）一人一人の興味・関心に沿いながら、基礎的な能力を伸ばし、身辺自立していくことを目標としますが、高等部（又は中学部）では、身辺自立ができるだけでなく、社会生活を送る上で考えられる課題や、社会に出て（卒業して）自立していくこと、つまり将来を見据えた指導を念頭において目標を設定する必要があります。
　また、児童生徒の障害の状態等は変化し得るものであるので、当面の目標に加え、各部の在籍期間等の観点に立った目標を弾力的に設定することも必要です。
　寄宿舎を併設している特別支援学校も、多くあります。寄宿舎における食の指導に関する指導の目標についても記載することで、学校全体の指導方針を共有でき、寄宿舎との連携がより一層図りやすくなります。

第3章　食に関する指導に係る全体計画の作成

4　食に関する指導の全体計画の内容について
(1)　幼稚園・保育所・幼保連携型認定こども園や小学校・中学校等との連携
　入学前の幼稚園等や小学校、中学校、事業所等との連携は、入学前から行われることが望まれます。入学前の学校等と十分な接続を図り、切れ目ない一貫した指導を行うため、入学前に作成された「個別の教育支援計画」等を活用し、個別の配慮事項や関係機関等で受けている支援内容などについて共通理解を図ることが重要です。

　また、入学後は、「個別の指導計画」を活用し、学級担任や養護教諭等と当該児童生徒の障害の状態等に応じて個別に必要な内容や配慮事項などについて共通理解の下、必要な指導や支援などを行っていくことが大切です。

　その際、入学後の学校等間の連絡会などで得られる情報についても、担任と共有します。

　さらに、放課後や長期休業、あるいは卒業後の生活の場となる事業所等との連携を図るため、特別支援教育コーディネーター等とも連絡を密にし、同じ目標を持ちながら子供たちに接していけるよう、そして卒業後も一貫した指導がとぎれることがないように配慮することが重要です。

(2)　関連教科等における指導内容
＜各教科＞　（173 ページ「(1) 各教科等の指導」参照）

○　視覚障害者、聴覚障害者、肢体不自由者又は病弱者である児童生徒の教育について小学校、中学校に準じるとともに、児童生徒の障害の状態や特性及び心身の発達の段階等を十分考慮しながら、特に配慮する項目があることに留意します。

○　知的障害者である児童生徒の教育について

・各教科等の指導について

　教科等は、障害の状態や学習上の特性などを踏まえた目標や内容等を示していますので、小学校、中学校、高等学校の教科等と名称が同じであっても、その目標や内容が異なることに注意が必要です。

　また、各教科等の内容は、学年別ではなく、段階別に示されています。同一学年であっても個人差が大きく、学力や学習状況も異なるため、段階を設けて示すことにより、個々の児童生徒の実態等に即して、効果的な指導ができるというのがその理由です。

　学習された内容が学校生活や家庭生活などの中でどのようなつながりをもつのか、どのように応用されるのかを考慮しながら、食に関する指導の具体的な内容を段階的に設定することが重要です。

・「各教科等を合わせた指導」という指導の形態について

　知的障害者又は重複障害者等である児童生徒の学習上の特性として、学習によって得た知識や技能が断片的になりやすく、実際の生活の場で応用されにくいことや、成功経験が少ないことなどにより、主体的に活動に取り組む意欲が育っていないことが多いことなどが挙げられます。

　そこで、特に必要がある場合に生活に結び付いた具体的な活動を学習の中心に据え、実際的な状況下で各教科、道徳科、外国語活動、特別活動及び自立活動の一部又は全部を合わせて指導を行う、「各教科等を合わせた指導」という指導形態があります。

　この際、各教科等で育成を目指す資質・能力を明確にするとともに具体的に指導内容を

設定することが重要です。

「各教科等を合わせた指導」は、「日常生活の指導」「遊びの指導」「生活単元学習」「作業学習」等として行われています。

＜例＞「日常生活の指導」
【留意点】
・望ましい生活習慣の形成を図るために、繰り返し取り組むことにより、習慣化できるようにする。指導の段階を経て、発展的な内容を取り扱うようにする。
・家庭や事業所等と共通理解を図り、同じ目的をもって指導ができるよう連絡を密にする。

【内容例】

朝の会	今日の給食献立を知る（発表する） 給食の目標を決める（自分で食器を並べたり片付けたりする等）
給食	手洗い　身支度　机を拭く　給食を運ぶ　配膳する あいさつ　食事のマナー　正しい姿勢　ふさわしい会話 好き嫌いなく食べる　後片付け　掃除
帰りの会	明日の給食献立を知る（発表する） 明日の給食の目標を決める（よくかんで食べる等）

ア　牛乳の配膳の例①＜小学部＞
・内容：クラスの人数分の牛乳を持ってくる。
・最初の手だて：牛乳の入れ物に印のついたシートを入れ、印の上に牛乳を乗せるようにする。欠席者については、印を隠しておく。
・教科等の例　：自立活動「４環境の把握」、算数、道徳科、生活、国語

イ　牛乳の配膳の例②＜中学部＞
・内容：クラスの一人一人に牛乳を配る。
・最初の手だて：机上にコースターを置き、牛乳を置く場所が分かるようにする。
・教科等の例　：自立活動「４環境の把握」「５身体の動き」、道徳科、国語

＜総合的な学習の時間＞
食に関する体験活動を行う場合は、児童生徒の障害の状態等に応じて、安全と保健に留意します。

また、知的障害者である生徒に対する教育を行う特別支援学校中学部において、探究的な学習を行う場合には、学習によって得た知識や技能が断片的になりやすいなどという特性を踏まえ、各教科等の学習で培われた資質・能力を総合的に関連付けながら、具体的に内容を設定し、生徒が自らの課題を解決できるように配慮します。

＜自立活動＞（200ページ「(2)自立活動の指導」参照）
個々の児童生徒が自立を目指し、障害による学習上又は生活上の困難を主体的に改善・

第3章　食に関する指導に係る全体計画の作成

克服するために必要な知識、技能、態度及び習慣を養うことで、心身の調和的発達の基盤を培う目的で、特別支援学校に特設された指導領域です。

　自立活動の「内容」を、個々の児童生徒の実態を踏まえた上で6区分の下に示された27項目の中から必要な項目を相互に関連付けて、具体的な指導目標及び指導内容を設定し、工夫することが求められます。

　また、重複障害者の場合など、毎日の学校給食を通して、食べ物を噛む・飲み込むなどの食べる（摂食）機能や食事の際の安全な姿勢、食器具の操作などの指導を学校給食の時間を活用して「自立活動の時間における指導」として教育課程に位置付けて行う場合があります。

＜特別活動＞
(学級活動　児童会・生徒会活動　学校行事)
　学級活動では、「たのしい食事　つながる食育」(文部科学省、平成28年2月)の活用も考えられます。

　児童会・生徒会の活動における工夫として、中学部・高等部生徒を中心に行われる生徒会活動に、小学部児童も関わる場（給食週間での活動など）を設けるなどが考えられます。

　また、特別支援学校の給食は、全員が一堂に会して食堂やランチルームで食べる学校の場合は、そのような場を活用し、全校や縦割り学級等での交流給食会の実施や、生産者や保護者、地域の方々との給食試食会の開催も考えられます。

　給食の時間における指導（218ページ参照）では、給食の準備から後片付けまで、日々繰り返しの給食指導を実施することで、指導の効果があがります。担任と栄養教諭が協力し、同じ目的をもって実施できるようにすることが大切です。

　また、教室訪問や食堂・ランチルームの活用による食に関する指導は、給食を前に実施できるため、非常に高い効果が期待できます。

(3)　学校給食の関連事項
○　食文化の伝承や行事食、旬の食材
　小学校、中学校における指導と同様に実施しますが、実施する際には、視覚支援・音声機器の使用等、様々な障害に応じた対応を心がけます。
○　地場産物等の活用
　特別支援学校には、広い範囲からの通学生も多くいます。学校のある地域の地場産物だけでなく、児童生徒の自宅のある地域の産物なども活用・紹介することで、児童生徒に、自分や友だちの地域の産業や食文化に関心をもたせることができます。

　また、産業や農業に従事している方々との交流や、お礼の手紙のやり取りなども、感謝の気持ちを抱かせることに効果があります。

　地域における地場産物の活用以外にも、学級園、高等部の農耕園芸班等で育てている野菜を学校給食に活用することも、自立活動の視点（例：区分3「人間関係の形成」の「(1)他者とのかかわりの基礎に関すること」及び「(2)他者の意図や感情の理解に関すること」など）においても、とても大事なことです。

(4)　個別的な相談指導（234ページ「第6章　個別的な相談指導の進め方」参照）
　特別支援学校では、児童生徒一人一人の障害の状態等が多様化しており、個に応じた適切

な指導や支援が求められていることから、個別の指導計画に基づく指導が行われています。

　このため、食に関する指導を充実させるためには、関連する各教科等と自立活動との関連を十分に図り、児童生徒一人一人の食に関する指導の目標や内容についての栄養教諭としての視点も、個別の指導計画に盛り込み、個に応じた指導を一層展開することが必要となります。

　個別指導には、学級担任・栄養教諭・養護教諭・寄宿舎指導員、あるいは特別支援教育コーディネーターやスクールカウンセラー等との連携とともに、家庭での協力や実践が不可欠であることから、必要に応じて家庭への支援や働きかけ等も重要になります。そのため、全体計画においては、個別指導に関する方針や項目を掲げておくことが必要です。

(5) 寄宿舎との連携

　寄宿舎では、寄宿舎指導員による教育課程外の日常生活に関する指導が行われています。寄宿舎での毎日の食事における指導のほか、季節の行事や歓送迎会などの行事では、菓子や食事の用意をしたり、外食をしたりすることもあります。

　このため、寄宿舎指導員と連携を図ることにより、学校における食の指導と寄宿舎における食の指導に一貫性をもたせることができます。

(6) 家庭・地域・事業所等との連携

　PTA や地域住民を対象とした学校給食試食会等を利用して、給食の内容や給食指導の目的・方法などを実際に知ってもらうことは、学校と家庭や地域との間で食に関する指導について共通理解を図る大切な機会と言えます。

　また、長期休業等においても、児童生徒の生活リズムが確立又は安定するよう、学校と家庭と事業所等が一貫性のある指導や支援を行うことが大切です。このため、例えば、栄養教諭が保護者懇談会や支援会議等に参加して食に関する指導について情報提供するなど、関係者と連携することが大切です。

5　全体計画を踏まえた、食に関する指導を推進するに当たっての留意点

　特別支援学校において、全体計画を踏まえた効果的な指導を進めるためには、児童生徒の実態に即して、生活に結び付いた学習活動や、児童生徒が見通しをもって、意欲的・主体的に取り組むことができるような学習活動を行うことが大切です。このため、食についての興味・関心や本人がどのような願いを抱いているのかなどの情報も学級担任から得ておくことも大切です。

　また、児童生徒一人一人の障害の状態等の多様化により、個に応じた適切な指導や支援が求められています。このため、食に関する全体計画を踏まえた、食に関する指導を推進するに当たっては、個別の指導計画との関連を図った指導を行うよう留意する必要があります。また、各教科等の指導や自立活動の指導を行う場合は、食に関する全体計画に示された食に関する指導内容との関連を十分に図り、効果的な指導につながるよう留意する必要があります。（詳細：173 ページ「(1) 各教科等の指導」参照）

(1) 視覚障害のある児童生徒についての指導上の留意点

　視覚障害による食経験の少なさを補い、食べる喜びや楽しさを経験する機会を増やす

第3章　食に関する指導に係る全体計画の作成

ことが必要です。例えば、給食を食べながら、実際に使用されている食材について話す機会を設定したり、味覚以外にも触覚（手触り）、嗅覚（匂い）、聴覚（野菜を噛む音など）及び保有する視覚を十分活用し、観察や体験をすることを多く取り入れたり、能動的に観察や体験をしようとする意欲を育てるよう工夫します。

全盲の児童生徒については、言葉による指導に合わせ、教師と一緒に直接食器に手を当てて、食器や料理の位置を知らせることや、食事マナーの実際の動作を指導するなどの工夫が必要になります。

また、弱視の児童生徒が認識しやすいように、黒いしゃもじや食器、濃い色のついた皿や、こぼれにくい深皿などの使用も有効です。

献立は、「点字」で配付するなどし、その活用が難しい児童生徒には、「音声教材」を使用するのもよいでしょう。

授業の中で、全体に対して「あっち」「こっち」などの指示語を、単純に指差ししながら使うことは、どの方向を指しているのかわからずに、活動への意欲まで萎縮させてしまう可能性があるので、注意しなければなりません。

(2) 聴覚障害のある児童生徒についての指導上の留意点

聴覚障害のある児童生徒の場合、音や話し言葉が聞こえない・聞こえにくい状態にあるため、食事に関する活動や学習において困難さが生じることがあります。

例えば、クチャクチャと音を立てないで食べることを伝えるためには、本人が保有する聴覚を活用して食べ方を知らせたり、音が聞こえない場合は口を閉じて食べるなど他の感覚を活用して食べ方を知らせたりする方法が考えられます。また、食に関する約束やマナーなどを絵や画像、動作など視覚的に分かりやすい教材を使って知らせる方法もあります。

また、給食を食べながら、食材や料理名を食べ物の絵カードや写真と照らし合わせて覚える方法も考えられます。

さらに、食事をしながら「甘い」「苦い」「酸っぱい」「辛い」「熱い」「冷たい」「好き嫌い」「好物」等、生活に必要な言葉を体験と結び付けて覚えられるように工夫する方法もあります。

(3) 肢体不自由のある児童生徒についての指導上の留意点

自分に合った自助食器を使って食べることで、食べる機能や意欲が高まります。そのためには、可能な限りその児童生徒に合った食形態の工夫をした給食が提供できるよう、検討することが必要です。また、咀嚼や嚥下がしやすくなる事前の口腔のマッサージなども、とても有効です。言語聴覚士など、専門家の診断や助言に基づき、食形態や指導方法について、保護者と学校の関係者間で十分な検討を行うことが重要です。

(4) 病弱者である児童生徒についての指導上の留意点

児童生徒の病気の状態によっては、学習時間や活動内容に制限や配慮が必要な場合があ

— 60 —

り、学習活動を行うことで心身へ負担をかけないように、主治医の診断や保護者からの情報等も考慮しながら、指導計画を作成します。

学習時間や活動内容の制限があることで、学習が遅れたり、安易に内容を取り扱わなかったりすることのないように、基礎的・基本的な事項を習得させる視点から指導内容を精選するなど、効果的に指導する必要があります。

ただし、可能な活動はできるだけ実施できるように適切に配慮することが必要であり、必要以上に制限しないことが重要です。特に、体験的な活動を伴う内容の指導に当たっては、安全で効果的な学習活動が展開できるように、指導内容や方法を工夫することが求められます。

健康状態の維持や管理、改善に関する内容の指導にあたっては、自己理解を深めながら学びに向かう力を高めるために、各教科等と自立活動における指導との密接な関連を図り、学習効果を一層高めるようにします。

また、調理実習等の計画に当たっては、主治医や家庭、学級担任等と連絡を密にとり、取り扱うことができる食材や食事量、服薬の状況や食事との関連などを把握した上で、綿密な計画を立てるようにします。

(5) 知的障害のある児童生徒についての指導上の留意点

机上の知識や技能は断片的になりやすく、実際の生活の場で応用されにくいので、学校や家庭生活に直接結びついた具体的な活動を中心に学習できるように配慮しましょう。

また、「視覚的」「具体的」「肯定的」に伝えるようにすることが大切です。

【「視覚的」「具体的」「肯定的」に伝える】
・「視覚的」：「言って伝える」から「見せて伝える」へ
　図や写真、絵カードや実物を用いて指導することで、見通しが持てたり、イメージ　がしやすいようにします。
・「具体的」：具体的な言葉の方が分かりやすい
　「ちゃんと」「きちんと」「しっかり」等は、伝わりにくい言葉です。
　例）「お盆をちゃんとしまって」⇒「お盆をこの棚に置くよ」
　　　（足を机にのせている子へ）「ちゃんとして」⇒「机から足をおろすよ」
　　　「ちょっと食べてみよう」⇒「このリンゴを一切れ食べてみよう」
　　　「牛乳は、そこに置いてね」⇒「牛乳は、机の上の★の上に置いてね」
・「肯定的」：肯定的な指示の方が分かりやすい
　「（危険だから）だめ」「迷惑だから（○○しないでね）」の（　　）の中を想像でき　にくいため、否定的な表現だけが伝わってしまいがちです。
　「できた」という達成感につながる、「してよいこと」「してほしいこと」「どうす　ればよいのか」を伝え、自己肯定感をもてるようにします。
　「廊下は走りません」⇒「廊下は歩きましょう」
　「早く食べてはダメ」⇒「あと5回かんでから飲み込みましょう」

－ 61 －

第3章 食に関する指導に係る全体計画の作成

第6節 具体的な全体計画のイメージ（特別支援学校）

1 食に関する指導の全体計画①（小・中・高等学校に準じた教育を行う場合）例

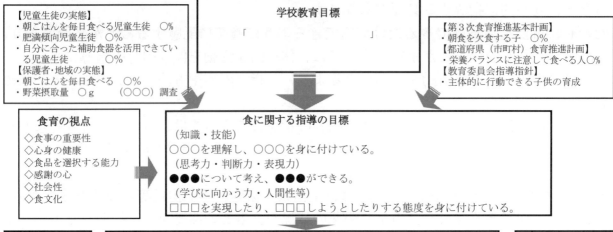

第3章 食に関する指導に係る全体計画の作成

食に関する指導の全体計画① 作成視点（小・中・高等学校に準じた教育を行う場合）

> 基本的に、小学校、中学校の全体計画①の作成視点に準じる。

- 健康状態の維持・改善に関することや、食事をするために必要な動作に関することなど、「自立活動の視点」をとり入れて設定
- 保護者の要望や意向なども十分に考慮
- 資質・能力の三つの柱、六つの食育の視点が入るように設定

学校教育目標を実現させるため、各学部の目標を設定
- 発達の段階を考慮
- 実態を考慮
  個人差が大きい上、障害の状態は変化し得ることを考慮
- 具体的に設定
  実現状況を見極め、評価の際に活用
- 学部ごとで設定
  小学部は、学年ごとや2学年分まとめるなど校内で検討
- 寄宿舎がある場合は、連携を図るため記述

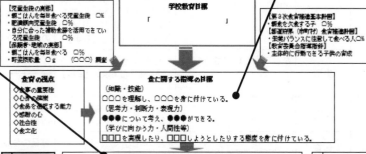

1 食に関する指導の全体計画①（特別支援学校：小・中・高等学校に準じた教育を行う場合）例

- 推進組織について具体的に記述
- 詳細な計画については、全体計画②へ記述

- 学校のある地域の地場産物だけでなく、児童生徒の自宅のある地域の産物についても配慮
- 学級園や作業班等で栽培した野菜の活用についても考慮
- 詳細は、全体計画②へ記述

- 寄宿舎との連携は大きな力となるので、寄宿舎がある場合には記述
- 学校における指導と寄宿舎における指導に一貫性をもたせる
- 詳細な連携した内容は、全体計画②へ記述

- 障害の状態や特性及び心身の発達の段階を十分に考慮
- 詳細については、全体計画②に記述するが、全てを記述するのではなく、その年の指導内容について記述

- 学校や家庭、地域が連携し、共通理解を図ることができるような取組について記述
- 放課後や長期休業・卒業後の生活の場となる事業所との連携についても記述
- 詳細な活動計画等は、全体計画②へ記述

- 目標を達成した様子が子供の姿でイメージできるよう、できる限り具体的な指標の設定をして評価

第3章　食に関する指導に係る全体計画の作成

1　食に関する指導の全体計画②（小・中学校に準じた教育を行う場合）例

学校行事等		入学式　修学旅行	運動会　学校公開	校外学習	宿泊学習	
推進体制	進行管理		委員会		委員会	
	計画策定	計画策定				

<table>
<tr><td rowspan="10">教科・道徳　総合的な学習の時間</td><td colspan="2">小学部 教科等</td><td>4月</td><td>5月</td><td>6月</td><td>7月</td><td>8月〜9月</td></tr>
<tr><td rowspan="8">小学部</td><td>社会</td><td>県の様子【4年】、世界の中の日本、日本の地形と気候【5年】</td><td>私たちの生活を支える飲料水【4年】、高地に住む人々の暮らし【5年】</td><td>地域にみられる販売の仕事【3年】、ごみのしょりと再利用【4年】、寒い土地のくらし【5年】、日本の食糧生産の特色【5年】、狩猟・採集や農耕の生活、古墳、大和政権【6年】</td><td>我が国の農家における食料生産【5年】</td><td>地域に見られる生産の仕事（農家）【3年】、我が国の水産業による食料生産【5年】</td></tr>
<tr><td>理科</td><td></td><td>動物のからだのつくりと運動【4年】、植物の発芽と成長【5年】、動物のからだのはたらき【6年】</td><td>どれくらい育ったかな【3年】、暑くなると【4年】、花から実へ【5年】、植物のからだのはたらき【6年】</td><td>生き物のくらしと環境【6年】</td><td>実がたくさんできた【3年】</td></tr>
<tr><td>生活</td><td>がっこうだいすき【1年】</td><td>たねをまこう【1年】、やさいをそだてよう【2年】</td><td colspan="2" style="text-align:center">→</td><td>秋のくらし　さつまいもをしゅうかくしよう【2年】</td></tr>
<tr><td>家庭</td><td></td><td>おいしい楽しい調理の力【5年】</td><td>朝食から健康な1日の生活を【6年】</td><td></td><td></td></tr>
<tr><td>体育</td><td></td><td></td><td>毎日の生活と健康【3年】</td><td></td><td></td></tr>
<tr><td>他教科</td><td>たけのこぐん【2国】</td><td>茶つみ【3音】</td><td>ゆうすげむらの小さな旅館【3国】</td><td>おおきなかぶ【1国】海のいのち【6国】</td><td></td></tr>
<tr><td>道徳科</td><td colspan="5">1　強く生きようとする意欲を高め、明るい生活態度を養うとともに、健全な人生観の育成を図る。
2　経験の拡充を図り、豊かな道徳的心情を育て、広い視野に立って道徳的判断や行動ができるように指導する。</td></tr>
<tr><td>総合的な学習の時間</td><td colspan="5">地元の伝統野菜をPRしよう【6年】
体験学習（安全と保健に留意する。）・交流及び共同学習（近隣などの小・中学校と実施。）</td></tr>
</table>

<table>
<tr><td rowspan="9">総合的な学習の時間</td><td colspan="2">中学部 教科等</td><td>4月</td><td>5月</td><td>6月</td><td>7月</td><td>8月〜9月</td></tr>
<tr><td rowspan="6">中学部</td><td>社会</td><td>世界各地の人々の生活と環境【1年】、大航海時代の幕開け【2年】、都市から広がる大衆文化【3年】</td><td>世界各地で生まれる文明【1年】、東アジアの貿易と南蛮人、日本の気候の特色【2年】</td><td>世界の食文化とその変化【1年】、各地を結ぶ陸の道・海の道【2年】、大きく変化した私たちの生活【3年】</td><td>稲作による生活の変化【1年】、日本の農業とその変化【2年】、私たちの生活と文化【3年】</td><td>世界の諸地域（アジア）【1年】、日本の諸地域（九州・南西諸島）【2年】</td></tr>
<tr><td>理科</td><td>花のつくりとはたらき【1年】、物質の成り立ち【2年】、生物の成長とふえ方【3年】</td><td>水や栄養分を運ぶしくみ【1年】</td><td>栄養分をつくるしくみ【1年】、生命を維持する働き【2年】</td><td>植物のなかま分け【1年】、遺伝の規則性と遺伝子【3年】</td><td>動物のなかま【2年】</td></tr>
<tr><td>技術家庭</td><td>食生活と栄養【2年】</td><td></td><td>献立作りと食品の選択【2年】</td><td></td><td></td></tr>
<tr><td>保健体育</td><td></td><td>食生活と健康【3年】</td><td>体の発育・発達【1年】、水の利用と確保【2年】</td><td></td><td></td></tr>
<tr><td>他教科</td><td>花曇りの向こう【1国】、握手【3国】、A History of Vegetables【3英】</td><td>ダイコンは大きな根【1国】</td><td>言葉を集めよう【1国】</td><td></td><td>学校の文化祭【1年】盆土産【2国】</td></tr>
<tr><td>道徳科</td><td colspan="5">1　強く生きようとする意欲を高め、明るい生活態度を養うとともに、健全な人生観の育成を図る。
2　経験の拡充を図り、豊かな道徳的心情を育て、広い視野に立って道徳的判断や行動ができるように指導する。</td></tr>
<tr><td>総合的な学習の時間</td><td colspan="5">体験学習（安全と保健に留意する。）・交流及び共同学習（近隣などの小・中学校と実施。）
和文化の美を追求しよう【1年】</td></tr>
</table>

自立活動	<関連例> 【1 健康の保持】【2 心理的な安定】【6 コミュニケーション】糖尿病の児童生徒が自己の病気を理解し、病状に応じた対応ができるように 【1 健康の保持】【3 人間関係の形成】【4 環境の把握】【6 コミュニケーション】食物アレルギーのある児童生徒が、自分でアレルゲンに 【4 環境の把握】【5 身体の動き】視覚障害のある児童生徒が、教師の身体や模型などに直接触って確認した後、自分の身体を実際に使

－ 64 －

第3章　食に関する指導に係る全体計画の作成

祭	避難訓練			転入学保護者説明会	卒業式
員会		委員会		委員会	
		評価実施	評価結果の分析	計画案作成	
10月	**11月**	**12月**	**1月**	**2月**	**3月**
			市の様子の移り変わり【3年】、長く続いた戦争と人々のくらし【6年】	日本とつながりの深い国々【6年】	
		水溶液の性質とはたらき【6年】	物のあたたまりかた【4年】		
べて元気！ごはんとそ汁【5年】	まかせてね今日の食事【6年】				
	育ちゆく体とわたし【4年】		病気の予防【6年】		
～ダで元気【1国】、～の由来に関心をもう【6国】	くらしの中の和と洋【4国】、和の文化を受けつぐ【5国】	プロフェッショナルたち【6国】	おばあちゃんに聞いたよ【2国】	みらいへのつばさ（備蓄計画）【6算】	うれしいひなまつり【1音】

→

10月	**11月**	**12月**	**1月**	**2月**	**3月**
～合国家でのくらし～年】、日本の諸地域～国・四国】【2年】	世界の諸地域（ヨーロッパ、アフリカ）【1年】、日本の諸地域（近畿）【2年】、私たちのくらしと経済【3年】	世界の諸地域（南北アメリカ）【1年】、日本の諸地域（中部）【2年】	世界の諸地域（オセアニア）【1年】、日本の諸地域（関東）【2年】	世界の様々な地域の調査【1年】、日本の諸地域（東北）、地域によって異なる食文化【2年】	日本の諸地域（北海道）【2年】
	水溶液の性質【1年】酸・アルカリと塩【3年】	多様なエネルギーとその移り変わり【3年】	自然界のつり合い【3年】	自然が人間におよぼす影響【3年】	
～理と食文化【2年】	生物育成（技）【2年】				
～習慣病とその予防～年】		健康な生活と病気の予防【3年】			
～り魚は生きていた～国】、自然物のデザ～ン【1美】、帰れソ～ントへ【3音】	故郷【3国】	新聞の社説を比較して読もう【3国】	「六段の調べ」【1音】	組曲「展覧会の絵」から【2音】	

～ら食事をすることができるようになる。
～返し学習することで、箸の持ち方や姿勢などの食事のマナーを習得する。

第3章　食に関する指導に係る全体計画の作成

			1学期	
学級活動（＊食育教材活用）	小学部	低学年	・給食がはじまるよ＊　・はし名人になろう＊　・食べ物の「旬」＊　・おやつの食べ方を考えてみよう＊ ・食事をおいしくするまほうの言葉＊・みんなで食べるとおいしいね＊・元気のもと朝ごはん・きせつのごちそう	
		中学年	・食べ物のひみつ＊　・食べ物大変身＊　・生活リズムを調べてみよう＊　・元気な体に必要な食事＊ ・マナーのもつ意味＊・好き嫌いしないで食べよう＊・地域に伝わる行事食を調べてみよう＊・昔の生活と今の生活をくらべてみ	
		高学年	・食べ物の栄養＊　・食事と健康について考えてみよう＊　・地域に伝わる食べ物を大切にしよう＊ ・日本の食文化を伝えよう＊　・よくかんで食べよう	
	中学部		・望ましい食習慣を身につけよう　・食の自己管理能力を身に付けよう　・日本の文化を知り、これを大切にしてい	
特別活動	児童生徒会活動		片付け点検確認・呼びかけ・身支度チェック 発表「よく噛むことの大切さ」	生産者との交流給食会 リクエスト献立募集・集計
	学校行事		お花見給食・全校集会・修学旅行・校外学習	交流給食会・学校祭・運動会
	給食の時間	給食指導 小学部	仲良く食べよう　楽しく食べよう 給食のきまりを覚えよう 楽しい給食時間にしよう	食べ物を大切にしよう 食事の環境について考えよう 感謝して食べよう
		給食指導 中学部	給食時間の過ごし方 ・準備、後片付けの仕方・協力体制 ・当番の身支度・手洗いの励行	準備・後片付けの協力の仕方 ・給食当番と当番以外の効率的
		食に関する指導 小学部	給食を知ろう 食べ物の働きを知ろう 季節の食べ物について知ろう	食べ物の名前を知ろう 食べ物の3つの働きを知ろう 食生活について考えよう
		食に関する指導 中学部	朝食の大切さを見直そう 伝統的食文化（行事食・節句料理・郷土料理）・朝食・生活リズム 夏の食事（夏野菜・水分補給・夏バテ予防）	日本食を見直し良さを知ろう（ 食事のあいさつ、ノロウイル バランスのよい食事（3食のバラ

		4月	5月	6月	7月	8月～9月
学校給食の関連事項	月目標	給食の準備をきちんとしよう	きれいなエプロンを身につけよう	よくかんで食べよう	楽しく食事をしよう	正しく配膳をしよう
	食文化の伝承	お花見献立	端午の節句		七夕献立	お月見献立
	行事食	入学進級祝献立お花見献立		カミカミ献立		祖父母招待献立、すいとん汁
	旬の食材	なばな、春キャベツ、たけのこ、新たまねぎ、きよみ	アスパラガス、グリーンピース、そらまめ、新たまねぎ、いちご	アスパラガス、じゃがいも、にら、いちご、びわ、アンデスメロン、さくらんぼ、	おくら、なす、かぼちゃ、ピーマン、レタス、ミニトマト、すいか、プラム	さんま、さといも、ミニトマト、とうもろこし、かぼちゃ、えだ…きのこ、なす、ぶどう、なし
	地場産物	じゃがいも	こまつな、チンゲンサイ、じゃがいも	こまつな、チンゲンサイ、なす、ミニトマト		こまつな、チンゲンサイ、たま
個別的な相談指導			すこやか教室		すこやか教室（面談）	
		個別の指導計画・個別の教育支援計画・個別栄養指導（児童生徒・保護者）・対応食の実施（アレルギー食・こだわり食・形態食・再調理食・病態				
寄宿舎との連携		寄宿舎献立の発行・親子食事会・リクエストメニュー・生活練習への助言（おやつ作り・食事作り）・栄養講座・行事献立（行事・寄宿舎行事〜寄宿				
家庭・地域・事業所等との連携	たより	・朝食の大切さ　・運動と栄養　・食中毒予防　・夏休みの食生活				・地元の野菜の特色・地場産品物
	行事等	幼保小中連絡会	学校公開 学校給食試食会	懇談会	公民館親子料理教室	評議員会　交流給食会
	年間	支援会議、ケア会議、事業所等連絡会、連絡ノート				

2学期	3学期
食べ物が届くまで*	
バイキング給食にチャレンジ*　　・朝食の大切さを知ろう　　・食べ物から世界を見よう*　　・食べ物はどこから*	
→	
	学校給食週間の取組
	給食週間・給食感謝の会・学習発表会
	給食の反省をしよう
	1年間の給食を振り返ろう
	正しい食事マナー ・はし、食器の持ち方　・会話の内容 ・食事のあいさつ
	食べ物に関心をもとう 食生活を見直そう 食べ物と健康について知ろう
産物　・郷土への関心）	楽しい給食時間の過ごし方を考えよう（一年間の振り返り） 学校給食週間（歴史・伝統食と世界の料理） 生活習慣病予防
に負けない食事（風邪予防・冬至とかぼちゃ））	

10月	11月	12月	1月	2月	3月
付けをきちんとしよ	食事のあいさつをきちんとしよう	きれいに手を洗おう	給食について考えよう	食事マナーを考えて食事をしよう	1年間の給食をふりかえろう
献立	地場産物活用献立	冬至の献立	正月料理	節分献立	和食献立
		クリスマス献立	給食週間行事献立	リクエスト献立	卒業祝献立（選択献立）
ま、さけ、きのこ、つまいも、くり、かき、ご、ぶどう	新米、さんま、さけ、さば、さつまいも、はくさい、ブロッコリー、ほうれんそう、ごぼう、りんご	のり、ごぼう、だいこん、ブロッコリー、ほうれんそう、みかん	かぶ、ねぎ、ブロッコリー、ほうれんそう、キウイフルーツ、ぽんかん	しゅんぎく、ブロッコリー、ほうれんそう、みかん、いよかん、キウイフルーツ	ブロッコリー、ほうれんそう、いよかん、きよみ
がいも、りんご	たまねぎ、じゃがいも、りんご		たまねぎ、じゃがいも		
	すこやか教室				
各スタッフ（校内外）との連携（外：主治医・病院栄養科・言語聴覚士・作業療法士・理学療法士他）					
うこそ献立・卒業おめでとう献立～・希望献立）					
本型食生活のよさ			・運動と栄養・バランスのとれた食生活・心の栄養・かぜの予防		
講演会 祭	懇談会		評議員会 給食週間	転入学保護者説明会	

第3章 食に関する指導に係る全体計画の作成

2 食に関する指導の全体計画①（知的障害のある児童生徒の教育を行う場合）例

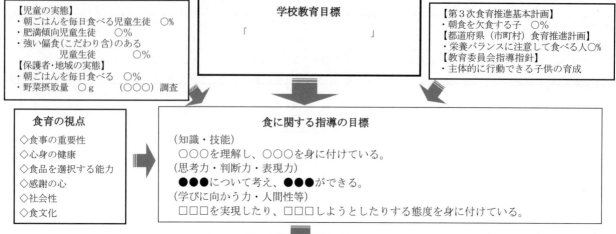

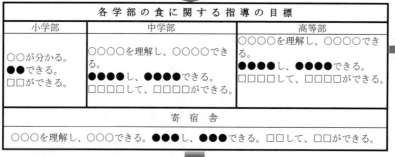

- **食育推進組織**（○○委員会）
  - 委員長：校長（副委員長：副校長・教頭）
  - 委員：栄養教諭、主幹教諭、教務主任、保健主事、養護教諭、学年主任、給食（食育）主任、体育主任、学級担任
    ※必要に応じて、保護者代表、学校医・学校歯科医・学校薬剤師の参加

- **食に関する指導**
  - 教科等における食に関する指導：関連する教科等において食に関する指導の視点を位置付けて指導
    社会、理科、生活、家庭、体育、道徳、総合的な学習の時間、特別活動、自立活動、各教科等を合わせて行う指導
  - 給食の時間における食に関する指導：┌ 食に関する指導：献立を通して学習、教科等で学習したことを確認
    └ 給食指導：準備から片付けまでの一連の指導の中で習得
  - 個別的な相談指導：肥満・やせ傾向、食物アレルギー・疾患、偏食、スポーツ、○○
    個別の指導計画、個別の教育支援計画、個別栄養相談（児童生徒、保護者）
    対応食の実施（アレルギー食・こだわり食・形態食・再調理食等）

- **地場産物の活用**
  物資選定委員会：年○回、構成委員（○○、○○）、活動内容（年間生産調整及び流通の確認、農場訪問（体験）計画）
  地場産物等の校内放送や指導カードを使用した給食時の指導充実、教科等の学習や体験活動と関連を図る、○○
  自立活動との関連、納入業者との交流（給食試食会、お礼のお手紙等）
  クラスや作業班で育てた野菜の給食への活用と校内掲示

- **寄宿舎との連携**
  1日を通しての一貫した指導支援、寄宿舎献立の発行、栄養講座、日常生活の体験（おやつ作り、食事作り等）、行事献立

- **家庭・地域・事業所との連携**
  学校だより、食育（給食）だより、保健だより、学校給食試食会、家庭教育学級、学校保健委員会、講演会、料理教室、○○
  ケア会議、支援会議、事業所等連絡会、連絡ノート、懇談会への参加
  積極的な情報発信、関係者評価の実施、地域ネットワーク（人材バンク）等の活用、自治体広報誌、ホームページ、公民館活動
  学校運営協議会、地域学校協働本部、食生活推進委員・生産者団体・地域食育推進委員会

- **食育推進の評価**
  ・活動指標：食に関する指導、学校給食の管理、連携・調整　　・成果指標：児童生徒の実態、保護者・地域の実態

第3章 食に関する指導に係る全体計画の作成

2 食に関する指導の全体計画① 作成視点(知的障害のある児童生徒の教育を行う場合)

基本的に、小学校、中学校の全体計画①の作成視点に準じる。

- ・健康状態の維持・改善に関することや、食事をするために必要な動作に関することなど、「自立活動の視点」をとり入れて設定
- ・保護者の要望や意向なども十分に考慮
- ・資質・能力の三つの柱、六つの食育の視点が入るように設定

学校教育目標を実現させるため、各学部の目標を設定
- ・発達の段階を考慮
- ・実態を考慮
  個人差が大きい上、障害の状態は変化し得ることを考慮
- ・具体的に設定
  実現状況を見極め、評価の際に活用
- ・学部ごとで設定
- ・寄宿舎がある場合は、連携を図るため記述

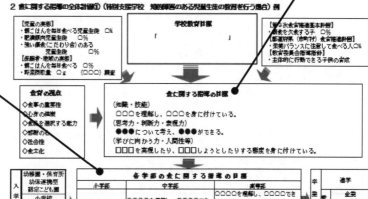

- ・推進組織について具体的に記述
- ・詳細な計画については、全体計画②へ記述

- ・学校のある地域の地場産物だけでなく、児童生徒の自宅のある地域の産物についても配慮
- ・学級園や作業班等で栽培した野菜の活用についても考慮
- ・詳細は、全体計画②へ記述

- ・寄宿舎との連携は大きな力となるので、寄宿舎がある場合には記述
- ・学校における指導と寄宿舎における指導に一貫性をもたせる
- ・詳細な連携した内容は、全体計画②へ記述

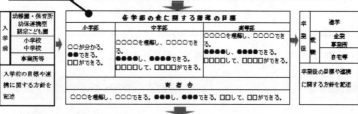

- ・目標を達成した様子が子供の姿でイメージできるよう、できる限り具体的な指標の設定をして評価

- ・障害の状態や特性及び心身の発達の段階を十分に考慮
- ・詳細については、全体計画②に記述するが、全てを記述するのではなく、その年の指導内容について記述

- ・学校や家庭、地域が連携し、共通理解を図ることができるような取組について記述
- ・放課後や長期休業・卒業後の生活の場となる事業所との連携についても記述
- ・詳細な活動計画等は、全体計画②へ記述

— 69 —

2　食に関する指導の全体計画②（知的障害のある児童生徒の教育を行う場合）例

		４月	５月	６月	７月	８月～９月
学校行事等		入学式　修学旅行	運動会　学校公開	校外学習	宿泊学習	
推進体制	進行管理		委員会		委員会	
	計画策定	計画策定				

発達段階			１段階(日常生活を営むのにほぼ常時援助が必要である者)の指導内容例	2段階(日常
教科・道徳・総合的な学習の時間	小学部	生活	ア　基本的生活習慣 ・教師と一緒に食事の前に手洗いをする。 ・配膳の時に行儀よく待つ。 ・教師と一緒に、自分の食器を並べたり、片付けたりする。 ・食前・食後の挨拶のしぐさをする。 ・スプーン・フォークや自助具を使って教師の支援を受けながら食べる。 ・ストローやコップで飲む。 ・茶わんなどを手に持って食事をする。 ・好き嫌いをしないで食べる。 ・食事の途中で遊ばないで食べる。 ・よくかんで食べる。 ・一口の適量を知る。 ・よい姿勢で食べる。 カ　役割 ・給食のときに、教師と一緒に食器を並べたり、牛乳を配ったりするなどの係活動をする。 サ 生命・自然 ・植物を育て、成長や変化に気付く。	ア　基本的生活習 ・一人で食事の前 ・食事の前後にテ ・自分の食器を並 ・食前食後の挨拶を ・スプーン・フォ ・ストローやコッ ・必要に応じて、 ・主食と副食をと ・行儀よく食べる。 ・食事中は立ち歩 ・食後一人で口の ・食品や簡単な献 ・しょうゆやソー カ　役割 ・給食運びなどの サ 生命・自然 ・生き物は食べ物
		体育	G　保健 ・うがいをしたり、手洗いをしたりする。	G　保健 ・身体測定の結果に

	発達段階		１段階（他人との意思の疎通や日常生活への適応に困難が大きい者）の指導	
教科・道徳・総合的な学習の時間	中学部	社会	エ　産業と生活 ・生産者や消費者をつなぐ商店、市場などの働きと人々の生活との関わりが分かる。 ・農業、漁業などと自分たちの生活とのつながりが分かる。	カ　外国の様子 ・外国の料理や食事の習慣などを知る。
		理科	ア　身の回りの生物 ・植物の育ち方には、種子から発芽し子葉が出て、葉がしげり、花が咲き、花が果実になった後に個体は枯死するという一定の順序があることを理解する。	
		職業・家庭（家庭分野）	B　衣食住の生活 ア　食事の役割 ・簡単な食品や料理の名前が分かる。 ・主食、主菜、副菜などについて知る。 ・食事は健康を保ち、身体の成長や活動のもとになることに気付く。 ・健康の維持に必要な栄養や適切な食事量に気付く。 ・食事は気持ちや心の安定にも大きな役割があることに気付く。 ・食事の時間を楽しみにする。 ・美味しいことを喜び、伝え合い共有する。	イ　調理の基礎 ・食品の洗い方、切り方が分かり、簡単な調理をする ・食品の変質について知り、衛生的な保存の仕方か ・冷蔵庫の使い方が分かる。 ・食品、食器などの衛生に気を付ける。
		保健体育	H　保健 ・栄養が偏らないようにバランスのとれた食事をし、食べすぎないようにして健康的な生活を送ることができるようにする。 ・身体の発育に関心をもつ。 ・身体各部の働きを知る。	

		１学期	
	道徳科	1　強く生きようとする意欲を高め、明るい生活態度を養うとともに、健全な人生観の育成を図る。 2　経験の拡充を図り、豊かな道徳的心情を育て、広い視野に立って道徳的判断や行動ができるように指導する。 3　個々の児童生徒の知的障害の状態、生活年齢、学習状況及び経験等に応じて、適切に指導の重点を定め、指導内容を具体化	
	総合的な学習の時間	体験学習（安全と保健に留意する。）・交流及び共同学習（近隣などの小・中学校と実施。）・探究的な学習【中学部】（生徒が自	
自立活動		<関連例> 【1 健康の保持】【2 心理的な安定】【5 身体の動き】高度肥満である児童生徒が、体重増加の防止に必要な生活について理解を 【1 健康の保持】【4 環境の把握】【5 身体の動き】障害が重度で重複している児童生徒が、睡眠、食事、排泄などの基礎的な生 【2 心理的な安定】【3 人間関係の形成】【6 コミュニケーション】自閉症などの児童生徒が、情緒を安定させる方法を知ったり、	

第3章　食に関する指導に係る全体計画の作成

10月	11月	12月	1月	2月	3月
交祭	避難訓練			転入学保護者説明会	卒業式
員会		委員会		委員会	
		評価実施	評価結果の分析	計画案作成	

活を営むのに頻繁に援助を必要とする者）の 指導内容例	3段階（適宜援助を必要とする者）の 指導内容例
う。 拭く。 ・片付けたりする。 ・しを使ってこぼさないように食べる。 ・に飲む。 ・どを手に持って食べる。 ・食べる。 ・に座って食べる。 ・く。 ・前を言う。 ・上手にかける。他 ・する。 ・成長することを知る。 ・もつ。	ア　基本的生活習慣 ・簡単な食事の準備（エプロンの着替え、手洗い、食器の運搬、配膳等）や後片付け（食器をまとめる、運搬する等）を友達と協力して行う。 ・はしで上手に食べる。 ・健康な身体を作るために、好き嫌いをしないで食べる。 ・マナーを守って一人で食事をする。 ・食べたい献立の名前を言う。 ・調味料を上手に使う。 カ　役割 ・給食当番などの係活動をする。 サ　生命・自然 ・植物を栽培し、発芽、開花、結実といった一連の成長の様子が分かる。 ・除草したり、肥料を施したりする。 G　保健 ・身体測定の結果や身体の変化などから、自分の身体の成長に関心をもつ。進んで健康診断などを受ける。

例	2段階（生徒の日常生活や社会生活及び将来の職業生活の基礎を育てる）の指導内容例	
	エ　産業と生活 ・名産品や特産物について知り、特色ある地域の様子について理解する。	カ　外国の様子 ・外国の料理や食事の習慣など、日本と他の国との大まかな違いについて理解する。
	ア　人の体のつくりと運動 ・人の体には骨と筋肉があることを知る。 ・人が体を動かすことができるのは、骨と筋肉の働きによることを理解する。	イ　季節と生物 ・植物の成長は、暖かい季節、寒い季節などによって違いがあることを理解する。
・る。	B　衣食住の生活 ア　食事の役割 ・写真や見本を見て、食事の注文をする。 ・マナーを守って楽しく食事をする。 イ　栄養を考えた食事 ・自分の食生活に関心を持ち、健康によい食事のとり方に気付く。 ・栄養を考え、いろいろな食品を組み合わせてバランスよく食べる。 ・自分の食事の改善点や解決方法を考える。 ・食品に含まれる栄養素の特徴により、「主にエネルギーのもとになる」、「主に体をつくるもとになる」、「主に体の調子を整えるもとになる」の三つのグループに分けられることが分かる。 ・和食の基本である米飯とみそ汁の組合わせや、旬の食材、地域の伝統的な料理、和食と洋食、他国の馴染みのある料理や食べ物等、より食への関心を広げ深める。	ウ　調理の基礎 ・献立に合わせ、必要な材料を取りそろえる。 ・主な調味料の使い方が分かる。 ・調理用具などを安全に使う。 ・電気器具、ガス器具などの扱いに慣れる。 ・盛り付けや配膳をする。 ・食事の準備や後片付けをする。 ・調理室の簡単な整理・整頓をする。
	H　保健 ・身体の発育・発達について理解する。 ・健康のために必要な運動や食事について理解し実践する。	

2学期	3学期
験的な活動を取り入れるなどの工夫を行う。	
題を解決できるよう配慮する。）	

・践する。
・を身に付けることができる。
・の感情や気持ちを周囲に伝える手段を身に付けることで、集団の中で食べる等、様々な活動に参加できるようになる。

－ 71 －

第3章　食に関する指導に係る全体計画の作成

			1学期	
特別活動	学級活動（*食育教材活用）	小学部	・給食がはじまるよ*　　・はし名人になろう*　　・食べ物の「旬」*　　・おやつの食べ方を考えよ… ・食事をおいしくするまほうの言葉*　・みんなで食べるとおいしいね*　・元気のもと朝ごはん*　・きせつのごち… ・食べ物のひみつ*　・食べ物大変身*　　・生活リズムを調べてみよう*　　・元気な体に必要な食… ・マナーのもつ意味*　・好き嫌いしないで食べよう*　・地域に伝わる行事食を調べてみよう*　・昔の生活と今… ・食べ物の栄養*　　　　・食事と健康について考えてみよう*　　・地域に伝わる食べ物を大切にしよう* ・食べ物から世界を見よう*　　・食べ物はどこから*　　・日本の食文化を伝えよう*	
		中学部 高等部	・望ましい食習慣を身につけよう　　・食の自己管理能力を身に付けよう　　・日本の文化を知り、これを大切にしてい…	
	児童生徒会活動		片付け点検確認・呼びかけ・身支度チェック ──	生産者との交流給食会
	学校行事		お花見給食・全校集会・修学旅行・校外学習	交流給食会・学校祭・運動…
	給食の時間	給食指導 小学部	仲良く食べよう　楽しく食べよう 給食のきまりを覚えよう 楽しい給食時間にしよう	食べ物を大切にしよう 食事の環境について考え… 感謝して食べよう
		給食指導 中学部・高等部	給食時間の過ごし方 ・準備、後片付けの仕方・協力体制 ・当番の身支度・手洗いの励行	準備・後片付けの協力の… ・給食当番と当番以外の…
		食に関する指導 小学部	給食を知ろう 食べ物の働きを知ろう 季節の食べ物について知ろう	食べ物の名前を知ろう 食べ物の3つの働きを知… 食生活について考えよう
		食に関する指導 中学部・高等部	朝食の大切さを見直そう 伝統的食文化（行事食・節句料理・郷土料理）・朝食 生活リズム・夏の食事（夏野菜・水分補給・夏バテ予防）	日本食を見直し良さを知… 食事のあいさつ、ノロウイル… バランスのよい食事（3食…

		4月	5月	6月	7月	8月～9月
学校給食の関連事項	月目標	給食の準備をきちんとしよう	きれいなエプロンを身につけよう	よくかんで食べよう	楽しく食事をしよう	正しく配膳をしよう
	食文化の伝承	お花見献立	端午の節句		七夕献立	お月見献立
	行事食	入学進級祝献立お花見献立		カミカミ献立		祖父母招待献立、すいと…
	旬の食材	なばな、春キャベツ、たけのこ、新たまねぎ、きよみ	アスパラガス、グリーンピース、そらまめ、新たまねぎ、いちご	アスパラガス、じゃがいも、にら、いちご、びわ、アンデスメロン、さくらんぼ、	おくら、なす、かぼちゃ、ピーマン、レタス、ミニトマト、すいか、プラム	さんま、さといも、ミニトとうもろこし、かぼちゃ、だまめ、きのこ、なす、ぶなし
	地場産物	じゃがいも	こまつな、チンゲンサイ、じゃがいも	こまつな、チンゲンサイ、なす、ミニトマト		こまつな、チンゲンサイ、りんご
個別的な相談指導			すこやか教室		すこやか教室	
		個別の指導計画・個別の教育支援計画・個別栄養指導（生徒・保護者）・対応食の実施（アレルギー食・こだわり・形態食・再調…				
寄宿舎との連携		寄宿舎献立の発行・親子食事会・リクエストメニュー・生活練習への助言（おやつ作り・食事作り）・栄養講座・行事献立（行…				
家庭・地域・事業所等との連携	たより	・朝食の大切さ　・運動と栄養　・食中毒予防　・夏休みの食生活				・地元の野菜の特色・地…
	行事等	幼保小中連絡会	学校公開 学校給食試食会	懇談会	公民館親子料理教室	評議員会　　交流給食会
	年間	支援会議、ケア会議、事業所等連絡会、連絡ノート				

	2学期		3学期
う*			
・食べ物が届くまで*			
くらべてみよう*			
イキング給食にチャレンジ* ・朝食の大切さを知ろう			
くかんで食べよう			
			学校給食週間の取組
			給食週間・給食感謝の会・学習発表会
			給食の反省をしよう
			1年間の給食を振り返ろう
動き			正しい食事マナー ・はし、食器の持ち方　・会話の内容 ・食事のあいさつ
			食べ物に関心をもとう 食生活を見直そう 食べ物と健康について知ろう
の産物　・郷土への関心） ンス、寒さに負けない食事(風邪予防・冬至とかぼちゃ))			楽しい給食時間の過ごし方を考えよう（一年間の振り返り） 学校給食週間（歴史・伝統食と世界の料理） 生活習慣病予防

10月	11月	12月	1月	2月	3月
付けをきちんとしよ	食事のあいさつをきちんとしよう	きれいに手を洗おう	給食について考えよう	食事マナーを考えて食事をしよう	1年間の給食をふりかえろう
献立	地場産物活用献立	冬至の献立	正月料理	節分献立	和食献立
		クリスマス献立	給食週間行事献立	リクエスト献立	卒業祝献立（選択献立）
ま、さけ、きのこ、まいも、くり、かき、ご、ぶどう	新米、さんま、さけ、さば、さつまいも、はくさい、ブロッコリー、ほうれんそう、ごぼう、りんご	のり、ごぼう、だいこん、ブロッコリー、ほうれんそう、みかん	かぶ、ねぎ、ブロッコリー、ほうれんそう、キウイフルーツ、ぽんかん	しゅんぎく、ブロッコリー、ほうれんそう、みかん、いよかん、キウイフルーツ	ブロッコリー、ほうれんそう、いよかん、きよみ
ねぎ、じゃがいも、	たまねぎ、じゃがいも、りんご	りんご	たまねぎ、じゃがいも		
	すこやか教室				

態食等）・各スタッフ（校内外）との連携（外：主治医・病院栄養科・言語聴覚士・作業療法士・理学療法士他）

舎行事〜寄宿舎へようこそ献立・卒業おめでとう献立など〜・希望献立)

のよさ ・日本型食生活のよさ			・運動と栄養 ・バランスのとれた食生活 ・心の栄養 ・かぜの予防		
A講演会 祭	懇談会		評議員会 給食週間	転入学保護者説明会	

第4章　各教科等における食に関する指導の展開

第4章　各教科等における食に関する指導の展開

第1節　総論

　学校における食育は、食に関する指導によって推進されます。食に関する指導の基本的な考え方、指導方針等を明確にし、教職員の共通理解を図り、学校給食を生きた教材として活用しつつ、給食の時間はもとより、各教科や外国語活動、総合的な学習の時間、特別活動、自立活動といった学校の教育活動全体を通して行われることが必要です。

　食に関する指導は「給食の時間における食に関する指導」、「教科等における食に関する指導」と「個別的な相談指導」に大別されますが、本章では「教科等における食に関する指導」について解説します。

1　教科等における食に関する指導の基本的な考え方

　食育の推進について、小学校、中学校学習指導要領（平成29年告示）では「体育科（保健体育科），家庭科（技術・家庭科）及び特別活動の時間はもとより，各教科，道徳科，外国語活動及び総合的な学習の時間などにおいてもそれぞれの特質に応じて適切に行うよう努めること。」と示されています。教科等における食に関する指導の実施においては、各教科等の特質によって食との関わりの程度が異なっていることに配慮する必要があります。

(1)　教科等の特質に応じた食に関する指導と「食育の視点」

　各教科等では、それぞれの特質に応じた見方・考え方を働かせ、三つの柱に沿った資質・能力の育成を目指し目標を示しています。関連する教科等において食に関する指導を行うことで、食育の充実につなげることのみならず、当該教科の目標がよりよく達成されることを目指します。

　食に関する指導と関連している主な教科等は、社会科、理科、生活科、家庭科、技術・家庭科、体育科、保健体育科などの教科のほか、特別な教科　道徳、総合的な学習の時間、特別活動です。これらの教科等においては、目標や内容、教材や題材、学習活動など様々な面で食に関する指導と関連付けて指導することができます。このことは、これらの教科等において食に関する指導を一層充実させることによって、学校として食育の充実につながることを意味しています。

　一方で、教科等にはそれぞれ目標や内容があります。そのために、それらと食に関する指導の目標や内容とが必ずしも一致しない場合もあり、教科等における指導の目標が曖昧になってしまうことがあります。ここでは、児童生徒に当該教科等の目標や内容を身に付けさせ目標がよりよく達成されることを第一義的に考え、その実現の過程に「食育の視点」（16ページ参照）を位置付け、意図的に指導することが重要です。

　「食育の視点」とは、先に第1章第6節で示した「食に関する指導の目標」（16ページ参照）を達成するために、従来の食に関する指導の目標を再整理した、取組上の視点です。それぞれの視点には三つの柱に沿った資質・能力が例示されていますので、それらの内容を手掛かりとしながら、児童生徒の実態に応じて、当該教科等における食に関する指導が目指す児童生徒の姿として示します。

－ 74 －

第4章　各教科等における食に関する指導の展開

(2) 「主体的・対話的で深い学び」の視点からの授業改善

答申の提言を受け、学習指導要領総則において資質・能力の育成に向けた授業改善の視点として、「主体的・対話的で深い学び」が示されました。教科等における食に関する指導においても、「食育の視点」で例示された三つの柱に沿った資質・能力（16 ～ 19 ページ参照）を踏まえ「何ができるようになるか」を意識した指導が求められます。育成を目指す資質・能力を確実に育成していくため、関連する教科等の特性を踏まえた見方・考え方を適切に働かせているかなど、主体的・対話的で深い学びの視点からの授業改善を進めていくことが重要です。

(3) 食に関する指導の評価の考え方

教科等における食に関する指導では、当該教科等の目標がよりよく達成されることを第一義的に考えますので、評価は改訂された学習指導要領に基づき当該教科等の評価として行います。

(4) 食育の視点と食育の推進の評価

「食育の視点」に関しては、学校における食育の推進を評価するための指標として活用することから、「食育の視点」に示した姿に到達したかどうか、児童生徒の変容等を見取るようにします。栄養教諭は、学級担任や教科担任が行う指導の参考となる資料として提供するとともに、食育の推進の評価のための資料として、児童生徒の変容を「食育の視点」別に整理・蓄積しておくことが重要です。

(5) 各論の内容構成

各論では、学習指導要領における各教科等での食に関する指導の位置付けを明確にし、学校給食との関連や指導の可能性など事例を交えて、以下の項目立てを原則に整理しています。

なお、「ウ　食に関連する内容」については、小学校学習指導要領解説総則編及び中学校学習指導要領解説総則編の付録6「食に関する教育（現代的な諸課題に関する教科等横断的な教育内容）」に記載されている内容としています。

また、各教科等の説明の末尾に、「オ　食に関する題材を活用する例」を掲げています。

ア　目標：学習指導要領に示されている目標

イ　教科等の特徴：当該教科等の特徴を分かりやすく紹介

ウ　食に関連する内容

（ア）食に関連する内容：学習指導要領の記述から、食に関連している内容を抽出

（イ）当該教科等で指導することが考えられる例：食に関する指導例を紹介

（ウ）実践事例：食に関する指導のティームティーチングによる展開例を紹介

　単元（題材）名、目標、食育の視点、指導計画、展開例、本時の目標

　（展開例には、評価、文科省作成冊子の活用、栄養教諭の留意点等を示す。特に栄養教諭に関しては「＊」で示す。）

（エ）他教科等との関連：関連する教科等とのつながりについて記述

エ　栄養教諭の関わり方：栄養教諭が指導する場合、どのような関わり方が可能なの

－ 75 －

第4章　各教科等における食に関する指導の展開

　　　かを、教科等の特質に応じて例示
　オ　食に関する題材を活用する例：食に関する題材例を紹介

　各論における食に関する指導の実践事例は、それぞれの学校において実施することが可
能と考えられる内容を示したものです。本手引を参考にした上で、学校や児童生徒の実態
に合わせてさらなる創意工夫に努め、食に関する指導が展開されることを想定しています。
　なお、今回、記述をしなかった国語、算数、数学、音楽、図画工作、美術、外国語、外
国語活動といった教科等においても、各教科等の目標を踏まえて指導をする際に、食に関
する題材を活用することが可能です。例えば、国語では、目的や意図に応じて自分の考え
を効果的に書く学習の際に、健康や食に関する記録文や報告文などの題材を活用したり、
図画工作の時間に、図画工作の目標や内容を踏まえて、学校給食やむし歯予防のポスター
を作成したりすることが考えられます。

－ 76 －

第4章　各教科等における食に関する指導の展開

第2節　各論

1　社会

(1) 小学校

ア　目標

> 社会的な見方・考え方を働かせ，課題を追究したり解決したりする活動を通して，グローバル化する国際社会に主体的に生きる平和で民主的な国家及び社会の形成者に必要な公民としての資質・能力の基礎を次のとおり育成することを目指す。
>   (1) 地域や我が国の国土の地理的環境，現代社会の仕組みや働き，地域や我が国の歴史や伝統と文化を通して社会生活について理解するとともに，様々な資料や調査活動を通して情報を適切に調べまとめる技能を身に付けるようにする。
>   (2) 社会的事象の特色や相互の関連，意味を多角的に考えたり，社会に見られる課題を把握して，その解決に向けて社会への関わり方を選択・判断したりする力，考えたことや選択・判断したことを適切に表現する力を養う。
>   (3) 社会的事象について，よりよい社会を考え主体的に問題解決しようとする態度を養うとともに，多角的な思考や理解を通して，地域社会に対する誇りと愛情，地域社会の一員としての自覚，我が国の国土と歴史に対する愛情，我が国の将来を担う国民としての自覚，世界の国々の人々と共に生きていくことの大切さについての自覚などを養う。

イ　教科の特徴

　小学校の社会科は、社会的な見方・考え方を働かせ、課題を追究したり解決したりする活動を通して、グローバル化する国際社会に主体的に生きる平和で民主的な国家及び社会の形成者に必要な公民としての資質・能力の基礎を育成する教科です。そのために、問題解決的な学習の一層の充実を図り、社会的事象について、よりよい社会を考え主体的に問題解決しようとする態度を養うことが大切です。

　食に関する指導においては、教科の目標の実現に向け、学習指導要領に示された内容と関連付けることが大切です。そのために、児童が興味・関心をもって学習に取り組むことができる地域の実態を生かした教材を取り上げて学習の問題を設定するとともに、問題の解決に向けた調査活動や体験的な活動などを設定します。

第4章　各教科等における食に関する指導の展開

ウ　各学年の食に関連する内容
　［第5学年］
（ア）食に関連する内容

---

(2) 我が国の農業や水産業における食料生産について，学習の問題を追究・解決する
　活動を通して，次の事項を身に付けることができるよう指導する。
ア　次のような知識及び技能を身に付けること。
　(ア) 我が国の食料生産は，自然条件を生かして営まれていることや，国民の食料を
　　確保する重要な役割を果たしていることを理解すること。
　(イ) 食料生産に関わる人々は，生産性や品質を高めるよう努力したり輸送方法や販
　　売方法を工夫したりして，良質な食料を消費地に届けるなど，食料生産を支えて
　　いることを理解すること。
　(ウ) 地図帳や地球儀，各種の資料で調べ，まとめること。
イ　次のような思考力，判断力，表現力等を身に付けること。
　(ア) 生産物の種類や分布，生産量の変化，輸入など外国との関わりなどに着目して，
　　食料生産の概要を捉え，食料生産が国民生活に果たす役割を考え，表現すること。
　(イ) 生産の工程，人々の協力関係，技術の向上，輸送，価格や費用などに着目して，
　　食料生産に関わる人々の工夫や努力を捉え，その働きを考え，表現すること。

（イ）当該教科で指導することが考えられる例
　　　○　米づくりの盛んな地域を取り上げ、生産技術の向上（機械化による効率化や省
　　　力化、収穫量の増加、品種改良や情報の活用など）に着目して、国民の主食であ
　　　る米の生産に関わる人々の工夫について調べられるようにします。　〔(2)イ(イ)〕

　　　○　野菜づくりの盛んな地域を取り上げ、生産技術の向上に着目して、野菜の生産
　　　に関わる人々の工夫について調べられるようにします。　〔(2)イ(イ)〕

　　　○　生産物の種類や分布、生産量の変化、輸入など外国との関わりなどに着目して
　　　調べ、食料生産の概要を捉えられるようにします。　〔(2)イ(ア)〕

　　　○　日本の食料生産における問題を取り上げ、生産性や品質を高める工夫を消費者
　　　や生産者の立場に立って、多角的に考え、これからの農業や水産業における食料
　　　生産の発展に向けて自分の考えをまとめることができるようにします。
　　　　　　　　　　　　　　　　　　　　　　　　　　　　　　　〔(2)イ(ア)、(イ)〕

（ウ）実践事例
　　① 単元名
　　　「我が国の食料生産の特色」
　　② 単元の目標
　　　○　我が国の農業や水産業における食料生産について、生産物の種類や分布、
　　　生産量の変化、輸入など外国との関わりなどに着目して、地図帳や地球儀、各

－ 78 －

種資料で調べてまとめ、食料生産の概要を捉え、生産額と自然条件などを関連付けて考え、我が国の食料生産は、自然条件を生かして営まれていることや、国民の食料を確保する重要な役割を果たしていることを理解できるようにする。

○　食料生産の概要や食料生産が国民生活に果たす役割について、学習の問題の解決に向けて意欲的に追究するとともに、我が国の食料生産について関心をもてるようにする。

③　食育の視点

○　私たちの食生活は、外国から輸入されている食料にも支えられていることから、正しい知識・情報に基づいて、自ら判断し、食品を選択する能力を身に付ける。＜食品を選択する能力＞

○　食料の生産は日本各地の自然の恩恵の上に成り立っていることを知り、食料の生産等にかかわる人々に対する感謝の心をもつ。＜感謝の心＞

④　指導計画（全6時間）

1　私たちが普段食べているものの産地に関心をもつ。（1時間）

2　学校給食やてんぷらそばの食材の産地を調べ、外国から輸入している食材があることが分かる。（1時間）

3　日本の主な食材の輸出入の種類や割合を調べ、移り変わりを理解する。（1時間）

4　日本の地形や気候の特色と食材の輸出入を関連付けて考える。（1時間）

5　地形や気候の条件に着目して調べ、それぞれの地域で盛んに生産されている食材があることが分かる。（1時間）

6　日本の食料生産の特色を考える。（1時間）

⑤　展開例（3／6時）

○　本時の目標

日本の主な食材の輸出入の種類や割合を調べ、移り変わりが分かる。

主な学習活動	指導上の留意点
○学校給食やてんぷらそばの食材の主な産地調べを振り返り、ほとんどが国産の食材とほとんどが外国産の食材を分類する。 ・ほとんどが国産の食材 　米、ねぎ、かつお　など ・ほとんどが外国産の食材 　小麦、大豆、えび、白身魚　など	○できるだけ新しい資料で調べられるように準備する。 ○「ほとんど」を90％以上とするなど、分類の基準を明確にする。 ＊栄養教諭は、学校給食の食材について、安全を前提にしながら、多様な食材を価格、栄養バランス等を総合的に判断して選択し、献立を立てていることを説明する。

日本の食料の輸入の種類や割合は、どのように移り変わってきたのだろう。

| ○日本の食料の輸入の種類や割合の移り変わりを予想する。
○統計資料を活用して、日本の食料の輸入の種類や割合の移り変わりを調べる。
・だんだん輸入する食材の種類が増えてきた。
・米はずっとほとんどが国産だが、輸入もしている。 | ○用語「食料自給率（カロリーベース）」について確認する。
○例えば、調べる対象とする時期を父母が子どもの頃（1970～80年頃）などを設定することが考えられる。
○食材の産地である外国については、名称と位置を地図帳で確認する。 |

第4章　各教科等における食に関する指導の展開

・最近は魚介類の輸入が増えている。 ・大豆や小麦の輸入が多いのは、広い土地が必要だからではないか。 ・輸入した食料の価格は国産に比べて安いのではないか。 ○日本の食料生産の特色について話し合う。 　・地形や気候の特色を生かして生産している。 　・全体的に外国からの輸入が増えている。 　・日本が輸出している食料にはどのようなものがあるのだろう。	○輸入の割合が高い食材があることに気付けるようにする。 ○児童が輸入の割合が高い食材の特徴に着目できるように助言する。 ○日本がどのような食料を輸出しているのか、立場を変えて考えられるように助言し、次時の追究につなげる。

エ　栄養教諭の関わり方

　　○　市の土地利用の様子、地域に見られる生産や販売の仕事、我が国の農業や水産業における食料生産、我が国とつながりの深い国々などの学習において、農産物や水産物、料理や郷土食・行事食等を教材として取り上げ、興味・関心をもてるようにします。その際、自然条件や歴史などと関連付けて考えられるようにします。例えば、農産物等の分布や土地の様子、風土との関係性や文化、人々の工夫などを取り上げ、理解を深められるようにします。

　　○　地域（必要に応じて日本各地・外国等）の生産者等とのネットワークを作るなど、授業における学習指導への参画、児童の生産現場への訪問における協力確保等のためのコーディネーターとしての役割を担います。

オ　食に関する題材を活用する例

　　○　土地利用や産地の分布に着目する際に、田や畑などの分布や県内の主要な産業や特色ある産業の分布について調べることが考えられます。（第3学年、第4学年）

　　○　地域に見られる生産の学習において、他地域や外国との関わりに着目する際に、外国の商品（食品）の産地を調べることが考えられます。（第3学年）

　　○　県内の文化財や年中行事の具体的事例として、郷土食や行事食などを取り上げることが考えられます。（第4学年）

　　○　地域の発展に尽くした先人の具体的事例として、地域の農業や漁業などの産業の発展に尽くした先人を取り上げることが考えられます。（第4学年）

　　○　外国の人々の生活の様子に着目する際、料理や食事の習慣などの生活の様子について調べることが考えられます。（第6学年）

　　○　地球規模で発生している課題の具体的事例として、飢餓など国境を越えた課題について取り上げることが考えられます。（第6学年）

－ 80 －

(2) 中学校

ア 目標

　社会的な見方・考え方を働かせ，課題を追究したり解決したりする活動を通して，広い視野に立ち，グローバル化する国際社会に主体的に生きる平和で民主的な国家及び社会の形成者に必要な公民としての資質・能力の基礎を次のとおり育成することを目指す。
　(1) 我が国の国土と歴史，現代の政治，経済，国際関係等に関して理解するとともに，調査や諸資料から様々な情報を効果的に調べまとめる技能を身に付けるようにする。
　(2) 社会的事象の意味や意義，特色や相互の関連を多面的・多角的に考察したり，社会に見られる課題の解決に向けて選択・判断したりする力，思考・判断したことを説明したり，それらを基に議論したりする力を養う。
　(3) 社会的事象について，よりよい社会の実現を視野に課題を主体的に解決しようとする態度を養うとともに，多面的・多角的な考察や深い理解を通して涵養される我が国の国土や歴史に対する愛情，国民主権を担う公民として，自国を愛し，その平和と繁栄を図ることや，他国や他国の文化を尊重することの大切さについての自覚などを深める。

イ　教科の特徴

　中学校の社会科は、社会的な見方・考え方を働かせ、課題を追究したり解決したりする活動を通して、グローバル化する国際社会に主体的に生きる平和で民主的な国家及び社会の形成者に必要な公民としての資質・能力の基礎を育成する教科です。そのために、各分野の特性を生かし、適切な課題を設けて行う学習の一層の充実を図り、社会的事象について、よりよい社会の実現を視野に課題を主体的に解決しようとする態度を養うことが大切です。

　食に関する指導においては、教科の目標の実現に向け、学習指導要領に示された内容と関連付けることが大切です。そのために、生徒が興味・関心をもって学習に取り組むことができる地域の実態を生かした教材を取り上げて課題を設定するとともに、課題の解決に向けた調査活動などの社会科ならではの具体的な体験を伴った学習活動を設定します。

ウ　各分野の食に関連する内容
[地理的分野]
　（ア）食に関する内容

2　内　容
B 世界の様々な地域
　(1) 世界各地の人々の生活と環境場所や人間と自然環境との相互依存関係などに着目して，課題を追究したり解決したりする活動を通して，次の事項を身に付けることができるよう指導する。

第4章　各教科等における食に関する指導の展開

　　　ア　次のような知識を身に付けること。
　　　　(ア) 人々の生活は，その生活が営まれる場所の自然及び社会的条件から影響を受け
　　　　　たり，その場所の自然及び社会的条件に影響を与えたりすることを理解すること。
　　　　(イ) 世界各地における人々の生活やその変容を基に，世界の人々の生活や環境の多
　　　　　様性を理解すること。その際，世界の主な宗教の分布についても理解すること。
　　　イ　次のような思考力，判断力，表現力等を身に付けること。
　　　　(ア) 世界各地における人々の生活の特色やその変容の理由を，その生活が営まれる場
　　　　　所の自然及び社会的条件などに着目して多面的・多角的に考察し，表現すること。
　3　内容の取扱い
　　(4) 内容のBについては，次のとおり取り扱うものとする
　　　ア　(1) については，世界各地の人々の生活の特色やその変容の理由と，その生
　　　　活が営まれる場所の自然及び社会的条件との関係を考察するに当たって，衣食
　　　　住の特色や，生活と宗教との関わりなどを取り上げるようにすること。

（イ）当該教科で指導することが考えられる例
　　○　世界の人々の衣食住などの生活や、同じ地域の過去と現在の生活の変化に着目
　　し、世界の人々の生活や環境の多様性が理解できるようにします。　〔B (1)ア(イ)〕

（ウ）他教科等との関連
　　○　技術・家庭科（家庭分野）で、取り上げた地域の食材を用いた和食の調理実習
　　を通して、地域の食材を生かした調理を工夫することができます。

[公民的分野]
（ア）食に関連する内容

　2　内　容
　A　私たちと現代社会
　　(1) 私たちが生きる現代社会と文化の特色
　　　　位置や空間的な広がり，推移や変化などに着目して，課題を追究したり解決したり
　　　する活動を通して，次の事項を身に付けることができるよう指導する。
　　　イ　次のような思考力，判断力，表現力等を身に付けること。
　　　　(ア) 少子高齢化，情報化，グローバル化などが現在と将来の政治，経済，国際
　　　　　関係に与える影響について多面的・多角的に考察し，表現すること。
　　　　(イ) 文化の継承と創造の意義について多面的・多角的に考察し，表現すること。
　B　私たちと経済
　　(1) 市場の働きと経済
　　　　対立と合意，効率と公正，分業と交換，希少性などに着目して，課題を追究したり
　　　解決したりする活動を通して，次の事項を身に付けることができるよう指導する。
　　　ア　次のような知識を身に付けること。

第4章　各教科等における食に関する指導の展開

(ア) 身近な消費生活を中心に経済活動の意義について理解すること。
(イ) 市場経済の基本的な考え方について理解すること。その際，市場における
　　価格の決まり方や資源の配分について理解すること。

3　内容の取扱い
　(2) 内容のAについては，次のとおり取り扱うものとする。
　　(イ) イの(イ) の「文化の継承と創造の意義」については，我が国の伝統と文化
　　　　などを取り扱うこと。

（イ）当該教科で指導することが考えられる例

○　食生活を事例として、現代日本の特色としてグローバル化が見られることについて理解するとともに、グローバル化が現在と将来の政治、経済、国際関係に与える影響について、多面的・多角的に考察し、表現できるようにします。〔A (1) イ (ア)〕

○　和食や郷土料理、行事食を具体的事例として、文化の継承と創造の意義について、多面的・多角的に考察し、表現できるようにします。　　　　　　〔A (1) イ (イ)〕

（ウ）実践事例

①　単元名
「現代社会における文化」

②　単元の目標
○　現代社会における文化の意義や影響について、科学、芸術、宗教を事例として理解できるようにする。
○　文化の継承と創造の意義について、和食を事例として多面的・多角的に考察し、表現することができるようにする。

③　食育の視点
○　和食の伝統、文化を理解し、尊重する心を育む＜食文化＞

④　指導計画（全4時間）
　1　私たちの生活と文化1　「私たちにとって文化とは何だろうか〜科学、芸術、宗教から考える〜」（2時間）
　2　私たちの生活と文化2　「どのようにしたら和食の魅力を伝えられるだろうか〜和食をPRするプレゼンテーションのナレーションを考えよう〜」（2時間）

⑤　展開例（3及び4／4時）
○　本時の目標
食文化の継承と創造の意義について、多面的・多角的に考察し、表現できる。

（思考・判断・表現）

第4章　各教科等における食に関する指導の展開

主な学習活動	指導上の留意点
[学習課題の設定] ○食に関する世論調査の結果などから、食文化、特に和食について追究の意欲を高める。 ・ほとんどの人が1日に2度以上白米を食べる。 ・好きな食事の多くが和食である。 学習課題　どうすれば和食の魅力を伝えられるだろうか　～和食をPRするプレゼンテーションのナレーションを考えよう～ 準備するスライド ①　ユネスコ無形文化遺産に登録された和食 ②　先人の知恵が生み出した和食 ③　今も進化を続ける和食の世界 ④　世界に広がる和食と「和食のピンチ」 [見通しを立てる] ○学習課題を解決するため、見通しを立てる。 　①どんなナレーションにすると和食の魅力が伝わるか 　②これまで学んだことで役立ちそうなことはないか 　③どのようにして情報を集めるか [課題の解決] ○グループでナレーションの作成に取り組む。 　①農林水産省が作成したリーフレット「和食」から和食の特徴を読み取り、まとめる。 　②技術・家庭科（家庭分野）での学習を生かして、栄養面から見た和食のよさについてまとめる。 　③スライドにある米の品種改良や炊飯器の改善以外にも和食に関わる文化の創造の事例を紹介する。 　④スライドのグラフから読み取ったこと以外にも、和食の海外への広がりや和食の抱える課題について発表する。	○農林水産省等が実施している意識調査の結果等を利用する。 ○プレゼンテーションのスライドを見せ、学習課題の具体的イメージをもたせる。 ○郷土食や行事食もPRの対象であることを告げる。 ○地理的分野、歴史的分野や技術・家庭科（家庭分野）で学習したことを思い出させる。 ○給食をはじめ、自身の食生活も考える足がかりとするよう助言する。 ○おうちの方や栄養教諭への聞き取りで情報を得ることも有効であることを助言する。 ○ユネスコ無形文化遺産申請の際にアピールした四つの特徴が書かれていることに着目させる。 ○②では、食器、自然との関わり方、マナーなどにも着目させ、日本の伝統的な考え方に着目させる。 ○④の「和食のピンチ」は、魅力を伝えることと関連させなくてよいことを伝える。 ○地理的分野の学習の成果を生かして、世界の食文化の多様性と普遍性にも気付かせるよう助言する。

	＊栄養教諭は、郷土食や伝統食に込められた願い、工夫、知恵などについて説明する。（これまでに作成した給食だよりなどを活用する。）
［発表・成果の共有・発展］ ○プレゼンテーション用ソフトを映写しながら、各グループが発表する ・和食の栄養バランス ・漬物や伝統食に見られる保存などの知恵 ・行事食に込められた願いや思い ・和食食材の生産が生み出す日本の景観 ・和食に見られる自然のとらえ方、自然との関わり方 ・現在の和食が海外の調理法等を工夫し、独自に発達したものであること ・食に関する普遍性と多様性 ・世界の注目 ・現代の日本人の食をめぐる状況	○次の活動（５枚目のスライドのナレーションを考える）に生かせるように、各発表に左記のことが含まれていることを確認し、適宜指導する。 ※発表するグループ数など発表に要する時間は、生徒の実態や授業の目標に応じて変更する。
○５枚目のスライドに「これから私は・・・（文化の継承と創造について自らの考えを書くもの）」をつくる場合、どのようなナレーションを入れるか、相談しながら各自まとめる。	○必要に応じて、「食育に関する意識調査報告書」のうち「６食文化の継承及び伝承について」のデータ等を紹介する。
［振り返り］ ○以下の点から振り返りを行う。 ・先人が育んできた伝統文化 ・和食の魅力を伝えるナレーションを考える上で役立ったこと	○振り返りに入る前に、伝統的な文化は和食だけでなく、衣服など他にもあることに気付かせる。

（エ）他教科等との関連
○ 技術・家庭科（家庭分野）で、和食について学習したことを関連付けて指導することができます。

エ 栄養教諭の関わり方
○ 郷土料理・行事食について、それらの分布や歴史、郷土料理や行事食を受け継ぐ人々の営みといった視点から教材を作成したり、授業で説明したりします。

オ 食に関する題材を活用する例
○ 地域で見られる地球的課題の具体的事例として、人口・食料問題などに関わる課題を取り上げることが考えられます。

第4章　各教科等における食に関する指導の展開

○　日本の地域的特色と地域区分を学習する際、国内の産業の動向として、農業や水産業などについて取り上げることが考えられます。

○　日本をいくつかの地域に分ける際に、日本の地域的特色を見いだしやすくなるよう、例えば、水田単作地域、酪農地域などで分けたり、農業地域、工業地域などで分けたりすることが考えられます。

○　消費者の保護について学習する際、食に関する問題を取り上げることが考えられます。

第4章　各教科等における食に関する指導の展開

2　理科

(1)　小学校

ア　目標

　自然に親しみ，理科の見方・考え方を働かせ，見通しをもって観察，実験を行うことなどを通して，自然の事物・現象についての問題を科学的に解決するために必要な資質・能力を次のとおり育成することを目指す。
　(1) 自然の事物・現象についての理解を図り，観察，実験などに関する基本的な技能を身に付けるようにする。
　(2) 観察，実験などを行い，問題解決の力を養う。
　(3) 自然を愛する心情や主体的に問題解決しようとする態度を養う。

イ　教科の特徴

　小学校の理科は、自然に親しみ、理科の見方・考え方を働かせ、見通しをもって観察、実験を行うことなどを通して、自然の事物・現象についての問題を科学的に解決するために必要な資質・能力を育成する教科です。

　学習を進める際は、児童がどのような視点で自然の事物・現象を捉え、どのような考え方で思考すればよいのかを自覚しながら、目的や問題意識をもって意図的に自然の事物・現象に働きかけながら、観察、実験などの活動を行っていくことが大切です。

　食に関する指導に当たっては、身近な自然や食生活の中で自然の事物・現象の性質や働き、規則性などに気付いたり、それらが生活の中で役立てられていることを確かめたりすることによって、食に関する指導の充実を図ることができます。さらに、動植物の成長の仕組み・生命の連続性などを学ぶことや自然を愛する心情を育てることが、食べ物を大切にすることにつながり、人が健康に生きることそのものを学ぶことになることを捉えておくことが必要です。

ウ　各学年の食に関連する内容
　[第4学年]
　（ア）食に関連する内容

Ｂ 生命・地球
　(1) 人の体のつくりと運動
　　　人や他の動物について，骨や筋肉のつくりと働きに着目して，それらを関係付けて調べる活動を通して，次の事項を身に付けることができるよう指導する。
　　ア　次のことを理解するとともに，観察，実験などに関する技能を身に付けること。
　　(イ) 人が体を動かすことができるのは，骨，筋肉の働きによること。
　　イ　人や他の動物について追究する中で，既習の内容や生活経験を基に，人や他の動物の骨や筋肉のつくりと働きについて，根拠のある予想や仮説を発想し，表現すること。

－ 87 －

第4章　各教科等における食に関する指導の展開

（イ）当該教科で指導することが考えられる例
　　○　骨や筋肉の働きを知り、かむときに使うそれらの働きを理解できるようにします。

〔第5学年〕
（ア）食に関連する内容

B　生命・地球

(1) 植物の発芽，成長，結実

　　植物の育ち方について，発芽，成長及び結実の様子に着目して，それらに関わる条件を制御しながら調べる活動を通して，次の事項を身に付けることができるよう指導する。

ア　次のことを理解するとともに，観察，実験などに関する技能を身に付けること。

　(ア) 植物は，種子の中の養分を基にして発芽すること。

　(ウ) 植物の成長には，日光や肥料などが関係していること。

イ　植物の育ち方について追究する中で，植物の発芽，成長及び結実とそれらに関わる条件についての予想や仮説を基に，解決の方法を発想し，表現すること。

(2) 動物の誕生

　　動物の発生や成長について，魚を育てたり人の発生についての資料を活用したりする中で，卵や胎児の様子に着目して，時間の経過と関係付けて調べる活動を通して，次の事項を身に付けることができるよう指導する。

ア　次のことを理解するとともに，観察，実験などに関する技能を身に付けること。

　(イ) 人は，母体内で成長して生まれること。

イ　動物の発生や成長について追究する中で，動物の発生や成長の様子と経過についての予想や仮説を基に，解決の方法を発想し，表現すること。

（イ）当該教科で指導することが考えられる例
　　○　農作物の成長の様子に着目して、日光や肥料などの与え方によって成長が異なることを捉えられるようにします。　　　　　　　　　　　　　　〔B (1) ア (イ)(ウ)〕

〔第6学年〕
（ア）食に関連する内容

B　生命・地球

(1) 人の体のつくりと働き

　　人や他の動物について，体のつくりと呼吸，消化，排出及び循環の働きに着目して，生命を維持する働きを多面的に調べる活動を通して，次の事項を身に付けることができるよう指導する。

ア　次のことを理解するとともに，観察，実験などに関する技能を身に付けること。

　(ア) 体内に酸素が取り入れられ，体外に二酸化炭素などが出されていること。

　(イ) 食べ物は，口，胃，腸などを通る間に消化，吸収され，吸収されなかった物

－ 88 －

は排出されること。

(ウ) 血液は，心臓の働きで体内を巡り，養分，酸素及び二酸化炭素などを運んでいること。

(エ) 体内には，生命活動を維持するための様々な臓器があること。

イ　人や他の動物の体のつくりと働きについて追究する中で，体のつくりと呼吸，消化，排出及び循環の働きについて，より妥当な考えをつくりだし，表現すること

(3) 生物と環境

生物と環境について，動物や植物の生活を観察したり資料を活用したりする中で，生物と環境との関わりに着目して，それらを多面的に調べる活動を通して，次の事項を身に付けることができるよう指導する。

ア　次のことを理解するとともに，観察，実験などに関する技能を身に付けること。

(イ) 生物の間には，食う食われるという関係があること。

イ　生物と環境について追究する中で，生物と環境との関わりについて，より妥当な考えをつくりだし，表現すること。

（イ）当該教科で指導することが考えられる例

○　食べ物は、口、胃、腸などを通る間に消化、吸収されることや、吸収されなかった物は排出されることについて理解できるようにします。　　　　〔B (1) ア (イ)〕

○　消化、吸収された栄養が、血液の働きで体中に運ばれ、生命を維持していることについて理解できるようにします。　　　　　　　　　　　　　〔B (1) ア (ウ)〕

○　消化、吸収、排出には、主に胃、小腸、大腸、肝臓が関係していることや、これらの臓器のはたらきについて理解できるようにします。　　　　〔B (1) ア (エ)〕

○　様々な動物の食べ物に着目して、生物同士の関わりを多面的に調べる活動を通して、生物同士の関わりについて、植物を食べている動物がいることや、その動物も他の動物に食べられることがあること、生物には食う食われるという関係があるということを捉えるようにします。　　　　　　　　　　　　　　　　〔B (3) ア (イ)〕

（ウ）実践事例

① 単元名

「生物と環境」

② 目標

○　生物と水、空気及び食べ物との関わりに着目して、それらを多面的に調べる活動を通して、生物と持続可能な環境との関わりについて理解を図り、観察、実験などに関する技能を身に付ける。

－ 89 －

第4章　各教科等における食に関する指導の展開

　　○　生物と環境について追究する中で、生物と環境との関わりについて、より妥当な考えをつくりだし、表現する。
　　○　生命を尊重する態度、主体的に問題解決しようとする態度を育成する。

③　食育の視点
　　植物は自らでんぷんをつくりだしているが、人や他の動物は植物あるいは動物を食べていることから、食べ物を通して生物が関わり合って生きていることを整理し、相互の関係付けを図ることを通して、食事の重要性を理解し、生命を尊重する態度を身に付ける。　　　　　　　　　　　　＜食事の重要性＞＜社会性＞

④　指導計画（全12時間）
　　○　生物は、水及び空気を通して周囲の環境と関わって生きていることを調べる。
　　　　　　　　　　　　　　　　　　　　　　　　　　　　　　　　　　（6時間）
　　○　生物の間には、食う食われるという関係があることを調べる。　　（4時間）
　　○　人は、環境と関わり、工夫して生活していることについて考える。（2時間）

⑤　展開例（9・10／12）
本時のねらい
・生物には食う食われるという関係があるということを捉える。
・食物に含まれる主な栄養分とそのはたらきについて捉える。

主な学習活動	指導上の留意点
○いつも食べている料理にはどのような食材が含まれているだろう。 ○給食の献立を例にして、食べ物がどのような材料からできているか話し合う。 ・給食の食材には、野菜や肉などが使われている。 ・野菜は植物であり、肉は動物である。	○料理の食材に着目させるようにする。 ○給食の献立表を使って、食材を書き出し、気付いたことをグループで話し合わせる。 ・給食の食材は植物や動物であるという視点で整理しながら話合いを進めさせる。 ＊栄養教諭から、給食の献立でどのような食材が使われているか説明をする。
食べ物の元は何だろうか。	
○給食の献立を用いて、使われている食材の元をたどる活動を行う。 ・動物は植物や他の動物などを食べている。 ・牛や豚、鶏などの動物を飼育する際の飼料は、植物や動物などである。 ○給食の元をたどる活動を通して、気付いたことを話し合う。	○中心に給食の献立を書き、その周囲に材料を書き出し、それ以上たどることができないところまで考えさせるようにする。 ・動物の食べ物や飼料などについては、インターネット等を活用して調べさせる。 ○人は、植物も動物も食べ、生命を維持していることを認識させるようにする。

－ 90 －

・動物は植物を食べている。 ・最後は植物に行き着く。 ・植物は自分で養分をつくっている。 ○食う食われるの関係を図で表現する。 ・人や動物は植物に支えられて生きている。 ○学習を振り返りまとめる。 ・地球上の生き物は、食を通して、互いに関わり合って生きている。	＊栄養教諭から、給食の食材からどのような栄養をとることができるかについて説明をする。 ○図や表を用いて食う食われるの関係を整理し、発表させる。 ○これまでの学習を振り返り、植物は日光を受けて、自ら養分をつくっていることのすばらしさにも目を向けさせるようにする。 ☆（仮）食べ物を通した生物の関わりについて、多面的に考察し、表現している。 【思考・判断・表現】

（エ）他教科等との関連

　家庭科「Ｂ　衣食住の生活」における「食生活」の内容と関連を図り、課題をもって健康・安全で豊かな食生活に向けて考え工夫する活動を通して、食生活の課題を解決する力を養うことや、食生活をよりよくしようと工夫する態度の育成と関連付けて実践的に学習を進めると効果的です。

　また、体育科（保健領域）において、食べ物と栄養、食べ物と健康、生活習慣病の予防などの関係について、人の成長や健康等に関する知識等を生かした指導との関連を図り、食に関する正しい知識と望ましい生活習慣を身に付けられるようにしていくことも大切です。

エ　栄養教諭の関わり方

　　○　給食の時間に献立について説明を行う際に、理科の学習で栽培したオクラ、ツルレイシ、インゲンマメ、ジャガイモなどの野菜について取り上げ、食材としての栄養面について指導を行います。

　　○　家庭科の調理の学習で、身近な野菜の調理を行う際に、理科の学習で扱ったオクラ、ツルレイシ、インゲンマメ、ジャガイモなどの野菜を取り上げながら、栄養価の損なわない調理の仕方や素材を生かした盛り付けの仕方等について指導を行います。

　　○　消化によいものや体をつくる栄養のあるものなど、食と健康や成長の関係について、栄養教諭の専門性を生かして、具体的な指導を行います。

　　○　地域の生産者等による学校における食に関する指導への参画、児童の生産現場への訪問における協力を得るなど、地域の生産者等と学校とをつなぐコーディネーターとしての役割を担います。

第4章　各教科等における食に関する指導の展開

オ　食に関する題材を活用する例

○　飼育・栽培や継続的な観察など体験的な活動を行うことを通して、一人一人が生物の成長や変化を感じることにより、生命を尊重することや自然への親しみが一層深まるよう指導を工夫することが考えられます。（第3学年）

○　植物は、種子から発芽して、子葉が出て、葉がしげり、花が咲き、果実がなって種子ができた後に個体は枯死するという一定の順序があることを学習する際に、具体例として、食材が芽や葉、果実、種子など植物の様々な成長の過程にあることを取り上げることが考えられます。（第3学年）

○　栽培したツルレイシの実や、継続的に観察したイチョウの実など、理科の授業で扱ったものが、食材であることについて触れることが考えられます。（第4学年）

○　でんぷんについて学習する際、具体的事例として、インゲンマメやトウモロコシ、イネなどの食品を取り上げることが考えられます。（第5学年、第6学年）

第4章　各教科等における食に関する指導の展開

(2) 中学校

ア　目標

　自然の事物・現象に関わり，理科の見方・考え方を働かせ，見通しをもって観察，実験を行うことなどを通して，自然の事物・現象を科学的に探究するために必要な資質・能力を次のとおり育成することを目指す。
　　(1) 自然の事物・現象についての理解を深め，科学的に探究するために必要な観察，実験などに関する基本的な技能を身に付けるようにする。
　　(2) 観察，実験などを行い，科学的に探究する力を養う。
　　(3) 自然の事物・現象に進んで関わり，科学的に探究しようとする態度を養う。

イ　教科の特徴

　中学校の理科は、自然の事物・現象に関わり、理科の見方・考え方を働かせ、見通しをもって観察、実験を行うことなどを通して、自然の事物・現象を科学的に探究するために必要な資質・能力を育成する教科です。

　その際、生徒が自然の事物・現象に進んで関わり、質的・量的な関係や時間的・空間的な関係などの科学的な視点で捉えるとともに、比較したり、関係付けたりするなど、科学的に探究する方法を用いて考えながら、見通しをもって観察、実験などの活動を行っていくことが大切です。

　食に関する指導に当たっては、科学的な根拠に基づいて賢明な意思決定ができる力を身に付けることによって、食に対する科学的な判断力に基づいた、健全な食生活を実現していく力を育てていくようにします。あわせて、食の安全や自然環境の保全と科学技術の利用の在り方といった食の抱える今日的な課題についても科学的に考察することができるようにしていきます。さらに、生命や自然環境を扱う学習において、生物の飼育・栽培、生物や生命現象についての観察、実験などを通して、生命を尊重する態度を培っていくことも大切です。

ウ　各学年の食に関連する内容
【第2分野】
（ア）食に関連する内容

(3) 生物の体のつくりと働き
　　生物の体のつくりと働きについての観察，実験などを通して，次の事項を身に付けることができるよう指導する。
　ア　生物の体のつくりと働きとの関係に着目しながら，次のことを理解するとともに，それらの観察，実験などに関する技能を身に付けること。
　　(ア) 生物と細胞
　　　㋐　生物と細胞
　　　　生物の組織などの観察を行い，生物の体が細胞からできていること及び植

－ 93 －

第4章　各教科等における食に関する指導の展開

物と動物の細胞のつくりの特徴を見いだして理解するとともに，観察器具の操作，観察記録の仕方などの技能を身に付けること。

(ウ) 動物の体のつくりと働き

㋐　生命を維持する働き

消化や呼吸についての観察，実験などを行い，動物の体が必要な物質を取り入れ運搬している仕組みを観察，実験の結果などと関連付けて理解すること。また，不要となった物質を排出する仕組みがあることについて理解すること。

㋑　刺激と反応

動物が外界の刺激に適切に反応している様子の観察を行い，その仕組みを感覚器官，神経系及び運動器官のつくりと関連付けて理解すること。

イ　身近な植物や動物の体のつくりと働きについて，見通しをもって解決する方法を立案して観察，実験などを行い，その結果を分析して解釈し，生物の体のつくりと働きについての規則性や関係性を見いだして表現すること。

(5) 生命の連続性

生命の連続性についての観察，実験などを通して，次の事項を身に付けることができるよう指導する。

ア　生命の連続性に関する事物・現象の特徴に着目しながら，次のことを理解するとともに，それらの観察，実験などに関する技能を身に付けること。

(ア) 生物の成長と殖え方

㋐　細胞分裂と生物の成長

体細胞分裂の観察を行い，その順序性を見いだして理解するとともに，細胞の分裂と生物の成長とを関連付けて理解すること。

㋑　生物の殖え方

生物の殖え方を観察し，有性生殖と無性生殖の特徴を見いだして理解するとともに，生物が殖えていくときに親の形質が子に伝わることを見いだして理解すること。

(イ) 遺伝の規則性と遺伝子

㋐　遺伝の規則性と遺伝子

交配実験の結果などに基づいて，親の形質が子に伝わるときの規則性を見いだして理解すること。

(ウ) 生物の種類の多様性と進化

㋐　生物の種類の多様性と進化

現存の生物及び化石の比較などを通して，現存の多様な生物は過去の生物が長い時間の経過の中で変化して生じてきたものであることを体のつくりと関連付けて理解すること。

イ　生命の連続性について，観察，実験などを行い，その結果や資料を分析して解釈し，生物の成長と殖え方，遺伝現象，生物の種類の多様性と進化についての特徴や規則性を見いだして表現すること。また，探究の過程を振り返ること。

－ 94 －

(7) 自然と人間

　自然環境を調べる観察，実験などを通して，次の事項を身に付けることができるよう指導する。

ア　日常生活や社会と関連付けながら，次のことを理解するとともに，自然環境を調べる観察，実験などに関する技能を身に付けること。

　(ア) 生物と環境

　　⑦　自然界のつり合い

　　　微生物の働きを調べ，植物，動物及び微生物を栄養の面から相互に関連付けて理解するとともに，自然界では，これらの生物がつり合いを保って生活していることを見いだして理解すること。

（イ）当該教科で指導することが考えられる例

○　食べ物の中の栄養分や栄養分の吸収の仕組みについて理解できるようにします。
〔第2分野(3)ア(ウ)⑦〕

○　代表的な消化酵素の働きについて理解し、消化の仕組みについて考察することができるようにします。
〔第2分野(3)ア(ウ)⑦〕

○　消化によって得られた栄養分は血液によって体中に運搬されることを理解し、食べ物と血液との関係について考察できるようにします。〔第2分野(3)ア(ウ)⑦〕

○　動物によって食べ物やその摂取の仕方が異なることから、動物と食べ物との関係について多面的に理解を深めるようにします。
〔第2分野(3)ア(ウ)⑦〕

○　生命の連続性（生物の成長と増え方、遺伝の規則性と遺伝子、生物の種類の多様性と進化）についての学習を通して、生命の連続性に食が関連していることについて考察できるようにします。
〔第2分野(5)〕

○　食物連鎖の学習を通して、生物同士は食べ物でつながっていることについて理解を深め、生物と食べ物との関係について多面的に考察できるようにします。
〔第2分野(7)ア(ア)⑦〕

○　菌類や細菌類などの微生物が生物の遺体や排出物中の有機物を分解して無機物にし、それを植物が利用していることを調べることを通して、自然界における生物相互のつながりや物質の循環などについて考察できるようにします。
〔第2分野(7)ア(ア)⑦〕

第4章　各教科等における食に関する指導の展開

（ウ）実践事例
①　単元名
「生物の体のつくりと働き」

②　目標
○　細胞レベルで見た生物の共通点と相違点に気付かせ、生物と細胞、植物と動物の体のつくりと働きについての特徴を見いだして理解させるとともに、それらの観察、実験などに関する技能を身に付けさせる。
○　身近な植物や動物の体のつくりと働きについて、見通しをもって解決する方法を立案して観察、実験などを行い、その結果を分析して解釈し、生物の体のつくりと働きについての規則性や関係性を見いだして表現する。
○　生物の体のつくりと働きを総合的に理解することを通して、生命を尊重する態度を育成する。

③　食育の視点
消化の実験や食べ物の中の栄養分や栄養分が吸収される仕組みの学習を通して、動物の体には必要な物質を取り入れる仕組みがあることを観察や実験の結果と関連付けて捉え、ヒトの生活のエネルギーとなる栄養について理解を深める。
＜食事の重要性＞＜心身の健康＞

④　指導計画　(ウ) 動物の体のつくりと働き　○ア生命を維持する働き（全12時間）
○　食べ物の栄養分はどのように体に取り込まれるか調べる（3時間）
○　胃、腸などの消化器官と消化液について調べる（3時間）
○　排出の仕組みについて調べる（2時間）
○　呼吸の働きについて調べる（2時間）
○　血液の働きについて調べる（2時間）

⑤　展開例（1～6／12）
○　本時のねらい
・動物が生きるために必要な物質を取り入れ吸収している仕組みを捉える。
・食物に含まれるおもな栄養分とそのはたらきについて捉える。

主な学習活動	指導上の留意点
○動物が生きるためには、食べ物を外界から取り入れ、養分として吸収する必要があることを話し合う。 ・動物によって歯の形が違っている。 ・人の歯でも前歯と奥歯で形が違う。	○動物の種類によって食べ物が違い、歯の形が異なることから、食べ物と消化との関係について様々な視点から議論させる。

－ 96 －

食べ物の栄養分はどのようにして取り込まれているのだろうか。	
○咀しゃくの役割について話し合う。 ・食べ物を消化しやすくするために細かくする必要がある。 ○だ液の働きを実験により明らかにする。 ・だ液によって、でんぷんが糖に分解された。 ○食べ物の栄養分は、体のどこで吸収されるのかを調べまとめる。 ・食べ物は、胃や小腸、大腸などの消化器官を通って別な物に変わっていく。 ・消化される間に養分を吸収していく。 ○体に吸収される栄養分にはどのようなものがあるかを調べまとめる。 ・ブドウ糖、アミノ酸、ビタミン類などは、小腸の柔毛の毛細血管から吸収される。 ○学習を振り返り、食べ物が消化液によってどのように変化し、各器官でどのように吸収されていくのかまとめ発表する。	○咀しゃくと食物の吸収との関係について、見通しをもって考え実験計画を立てさせる。 ○ご飯やパンを噛み続けると甘くなるということなど、実験結果と生活経験とを結び付けて、だ液の働きについてまとめさせる。 ○食べたものが体のどの器官を通って吸収されるのか、図や写真などを活用してまとめさせ、消化のしくみの全体像について説明できるようにする。 ＊食べ物の中に含まれる炭水化物、脂肪、タンパク質、食塩、カルシウムなどの栄養分とその働きについて、栄養教諭が解説を行う。 ○消化によって必要な栄養分を吸収し生命の営みを行っていることについて考察させる。

（エ）他教科等との関連

　　保健体育科における望ましい生活習慣の育成や、技術・家庭科（家庭分野）における食生活に関する指導、給食の時間を中心とした指導などを相互に関連させながら、学校教育活動全体として効果的に取り組むことが重要です。また、栄養教諭の専門性を生かすために教師間の連携に努めるとともに、地域の産物を学校給食に使用するなどの創意工夫を行いつつ、学校給食の教育的効果を引き出すよう取り組むことも重要です。

エ　栄養教諭の関わり方

　　○　消化によいものや栄養のあるものなど、食と健康や成長との関係について、栄養教諭の専門性を生かして、具体的な指導を行います。

　　○　献立で使用した食材の栄養と、理科の学習で行った食べ物の消化、吸収、排出等と関連付け、給食の時間等を活用して指導を行います。

　　○　地域の生産者や、地域住民等とのネットワークを作り、学校での指導への参画、生徒の生産現場への訪問における協力確保等のためのコーディネーターとしての役割を担います。

第4章　各教科等における食に関する指導の展開

オ　食に関する題材を活用する例

○　いろいろな植物の葉・茎・根のつくりを観察する際に、食材としている野菜が植物の体のつくりのどの部分に当たるかについて取り上げることが考えられます。

(第2学年)

○　実際に栄養生殖で殖えつつあるジャガイモやイチゴなどを観察する際に、栄養生殖や植物体が命を繋ぐ営みについて取り上げることが考えられます。

(第3学年)

○　微生物の働きを調べる活動を行う際に、食品加工にも応用されていることについて取り上げることが考えられます。

(第3学年)

第4章　各教科等における食に関する指導の展開

3　生活（小学校）

ア　目標

　具体的な活動や体験を通して，身近な生活に関わる見方・考え方を生かし，自立し生活を豊かにしていくための資質・能力を次のとおり育成することを目指す。
　(1) 活動や体験の過程において，自分自身，身近な人々，社会及び自然の特徴やよさ，それらの関わり等に気付くとともに，生活上必要な習慣や技能を身に付けるようにする。
　(2) 身近な人々，社会及び自然を自分との関わりで捉え，自分自身や自分の生活について考え，表現することができるようにする。
　(3) 身近な人々，社会及び自然に自ら働きかけ，意欲や自信をもって学んだり生活を豊かにしたりしようとする態度を養う。

イ　教科の特徴

　生活科は、児童の身近な生活圏を学習の場や対象とし、児童が具体的な活動や体験を通して、それらを自分との関わりにおいて一体的に捉えるとともに、自分自身の成長に気付いていくことで、「自立し生活を豊かにしていく」教科です。そのために、児童の思いや願いを実現していく過程を重視します。特に、直接体験による対象との関わりや、振り返り、表現する活動によって気付きの質を高める指導を大切にします。
　食に関する指導においても、食事や睡眠などに関する習慣や技能を身に付けることで、規則正しく健康に気を付けて生活できるようにします。また、自分で野菜を育て、食べる活動などを通して、食の安全や命の大切さについて考えます。生活科の学習は、食に関する理解を、より身近に実感をもって深めることにつながります。

ウ　各学年の食に関連する内容
［第1学年及び第2学年］
（ア）食に関連する内容

〔学校，家庭及び地域の生活に関する内容〕
(2) 家庭生活に関わる活動を通して，家庭における家族のことや自分でできることなどについて考えることができ，家庭での生活は互いに支え合っていることが分かり，自分の役割を積極的に果たしたり，規則正しく健康に気を付けて生活したりしようとする。
(3) 地域に関わる活動を通して，地域の場所やそこで生活したり働いたりしている人々について考えることができ，自分たちの生活は様々な人や場所と関わっていることが分かり，それらに親しみや愛着をもち，適切に接したり安全に生活したりしようとする。
〔身近な人々，社会及び自然と関わる活動に関する内容〕
(5) 身近な自然を観察したり，季節や地域の行事に関わったりするなどの活動を通して，それらの違いや特徴を見付けることができ，自然の様子や四季の変化，季節に

－ 99 －

第4章　各教科等における食に関する指導の展開

よって生活の様子が変わることに気付くとともに，それらを取り入れ自分の生活を楽しくしようとする。
(7) 動物を飼ったり植物を育てたりする活動を通して，それらの育つ場所，変化や成長の様子に関心をもって働きかけることができ，それらは生命をもっていることや成長していることに気付くとともに，生き物への親しみをもち，大切にしようとする。

（イ）当該教科で指導することが考えられる例

○　児童が家庭での食に関わる自分の生活、例えば家族と一緒に食事をしたり、料理の手伝いなどをしたりしたことを振り返ります。その際、絵日記やカルタなどに表すことを通して、食事の喜びや楽しさに気付くようにします。　　　　内容 (2)

○　食べ物の好き嫌いが減り、給食で食べる量が増えたことに気付いたり、料理の手伝いに挑戦したりして、食事の楽しさや自分の成長に気付くようにします。
内容 (2)

○　季節の変化と関わりをもつ地域の伝統行事等について調べたり参加したりすることを通して、郷土食や産物について親しみをもつようにします。さらに名産物を活かした表現活動（名産物の歌やおどり、紙芝居、劇の創作等）を行うことで、地域への愛着を深めるようにします。　　　　内容 (3)(5)

○　地域探検で出会った地域の人々との交流から野菜を育て、それらを使ったおすすめ料理を作り会食を楽しんだりする会を計画します。楽しかった活動を振り返り表現する活動を通して、植物への興味・関心を高め、それらが命をもっていることや成長していること、食べ物の大切さに気付くようにします。　　内容 (5)(7)

第4章　各教科等における食に関する指導の展開

（ウ）実践事例

① 単元名　　やさいはかせになろう〔内容(7)〕

② 単元の目標
　　主体的に野菜を育てる活動を通して、変化や成長の様子に関心をもって働きかけることができ、それらは生命をもっていることや成長していることに気付くとともに、野菜への親しみをもち、世話をする楽しさや喜びを味わわせる。

③ 食育の視点
　　○　食べ物には栄養があり、好き嫌いなく食べることの大切さが分かる。
　　　　　　　　　　　　　　　　　　　　　　　　　　　　　＜心身の健康＞
　　○　食べ物を大切にし、残さずに感謝をして食べようとする。＜感謝の心＞

④ 指導計画（全12時間）
　　○　やさいパワーを見つけよう（2時間）
　　○　そだてるやさいをきめてうえよう（2時間）
　　○　やさいのせわをしよう（6時間）
　　○　やさい作りをふりかえろう（2時間）

⑤ 展開例（1・2／12）
　　○　本時の目標
　　　野菜に触れたり調理の様子を見学したりすることを通して、手触りや形、におい等に違いがあることから、野菜への関心を高め、意欲的に栽培活動に取り組もうとする。

主な学習活動	指導上の留意点
○はてなボックスの中の野菜に触れた特徴から野菜の名前を予想して発表し合い、野菜への興味・関心を高める。 ・ピーマン→でこぼこ・ふわふわ ・なす→すべすべ・とげとげ ・ミニトマト→丸い・つるつる ・オクラ→細長い・ちくちく	○大きさ、形、手触りをカード等に書き、発表・掲示することで、学級全体の様子を把握する。 ＊栄養教諭は、担任や養護教諭と情報共有し、食物アレルギーを有する児童の把握と配慮を行う。
○野菜を食べた経験や給食での食べ方を振り返り、自分の食生活に野菜がたくさん取り入れられていることに気付く。 ・好きな野菜や苦手な野菜がある。 ・知っている野菜がいろいろ献立に使われている。 ・季節ごとによく食べられる野菜がある。	○これから育てる野菜が身近な給食にも使われていることを知らせ、給食での食べ方を思い出させる。 ＊栄養教諭は、野菜には大切な働きがあり、学校給食の献立には様々な野菜が使われていることに気付かせる。 ＊栄養教諭は、ピーマンの栄養や旬の食材のよさや働きについて紹介する。

－ 101 －

第4章　各教科等における食に関する指導の展開

○これから育てる野菜の一つピーマンの種取りや、教師が炒める様子を見学し、野菜の特徴に気付く。 ・中には種がたくさんついている。 ・油で炒めるとにおいが変わった。 ○野菜料理を食べ、気付いたことを発表することで、野菜を育てる意欲を高める。	○野菜の色や形、におい、味など諸感覚を働かせた観察の視点を明確にする。 ＊栄養教諭は、おいしく野菜料理を食べるための工夫を紹介する。(カラーピーマンといっしょに炒め、見た目にもおいしそうに感じて食べられるなど。) ○発表し合う中で、野菜を食べることの大切さにも触れ、これから野菜を育てていこうとする気持ちを高めていく。

（エ）他教科等との関連

○　道徳第1・2学年D自然愛護(18)と関連させ、植物の世話を通し生命の営みを実感させたり、自分の成長を振り返るに当たっては、道徳第1・2学年A節度・節制(4)と関連させたりして指導の充実を図ることも大切です。

エ　栄養教諭の関わり方

○　学校の探検等を通して学校給食の調理場や配膳室の設備や調理等に関わる人々の存在や役割、それらが安全や衛生を守り支えていることについて分かり易く説明します。

○　学校給食における食材選択の方法や、献立作成の工夫について分かり易く説明します。

○　学校給食に使用した地域の特産物や農作物を実際に見せることで、食事への関心を一層高めたり、調和のよい食事のとり方を具体的に指導したりします。

○　地域の特産物や農作物の生産等に関する伝統的な調理法や、現在の調理法について、ポイントを絞って分かり易く説明します。

○　地域の特産物が給食に利用されていることを、地場産業の活用など地域の人々の取組と関連させながら、児童の発達の段階に合わせて紹介します。

○　地域の生産者等とのネットワークを作り、学校での指導への参画、児童の生産現場への訪問における協力確保等のためのコーディネートをします。

オ　食に関する題材を活用する例

○　学校の施設の様子や学校生活を支えている人々などについて考える際、給食室や調理員等との関わりなどを取り上げることが考えられます。(第1学年)

第4章　各教科等における食に関する指導の展開

4　家庭、技術・家庭

（1）小学校

ア　目標

　生活の営みに係る見方・考え方を働かせ，衣食住などに関する実践的・体験的な活動を通して，生活をよりよくしようと工夫する資質・能力を次のとおり育成することを目指す。
　(1) 家族や家庭，衣食住，消費や環境などについて，日常生活に必要な基礎的な理解を図るとともに，それらに係る技能を身に付けるようにする。
　(2) 日常生活の中から問題を見いだして課題を設定し，様々な解決方法を考え，実践を評価・改善し，考えたことを表現するなど，課題を解決する力を養う。
　(3) 家庭生活を大切にする心情を育み，家族や地域の人々との関わりを考え，家族の一員として，生活をよりよくしようと工夫する実践的な態度を養う。

イ　教科の特徴

　家庭科では、生活の営みに係る見方・考え方を働かせ、衣食住などに関する実践的・体験的な活動を通して、生活をよりよくしようと工夫する資質・能力を育成します。そのため、一人一人の児童が自分を生かすことができるように、題材構成や使用する教材を個に応じて工夫したり、問題解決的な学習により個に応じた課題を選択し追究したりするなど、弾力的な学習ができるようにすることが重要です。
　また、食生活を家庭生活の中で総合的に捉えるという家庭科の特質を生かし、家庭や地域との連携を図りながら健康で安全な食生活を実践するための基礎を培います。中学校との系統性を図り、食事の役割、調理の基礎、栄養を考えた食事などの基礎的・基本的な知識及び技能を確実に習得して、生活や学習の基盤となる食育を一層推進します。

ウ　各学年の食に関連する内容
[第5学年及び第6学年]
（ア）食に関連する内容

　2　内　容
　B　衣食住の生活
　次の (1) から (6) までの項目について，課題をもって，健康・快適・安全で豊かな食生活，衣生活，住生活に向けて考え，工夫する活動を通して，次の事項を身に付けることができるよう指導する。
　 (1) 食事の役割
　　ア　食事の役割が分かり，日常の食事の大切さと食事の仕方について理解すること。
　　イ　楽しく食べるために日常の食事の仕方を考え，工夫すること。

－ 103 －

第4章　各教科等における食に関する指導の展開

(2) 調理の基礎
　ア　次のような知識及び技能を身に付けること。
　　(ア) 調理に必要な材料の分量や手順が分かり，調理計画について理解すること。
　　(イ) 調理に必要な用具や食器の安全で衛生的な取扱い及び加熱用調理器具の安全な取扱いについて理解し，適切に使用できること。
　　(ウ) 材料に応じた洗い方，調理に適した切り方，味の付け方，盛り付け，配膳及び後片付けを理解し，適切にできること。
　　(エ) 材料に適したゆで方，いため方を理解し，適切にできること。
　　(オ) 伝統的な日常食である米飯及びみそ汁の調理の仕方を理解し，適切にできること。
　イ　おいしく食べるために調理計画を考え，調理の仕方を工夫すること。
(3) 栄養を考えた食事
　ア　次のような知識を身に付けること。
　　(ア) 体に必要な栄養素の種類と主な働きについて理解すること。
　　(イ) 食品の栄養的な特徴が分かり，料理や食品を組み合わせてとる必要があることを理解すること。
　　(ウ) 献立を構成する要素が分かり，1食分の献立作成の方法について理解すること。
　イ　1食分の献立について栄養のバランスを考え，工夫すること。
2　内容の取扱い
(2) 内容の「B衣食住の生活」については，次のとおり取り扱うこと。
　イ　(2)のアの(エ)については，ゆでる材料として青菜やじゃがいもなどを扱うこと。(オ)については，和食の基本となるだしの役割についても触れること。
　ウ　(3)のアの(ア)については，五大栄養素と食品の体内での主な働きを中心に扱うこと。(ウ)については，献立を構成する要素として主食，主菜，副菜について扱うこと。
　エ　食に関する指導については，家庭科の特質に応じて，食育の充実に資するよう配慮すること。また，第4学年までの食に関する学習との関連を図ること。
第3　指導計画の作成と内容の取扱い
3　実習の指導に当たっては，次の事項に配慮するものとする。
　(3) 調理に用いる食品については，生の魚や肉は扱わないなど，安全・衛生に留意すること。また，食物アレルギーについても配慮すること。

（イ）　当該教科で指導することが考えられる題材例
　B (1)「食事の役割」、(2)「調理の基礎」、(3)「栄養を考えた食事」の項目を相互に関連させて取り扱うとともに、「A家族・家庭生活」、「C消費生活・環境」の内容と関連を図るよう配慮します。
　また、理科、体育科などの教科等や学校給食との関連を考慮するとともに、第4学年までの食に関する学習との関連を図り、家庭科の特質に応じて、食育の充実に資するように配慮します。

　○　食事の役割や食事の仕方については、例えば、家庭の食事や学校給食などについて振り返り、おいしかったことや楽しかったことを話し合ったり、なぜ食べるのか

について考えたりすることを通して食事の役割を知り、日常の食事の大切さについて気付くようにします。食事の仕方については、お茶の入れ方・供し方、調理実習の試食等を体験しながら、日常の食事に必要とされるマナーや食事の配膳の仕方を具体的に扱うようにします。　　　　　　　　　　　　　　　　　　　〔B (1) ア〕

○　日常の食事の仕方については、児童の日常の生活の中から、人と共に楽しく食べるためのマナーや食卓の工夫について問題を見いだし、課題を設定するようにします。例えば、A (3)「家族や地域の人々との関わり」と関連させて、学校給食の時間に低学年の児童と共に楽しく食べるための計画を立て、自分の食事の仕方を振り返り、改善するために考え、工夫する活動などが考えられます。〔B (1) イ〕

○　調理に必要な材料の分量や手順については、必要な分量は、一人分の量から考えておよその量が分かるようにします。また、食品をおいしく調理するためには、材料や調味料を正しく計量して用いるようにし、計量スプーン、計量カップ、はかりなどの計量器具の使い方を理解できるようにします。手順については、例えば、複数の料理を作るときには、でき上がりの時間を考えて、何をどのような手順で調理するかを考えたり、身支度などの準備、食卓の用意、後片付けの時期なども考えたりする必要があることを理解できるようにします。　　　　　〔B (2) ア (ア)〕

○　加熱用調理器具の安全な取扱いについては、実習で使用する加熱調理器具の特徴が分かり、加熱の仕方と関連させた火力の調節や、火傷の防止などに留意した安全な取扱いができるようにします。　　　　　　　　　　　　　　〔B (2) ア (イ)〕

○　材料に応じた洗い方や調理に適した切り方については、洗い方や切り方を示範する際に、実物投影機やタブレット端末等の情報機器を活用して、手元がよく見えるようにします。また、盛り付けや配膳については、B (1) のイと関連させたり、学校給食の時間なども活用したりします。例えば、米飯及びみそ汁、はしなどを配膳する際には、我が国の伝統的な配膳の仕方があることが分かり、適切に配膳できるようにします。　　　　　　　　　　　　　　　　　　〔B (2) ア (ウ)〕

○　ゆでたり、いためたりする調理については、材料を変えたり調理法を組み合わせたりして、平易なものから段階的に学習できるよう計画することが大切です。また、ゆでる材料として青菜やじゃがいもなどを扱い、調理の特性を理解できるようにします。じゃがいもは芽や緑化した部分には、食中毒を起こす成分が含まれているので取り除く必要があることにも触れるようにします。　〔B (2) ア (エ)〕

○　材料に適したゆで方・いため方については、観察、実験、実習を取り入れ、調理に伴う食品の変化などについて理解を深めたり、調理の手順の根拠について考えたりできるよう配慮します。例えば、ゆで方については、食品の変化を実感させるために、野菜やいも類、卵などのゆで時間を変えて実験を行い、硬さ、色、

－ 105 －

第4章　各教科等における食に関する指導の展開

味などを観察する活動などが考えられます。　　　　　　　〔B (2) ア (エ) (オ)〕

○　伝統的な日常食である米飯及びみそ汁については、和食の基本となるだしは、煮干しや昆布、かつお節など様々な材料からとることに触れ、例えば、だしをとって作ったみそ汁とだしをとらずに作ったみそ汁を比較し、だしの役割について話し合う活動を取り入れるなど、みそ汁にだしを使うことで風味が増すことを理解できるようにします。　　　　　　　　　　　　　　　　　　　〔B (2) ア (オ)〕

○　調理計画については、効率よく作業するために、調理の手順やグループでの協力の仕方、時間配分などについて問題を見いだし、課題を設定するようにします。さらに、学校での実習を家庭での実践として展開し、実生活で活用するためには、調理計画において、一人で調理する場合も考えることができるよう配慮します。〔B (2) イ〕

○　実習の指導については、調理に用いる用具や食器の安全・衛生に留意する必要があります。特に、生の魚や肉については調理の基礎を学習していないので、衛生的な取扱いが難しいことから用いないようにします。また、児童の食物アレルギーに関する正確な情報を把握し、調理実習で扱う材料に食物アレルギーの原因となる物質を含む食品が含まれていないかなどを確認し、事故の防止に努めるようにします。　　　　　　　　　　　　　　　　　　　　　　　　〔3　実習の指導〕

○　体に必要な栄養素の種類とその主な働きについては、名称や働きを覚えることだけに重点を置くのではなく、体に必要な栄養素を食事によってとっていることに気付き、栄養を考えて食事をとることの大切さが分かるようにします。
　　　　　　　　　　　　　　　　　　　　　　　　　　　　　〔B (3) ア (ア)〕

○　食品の栄養的な特徴については、グループに分けることについて、食品には複数の栄養素が含まれていることから、必ずしもいずれかのグループに厳密に分類しなくてもよい場合もあることに配慮します。例えば、日常の食事や学校給食に使われている食品、調理実習で使った食品を調べてグループ分けする活動などを通して、多数の食品を食べていることを実感したり、食品の栄養的な特徴を具体的に理解できるようにしたりする活動などが考えられます。　　　〔B (3) ア (イ)〕

○　1食分の献立作成の方法については、献立を構成する要素として主食、主菜、副菜を扱い、これらの組合せで1食分の食事が構成されていることが分かるようにします。また、主食、主菜、副菜などの組合せを考え、それぞれの料理に含まれる食品を三つのグループに分けて栄養バランスを確認し、必要に応じて料理や汁物の実などを工夫すればよいことを理解できるようにします。例えば、主菜、副菜を例示の中から選択し、献立に含まれる食品を三つのグループに分けて栄養バランスを確認する活動などが考えられます。
　　　1食分の献立については、例えば、調理実習と関連を図り、米飯とみそ汁、ゆ

－ 106 －

第4章　各教科等における食に関する指導の展開

でたりいためたりしたおかずにどのような料理や食品を加えれば1食分の献立として栄養のバランスがよくなるかを考え、工夫する活動などが考えられます。

〔B (3) ア (ウ)・イ〕

○　調理実習においては、C (1)「物や金銭の使い方と買物」と関連を図り、食品等に付けられた日付などの簡単な表示やマークなどを確認する必要があることを理解できるようにします。例えば、調理実習に使う材料を購入する場面を想定して、表示やマークなどから、必要な情報を収集・整理し、選んだ理由や買い方について意見を交換し合う活動や計画を立てて購入の仕方を工夫する活動などが考えられます。また、C (2)「環境に配慮した生活」と関連を図り、例えば、実習材料の無駄のない使い方について発表し合うことを通して、使い方を見直す必要があることに気付かせる活動や水、電気、ガスなどの使い方を振り返り、グループで話し合う活動などが考えられます。

〔B (3) ア、イ〕

（ウ）　実践事例
①　題材名
「休日ランチ」の献立を考えよう（第6学年）

②　題材の目標
休日の昼食の献立作成を通して、栄養を考えた食事について理解し、日常の食生活から問題を見いだし課題をもって、米飯及びみそ汁、おかずを中心とした昼食の献立を工夫することができるようにする。また、自分の食生活をよりよくしようと取り組むことができるようにする。

③　食育の視点
○　望ましい栄養や食事のとり方を理解し、食品の組み合わせや栄養的なバランスを考え、食べようとすることができる。　　　　　　　　　　＜心身の健康＞

④　指導計画（全4時間）
1　献立の立て方を考えよう（1時間）
2　昼食の献立を工夫しよう（3時間）

－ 107 －

第4章　各教科等における食に関する指導の展開

⑤　展開（4時間）

主な学習活動	指導上の留意点
○1週間分の給食の献立（写真）を見て、気付いたことを話し合う。 ・たくさんおかずがあるね。 ・毎日たくさんの食品が使われているね。 ・ごはんやパンは必ずあるね。 ○給食の献立の主食、主菜、副菜に使われている食品を調べ、三つのグループに分け、気付いたことを話し合う。 ・どのグループにも食品があるね。 ・主食には「主にエネルギーのもとになる」食品が含まれているね。	○給食の献立を取り上げ、1食の食事にはたくさんの食品が使われていることやご飯やパン、めん類などの主食が必ず含まれていることなどに気付くことができるようにする。 ○食品を三つのグループに分けることにより、主食には「主にエネルギー」となる食品，主菜には「主に体をつくるもとになる」食品、副菜には「主に体の調子を整える」食品が含まれているため、主食、主菜、副菜を組み合わせることで、三つのグループの食品がそろった献立になることを理解できるようにする。 ＊栄養教諭が給食の献立表等を活用し、主食、主菜、副菜の組み合わせにより、栄養のバランスがよくなることを確認する。
○米飯とみそ汁に合う料理（主菜と副菜）を例示の中から選択し、1食分の献立を考える。 ○考えた献立に含まれる食品を三つのグループに分け、栄養のバランスを確かめる。 ・「主に体の調子を整える」食品が少ないな。 ・三つのグループがそろっているから、栄養のバランスはいいかな。 ・色どりはいいかな。 ○1食分の献立を考える際の手順や留意点をグループで話し合う。 ・主食・主菜・副菜を考える ・三つのグループの食品がそろうようにする。	○米飯とみそ汁を中心とした1食分の献立の場合、みそ汁の実に野菜などをたくさん使うと、副菜として扱うこともできることを確認する。 ○1食分の献立作成の手順を確認する。 ＊栄養教諭が、献立を考えるときの留意点について説明する。

－ 108 －

第4章　各教科等における食に関する指導の展開

○自分の日常生活を振り返り、休日の昼食についての問題を見いだし、課題を見付ける。
・野菜が少ないな。
・給食と比べると、食品の数が少ないな。
・休日は栄養のバランスがとれてないな。
○各自が自分の課題を基に、米飯、みそ汁に主菜、副菜を組み合わせ、「休日ランチ」の献立を作成する。　　　　　（2時間）

> ┌─────────────────────┐
> │　　「休日ランチ」の献立を考えよう　│
> └─────────────────────┘

・主菜を絵カードの中から選ぶ。
・これまで学習したゆでたりいためたりするおかずやデジタル教材を活用して副菜を考える。

○事前に自分の食生活調べを行わせ、児童が各自の問題を見付けられるようにする。食事調べを行う際には、プライバシーには十分配慮する。

○献立は、食品の組み合わせに重点を置いて主に栄養のバランスを中心に考えさせるが、色どりや味のバランスも大切であることに気付くことができるようにする。

○主菜、副菜どちらも考えることが難しい場合は、数種類の主菜の絵カードを教師が準備し、その中から児童に選ばせ、副菜のみを考えられるようにする。

＊栄養教諭が、食品の組み合わせや休日の昼食としてふさわしい料理について説明し、米飯とみそ汁に合う、ゆでたりいためたりしたおかずにどのような料理や食品を加えればよいかを助言する。

○調理カードやデジタル教材を活用して日常食によく用いられる簡単な料理を例示したり、地域の食材を用いた料理について説明したりする。

○作成した「休日ランチ」の献立について、三つの食品のグループの分け、栄養のバランスがとれているかどうかを確かめる。

> ・主にエネルギーのもとになる
> ・主に体をつくるもとになる
> ・主に体の調子を整えるもとになる

○「休日ランチ」の献立の工夫や栄養のバランスについて、グループで発表し合い、話し合う。

> ・献立作成で考えたこと
> ・自分で工夫したところ
> ・友達へのアドバイス

○自分の休日の昼食のとり方の課題を踏まえ、児童が課題解決に向けて、栄養のバランスのよい食事が考えられるようにする。
○「たのしい食事つながる食育P23」を参考に作成したワークシートなどを活用して、児童が栄養のバランスを確認できるようにする。
○交流活動を通して、児童が各自の考えを広げたり深めたりできるようにする。

－ 109 －

第4章　各教科等における食に関する指導の展開

○他の児童のアドバイスなどをもとに、「休日ランチ」の献立の主菜・副菜を見直す。 ・ゆで野菜に季節の野菜を一つ入れてみよう。 ・色どりをよくするために、何か追加しよう。	＊栄養教諭が、児童の作成した1食分の献立に季節の物や地域で取れる物（地域の産物）などの具体的なアドバイスを行い、児童が調和のよい食事のとり方について一層理解を深められるようにする。 ○作成した献立を休日に家庭で実践できる機会を設ける場合には、魚・肉などを扱う主菜は、家族に調理をしてもらい、児童は学校で学習した調理(副菜、汁物)を担当するなど、家族で協力して調理することを確認する。

（エ）　他教科等との関連

　　　○　体育科の第3学年及び第4学年における健康によい生活に関する学習、第4学年までの食育に関する学習を振り返り、食事の役割や日常の食事の大切さや食事の仕方についての理解を深めます。　　　　　　　　　　　　　　　　〔B (1) ア〕

　　　○　理科の第5学年における植物の種子の中の養分に関する学習で扱うでんぷんとの関連を図り、でんぷんは炭水化物の一つであることに触れて指導することもできます。　　　　　　　　　　　　　　　　　　　　　　　　　　　　〔B (3) ア(ア)〕

エ　栄養教諭の関わり方

　　　○　給食を提供する際の留意点について説明し、食物アレルギーを有する児童がいる場合は、材料にアレルギーの原因となる物質を含む食品がないかなど、学級担任や教科担当と複数で確認し、事故の防止に努めるようにします。

　　　○　給食に用いられている食品、献立の工夫、給食ができるまでの過程、児童の給食の摂取状況及び課題などについて説明したり、食品を実際に見せることにより、児童の日常の食事への関心を一層高めたりして、栄養のバランスを考えた食事のとり方の理解を一層深めます。

　　　○　給食の献立を取り上げながら、食品の種類や組み合わせ、健康に良い食事のとり方などについて説明したり、児童の作成した1食分の献立に具体的なアドバイスを行ったりします。
　　　　また、児童の作成した1食分の献立を、給食の献立の中に組み込むことなどにより、児童の食事作りへの関心を高めます。

第4章　各教科等における食に関する指導の展開

○　給食における衛生管理の取組や工夫について知らせ、調理に必要な用具や食器の安全で衛生的な取扱い及び加熱調理器具の安全な取扱い方等の具体的なアドバイスを通して、基礎的な取扱いについて理解させます。

第4章　各教科等における食に関する指導の展開

(2) 中学校　技術・家庭（家庭分野）

ア　目標

　生活の営みに係る見方・考え方を働かせ，衣食住などに関する実践的・体験的な活動を通して，よりよい生活の実現に向けて，生活を工夫し創造する資質・能力を次のとおり育成することを目指す。
　(1) 家族・家庭の機能について理解を深め，家族・家庭，衣食住，消費や環境などについて，生活の自立に必要な基礎的な理解を図るとともに，それらに係る技能を身に付けるようにする。
　(2) 家族・家庭や地域における生活の中から問題を見いだして課題を設定し，解決策を構想し，実践を評価・改善し，考察したことを論理的に表現するなど，これからの生活を展望して課題を解決する力を養う。
　(3) 自分と家族，家庭生活と地域との関わりを考え，家族や地域の人々と協働し，よりよい生活の実現に向けて，生活を工夫し創造しようとする実践的な態度を養う。

イ　教科の特徴

　技術・家庭科（家庭分野）では、生活の営みに係る見方・考え方を働かせ、衣食住などに関する実践的・体験的な活動を通して、生活を工夫し創造する資質・能力を育成します。そのため、生徒が家族・家庭や衣食住、消費・環境などの内容について個別に捉えるだけでなく、生活全体を見通し、総合的に捉えて課題を解決する方法を見いだすなど、よりよい生活の実践や社会の構築に向けて学習を進めていくことが重要です。技術・家庭科（家庭分野）の学習は、小学校家庭科の学習を踏まえ、その系統性を考慮しながら指導する必要があります。

　また、食生活を家庭生活の中で総合的に捉えるという技術・家庭科（家庭分野）の特質を生かし、家庭や地域との連携を図りながら健康で安全な食生活を実践するための基礎を培います。小学校における学習を踏まえ、他教科等との連携や学校給食との関連、高等学校家庭科との系統性を図るとともに、基礎的・基本的な知識及び技能を確実に習得し、食育を一層推進します。

ウ　分野の食に関連する内容（家庭分野）
（ア）　食に関連する内容

B 衣食住の生活
　次の(1)から(7)までの項目について，課題をもって，健康・快適・安全で豊かな食生活，衣生活，住生活に向けて考え，工夫する活動を通して，次の事項を身に付けることができるよう指導する。
　(1) 食事の役割と中学生の栄養の特徴
　　ア　次のような知識を身に付けること。
　　　(ア) 生活の中で食事が果たす役割について理解すること。

－ 112 －

第4章　各教科等における食に関する指導の展開

　　　(イ) 中学生に必要な栄養の特徴が分かり，健康によい食習慣について理解すること。
　　イ　健康によい食習慣について考え，工夫すること。
　(2) 中学生に必要な栄養を満たす食事
　　ア　次のような知識を身に付けること。
　　　(ア) 栄養素の種類と働きが分かり，食品の栄養的な特質について理解すること。
　　　(イ) 中学生の1日に必要な食品の種類と概量が分かり，1日分の献立作成の方法について理解すること。
　　イ　中学生の1日分の献立について考え，工夫すること。
　(3) 日常食の調理と地域の食文化
　　ア　次のような知識及び技能を身に付けること。
　　　(ア) 日常生活と関連付け，用途に応じた食品の選択について理解し，適切にできること。
　　　(イ) 食品や調理用具等の安全と衛生に留意した管理について理解し，適切にできること。
　　　(ウ) 材料に適した加熱調理の仕方について理解し，基礎的な日常食の調理が適切にできること。
　　　(エ) 地域の食文化について理解し，地域の食材を用いた和食の調理が適切にできること。
　　イ　日常の1食分の調理について，食品の選択や調理の仕方，調理計画を考え，工夫すること。
3　内容の取扱い
　(3) 内容の「B衣食住の生活」については，次のとおり取り扱うものとする。
　　イ　(1)のア(ア)については，食事を共にする意義や食文化を継承することについても扱うこと。
　　ウ　(2)のア(ア)については，水の働きや食物繊維についても触れること。
　　エ　(3)のア(ア)については，主として調理実習で用いる生鮮食品と加工食品の表示を扱うこと。(ウ)については，煮る，焼く，蒸す等を扱うこと。また，魚，肉，野菜を中心として扱い，基礎的な題材を取り上げること。(エ)については，だしを用いた煮物又は汁物を取り上げること。また，地域の伝統的な行事食や郷土料理を扱うこともできること。
　　オ　食に関する指導については，技術・家庭科の特質に応じて，食育の充実に資するよう配慮すること。
第3　指導計画の作成と内容の取扱い
　3　実習の指導に当たっては，施設・設備の安全管理に配慮し，学習環境を整備するとともに，火気，用具，材料などの取扱いに注意して事故防止の指導を徹底し，安全と衛生に十分留意するものとする。
　　＜中略＞また，調理実習については，食物アレルギーにも配慮するものとする。

－ 113 －

第4章　各教科等における食に関する指導の展開

（イ）　当該教科で指導することが考えられる例

　小学校家庭科で学習した「B衣食住の生活」の(1)「食事の役割」、(2)「調理の基礎」、(3)「栄養を考えた食事」に関する基礎的・基本的な知識及び技能などを踏まえ、(1)、(2)、(3)の項目を相互に関連させて適切な題材を設定し、総合的に展開できるよう配慮します。

　また、食事の役割を取り上げる際には、「A家族・家庭生活」の(1)の家族・家庭の基本的な機能と関連させ、健康・快適・安全・生活文化の継承などの視点から考えることが大切であることに気付くようにします。

　さらに、理科、保健体育科等の他教科等の学習と関連を図るために、指導の時間等にも配慮します。食育については、小学校における学習を踏まえ、他教科等との連携や学校給食との関連、高等学校家庭科との系統性を図るとともに、基礎的・基本的な知識及び技能の確実な定着を図るようにします。

○　生活の中で食事が果たす役割については、小学校の学習を踏まえ、食事を共にすることが人間関係を深めたり、偏食を改善し、栄養のバランスのよい食事につながったりすること、行事食や郷土料理など、食事が文化を伝える役割もあることを食生活調べや話合いなどの活動を通して、具体的に理解できるようにします。なお、食生活調べなど生徒の家庭での食事を取り上げる場合には、生徒のプライバシーに十分配慮します。　　　　　　　　　　　　　　　　　　　〔B (1) ア (ア)〕

○　中学生に必要な栄養の特徴については、身体の成長が盛んで活動が活発な時期であるため、エネルギー及びたんぱく質やカルシウムなどの栄養素を十分に摂取する必要があることが分かり、日常生活で栄養的に過不足のない食事をとる必要があることを理解できるようにします。例えば、身長や体重などの身体的発達の変化と食事摂取基準などから、調べる活動などが考えられます。　　〔B (1) ア (イ)〕

○　健康によい食習慣については、健康などを視点として、自分の食習慣について課題を設定し、その解決方法を話し合い、自分の考えを明確にしたり、他者と意見を共有して互いの考えを深めたりできるようにします。　　　　　　〔B (1) イ〕

○　栄養素の種類と働きについては、小学校における五大栄養素の基礎的学習を踏まえ、いろいろな栄養素が相互に関連し合い健康の保持増進や成長のために役立っていることが理解できるようにします。また、食品の栄養的な特徴については、食品に含まれる栄養素の種類と量など栄養的な特質によって食品は食品群に分類されることを理解できるようにします。例えば、学校給食や弁当の献立、家庭での食事などに使われている食品の栄養成分を日本食品標準成分表を用いて調べたり、それらの食品を食品群に分類したりして、食品の栄養的な特質を確認する活動などが考えられます。　　　　　　　　　　　　　　　　　　　　〔B (2) ア (ア)〕

○　中学生の1日に必要な食品の種類と概量については、実際の食品を食品群に分類したり、計量したりすることなどの活動を通して、1日に必要な食品の概量を

－ 114 －

第4章　各教科等における食に関する指導の展開

実感できるようにします。その際、食品群別摂取量の目安などの細かな数値にとらわれるのではなく、食事を食品の概量で捉えられるようにします。〔B (2) ア (イ)〕

○　中学生の1日分の献立作成の方法については、給食の献立や料理カード、デジタル教材などを活用して、1日3食のうち幾つかを指定して残りの献立を立案するなど、1日分の献立について全体的な栄養のバランスを考えることができるようにします。例えば、(3)「日常食の調理と地域の食文化」のアの (ウ) や (エ) との関連を図り、実習する献立や伝統的な郷土料理、自分で作る昼食の弁当の献立を中心に1日分の献立を考える活動などが考えられます。また、学校給食が実施されている学校では、給食の献立も活用することができます。　　　　　　　　　　　　　　　〔B (2) イ〕

○　用途に応じた食品の選択については、目的、栄養、価格、調理の能率、環境への配慮などの諸条件を考えて選択することが大切であることを理解できるようにします。(3) のアの (イ)、(ウ) 又は (エ) との関連を図り、例えば、調理実習で使用する生鮮食品や加工食品の表示を調べたり、手作りのものと市販の加工食品などを比較して用途に応じた選択について話し合ったりする活動などが考えられます。　　〔B (3) ア (ア)〕

○　食品の安全と衛生に留意した管理については、特に、魚や肉などの生の食品について、食中毒予防のために、安全で衛生的に取り扱うことができるようにします。食品の保存方法と保存期間の関係については、食品の腐敗や食中毒の原因と関連付けて理解できるようにします。　　　　　　　　　　　　　　　〔B (3) ア (イ)〕

○　材料に適した加熱調理の仕方については、小学校で学習したゆでる、いためる調理に加え、煮る、焼く、蒸す等を扱います。蒸すについては、ゆでる、いためる調理などと比較することにより、水蒸気で加熱する蒸し料理の特徴を理解できるようにします。また、火加減の調節が大切であることを理解させ、加熱器具を適切に操作して、魚、肉、野菜などを用いた基礎的な調理ができるようにします。〔B (3) ア (ウ)〕

○　地域の食材を用いた和食の調理については、日常食べられている和食として、だしと地域又は季節の食材を用いた煮物又は汁物を取り上げ、地域との連携を図るようにします。例えば、地域又は季節の食材について調べ、それらを用いた煮物又は汁物などの和食の調理を扱います。また、地域の実態に応じて、地域の伝統的な行事食や郷土料理を扱うことも考えられます。　　　　　　〔B (3) ア (エ)〕

○　日常の1食分の調理については、例えば (3) のアの (ウ) や (エ) で扱う料理を用いた栄養のバランスのよい1食分の献立を実習題材として設定し、そのための食品の選択や調理の仕方を考え、調理計画を立てて実践することが考えられます。1食分の調理については、グループで行う場合や、1人で行う場合などが考えられますが、いずれにおいても、実践を通して考えたことや学んだことをグループや学級内で話し合う活動などを工夫し、効果的に学習を展開できるようにします。　　〔B (3) イ〕

－ 115 －

第4章　各教科等における食に関する指導の展開

○　「食生活についての課題と実践」については、食生活を見直して課題を設定し、計画、実践、評価、改善という一連の学習活動を重視し、問題解決的な学習を進めるようにします。例えばB (3)「日常食の調理と地域の食文化」とC (2)「消費者の権利と責任」との関連を図り、環境に配慮して調理することを課題として設定し、計画を立てて実践する活動などが考えられます。　　　　　　　　　〔B (7)ア〕

○　実習の指導については、調理実習で扱う食材にアレルギーの原因となる物質を含む食品が含まれていないかを確認します。食品によっては直接口に入れなくても、手に触れたり、調理したときの蒸気を吸ったりすることで発症する場合もあるため、生徒の食物アレルギーに関する正確な情報把握に努めます。　　〔3　実習の指導〕

（ウ）　実践事例
　①　題材名
　　　「地域の食材を用いた和食を作ろう」

　②　題材の目標
　　　地域の食材を用いた和食の調理を通して、地域の食材のよさや食文化について理解し、それらを用いた和食の調理ができるようにする。

　③　食育の視点
　　　○　自分たちの住む地域には、昔から伝わる調理や季節・行事にちなんだ料理があることを理解し、興味・関心をもつことができる。　　　　　　＜食文化＞

　④　指導計画　（全5時間）
　　　1　地域の食材を用いた和食の調理を調べよう　　　　　　　　　　　（1時間）
　　　2　地域の食材を用いた1食分の和食の献立を立てよう　　　　　　　（1時間）
　　　3　地域の食材を用いた1食分の和食の調理の計画を立てよう　　　　（1時間）
　　　4　地域の食材を用いた1食分の和食の調理をしよう　　　　　　　　（2時間）

　⑤　展開（5時間）

主な学習活動	指導上の留意点
○地域又は季節の食材やそれらを用いた調理のよさについて話し合う。	＊栄養教諭が、給食に取り入れている地域又は季節の食材やそれらを用いた調理について説明する。
○事前のインタビューや広告などを基に、身近な地域で生産されている食材についてグループで調べる。 ・家の周りでは、○○が育てられていたよ。 ・スーパーには地元で生産された○○が売っ	○事前にインタビューなどを行うことで、地域の食材に関心をもたせ、主体的に学習に取り組めるようにする。また、地域のお店の広告なども活用して調べることができるよう助言する。ま

－ 116 －

	た、地域のお店の広告なども活用して調べることができるよう助言する。さらに地域の人材を招いたり、インタビューのVTRを視聴したりすることも考えられる。

ていたよ。
・給食の献立表にも書いてあったね。
○地域又は季節の食材を用いた料理や地域に伝わる料理についてグループで調べる。
　・地域の祭りのときにいつも食べている料理があるね。
　・私の家では、お母さんがおばあちゃんから教わったと話していたよ。
○学級全体で、グループで話し合ったことを発表し合う。

○学級全体で話し合ったり、カード等でまとめたものを掲示したりして、地域の食材や地域に伝わる料理について、生徒が共有できるようにする。

○グループで地域の食材を用いた1食分の和食の献立を立てる。

> ・献立（主食、主菜、副菜）
> ・調理法（煮る、焼く、蒸す等）

○立てた献立を他のグループと交換し、アドバイスし合う。
・付箋紙にアドバイスを記入し、献立表に貼る。
　　青・・・よいところ
　　黄色・・改善した方がよいところ
○他のグループからのアドバイスを基に献立を見直す。

○日常食べられる和食として、だしを用いた煮物又は汁物を取り上げる。
○献立の学習や前時に交流した地域の食材や料理についての学習を生かして献立を考えることができるよう助言する。
○調理カード等の資料を準備し、生徒が地域の食材を生かし、工夫した献立を考えられるようにする。その際、栄養教諭が学校給食の献立を例に、季節の食材や栄養のバランスについて補足する。
○付箋紙などを活用し、他のグループの献立について、検討できるようにする。

○グループで見直した1食分の和食の献立の調理計画を立てる。
・主食、主菜、副菜の調理の手順を調べる。
・グループで調理の分担を話し合う。

○調理の手順については、コンピュータなどの情報手段や調理カード、デジタル教材等を活用して調べたり、地域の人材に助言をしてもらったりすることも考えられる。
○既習の調理計画の学習や生徒の生活経験と関連付けて考え、具体的に計画を立てることができるよう助言する。

－ 117 －

第4章　各教科等における食に関する指導の展開

○作成した調理計画を基にグループで調理実習のシュミレーションを行い、調理計画を見直す。	○調理実習のシミュレーションを行うことで、熱源や包丁・まな板など使用状況や分担を再確認し、複数の調理を効率よく行うことができるようにする。
○安全と衛生や作業能率に留意して、1食分の和食の献立の調理を行う。（2時間） ○示範を見てだしの取り方について確認する。 ○調理計画に基づいてグループで調理を行う。 ○実習について振り返り、評価する。 ・実習を通して考えたこと ・実習を通して学んだこと ・次の学習や生活に生かしたいこと 　　　　　　　　　　　　　　　など ○全体で実践を発表し合う。	○だしの取り方を示範し、調理のポイントを理解できるようにする。 ○食品の適切な洗い方、切り方、加熱方法、調味方法、調理用具の安全で衛生的な取扱い方について助言する。 ○調理実習の際にも、地域の人材を活用し協力を得ることで、安全に作業を進めることも考えられる。 ○実習の振り返りを通して、生徒が課題を解決できた達成感や実践できた喜びを味わわせ、次の学習に主体的に取り組むことができるようにする。

（エ）　他教科等との関連

○　「食事の役割と中学生の栄養の特徴」や「中学生に必要な栄養を満たす食事」の学習では、特別活動における学級活動(2)オ「食育の観点を踏まえた学校給食と望ましい食習慣の形成」の学習や理科[第2分野]「生物の体のつくりと働き」や保健体育科[保健分野]「健康な生活と疾病の予防」の学習と関連を図ると効果的です。

エ　栄養教諭の関わり方

○　給食に用いられている食品、献立の工夫、給食ができるまでの過程、生徒の給食の摂取状況及び課題などについて説明したり、食品を実際に見せたりすることにより、生徒の日常食や地域の食材への関心を高めたり、中学生の時期の健康と食事との関わりについての理解を一層深めたりします。

○　給食の献立を取り上げながら、中学生の時期の栄養や食品の組み合わせ、日常食としてふさわしい料理について説明したり、1日分の献立作成の方法や、作成した献立に具体的なアドバイスを行ったりします。また、生徒の作成した献立を、給食の献立の中に組み込むことなどにより、生徒の献立作成への意欲や関心を一層高めます。

○　給食における食中毒予防のための衛生管理の取組や工夫について知らせ、調理実習で使用する食材や用具、食器の安全で衛生的な取扱いについての理解を一層深めま

第4章　各教科等における食に関する指導の展開

す。また、食物アレルギーを有する生徒がいる場合は、材料にアレルギーの原因となる物質を含む食品がないかなどを確認し、事故の防止に努めるようにします。

第4章　各教科等における食に関する指導の展開

5　体育、保健体育

（1）小学校
体育（保健領域）

ア　目標

　体育や保健の見方・考え方を働かせ，課題を見付け，その解決に向けた学習過程を通して，心と体を一体として捉え，生涯にわたって心身の健康を保持増進し豊かなスポーツライフを実現するための資質・能力を次のとおり育成することを目指す。
　(1) その特性に応じた各種の運動の行い方及び身近な生活における健康・安全について理解するとともに，基本的な動きや技能を身に付けるようにする。
　(2) 運動や健康についての自己の課題を見付け，その解決に向けて思考し判断するとともに，他者に伝える力を養う。
　(3) 運動に親しむとともに健康の保持増進と体力の向上を目指し，楽しく明るい生活を営む態度を養う。

イ　教科の特徴

　体育科は、体育や保健の見方・考え方を働かせ、生涯にわたって運動やスポーツを豊かに実践するための資質や能力、健康で安全な生活を営む実践力及びたくましい心身を育てることによって、現在及び将来とも楽しく明るい生活を営むための基礎づくりを目指す教科です。

　特に、保健領域では、保健の見方・考え方を働かせ、健康・安全についての基礎的・基本的な内容を、グループ活動や実習などを取り入れながら、実践的に理解することを通して、自らの生活行動や身近な生活環境における課題を把握し、改善できる資質や能力を培うことが重要です。

　体育科における食に関する指導については、健康に関わる食に関する基礎的な内容について実践的に理解させるとともに、健康的な生活習慣の形成に結び付くように配慮することが大切です。

ウ　各学年の食に関連する内容
［第3学年及び第4学年］
　（ア）食に関連する内容

G 保健
　(1) 健康な生活
　　健康な生活について，課題を見付け，その解決を目指した活動を通して，次の事項を身に付けることができるよう指導する。
　ア　健康な生活について理解すること。

－ 120 －

第4章　各教科等における食に関する指導の展開

(イ) 毎日を健康に過ごすには，運動，食事，休養及び睡眠の調和のとれた生活を続けること，また，体の清潔を保つことなどが必要であること。
イ　健康な生活について課題を見付け，その解決に向けて考え，それを表現すること。
(2) 体の発育・発達
体の発育・発達について，課題を見付け，その解決を目指した活動を通して，次の事項を身に付けることができるよう指導する。
ア　体の発育・発達について理解すること。
(ウ) 体をよりよく発育・発達させるには，適切な運動，食事，休養及び睡眠が必要であること。
イ　体がよりよく発育・発達するために，課題を見付け，その解決に向けて考え，それを表現すること。
第3　指導計画の作成と内容の取扱い
2　第2の内容の取扱いについては，次の事項に配慮するものとする。
(10) 保健の内容のうち運動，食事，休養及び睡眠については，食育の視点も踏まえつつ，健康的な生活習慣の形成に結び付くよう配慮するとともに，保健を除く第3学年以上の各領域及び学校給食に関する指導においても関連した指導を行うようにすること。

（イ)　当該教科で指導することが考えられる例

○　健康の保持増進には、1日の生活の仕方が深く関わっており、1日の生活のリズムに合わせて、運動、食事、休養及び睡眠をとることが必要であることを理解できるようにします。　　　　　　　　　　　　　　　　　　　　〔G (1) ア (イ)〕

○　運動、食事、休養及び睡眠などの学習したことと、自分の生活とを比べたり、関連付けたりして、1日の生活の仕方や生活環境を整えるための方法を考えます。その際、学校給食などは、学校全体で計画的に行われていることを取り上げ、保健活動の大切さを気付かせたり、考えさせたりします。　　　　　　　　〔G (1) イ〕

○　体をよりよく発育・発達させるための生活について、学校給食の献立のように多様な食品をとることができるような、バランスのとれた食事が必要であることを理解できるようにします。その際、体をつくる基になるたん白質、不足がちなカルシウム、不可欠なビタミンなどを摂取する必要があることについても触れるようにします。〔G (2) ア (ウ)〕

○　体をよりよく発育・発達させるための生活について、学習したことを自己の食生活と比べたり、関連付けたりするなどして適切な解決方法を考えるようにします。　　　　　　　　　　　　　　　　　　　　　　　　　　　　　　〔G (2) イ〕

○　体の発育・発達について、自己の発育・発達や体をよりよく発育・発達させるために考えたことを、学習カードなどに書いたり、発表したりして伝え合えるようにします。　　　　　　　　　　　　　　　　　　　　　　　　　　　　〔G (2) イ〕

－ 121 －

第4章　各教科等における食に関する指導の展開

［第5学年及び第6学年］
（ア）　に関連する内容

G 保健
　(3) 病気の予防
　　　病気の予防について，課題を見付け，その解決を目指した活動を通して，次の
　　事項を身に付けることができるよう指導する。
　　ア　健康な生活について理解すること。
　　　(ア) 病気は，病原体，体の抵抗力，生活行動，環境が関わりあって起こること。
　　　(イ) 病原体が主な要因となって起こる病気の予防には，病原体が体に入るのを防ぐ
　　　　ことや病原体に対する体の抵抗力を高めることが必要であること。
　　　(ウ) 生活習慣病など生活行動が主な要因となって起こる病気の予防には，適切な
　　　　運動，栄養の偏りのない食事をとること，口腔の衛生を保つことなど，望ましい生
　　　　活習慣を身に付ける必要があること。
　　　(エ) 地域では，保健に関わる様々な活動が行われていること。
　　イ　病気を予防するために，課題を見付け，その解決に向けて思考し判断するとともに，
　　　それらを表現すること。

（イ）　当該教科で指導することが考えられる例
　　○　病原体が主な要因となって起こる病気の予防には、病原体の発生源をなくしたり、
　　　移る道筋を断ち切ったりして病原体が体に入るのを防ぐこと、また、適切な運動、食事、
　　　休養及び睡眠をとることなどによって、体の抵抗力を高めることが必要であることを理解
　　　します。　　　　　　　　　　　　　　　　　　　　　　　　　　　　　　　〔G (3) ア (イ)〕

　　○　生活行動が主な要因となって起こる病気の予防には、糖分、脂肪分、塩分などを
　　　摂りすぎる偏った食事や間食を避けたり、口腔の衛生を保ったりすることなど、健康によ
　　　い生活習慣を身に付ける必要があることを理解します。　　　　　　〔G (3) ア (ウ)〕

　　○　病気の予防や回復に関する課題について、学習したことを活用して解決の方法を考
　　　えたり、選んだりします。　　　　　　　　　　　　　　　　　　　　　　　　〔G (3) イ〕

（ウ）　実践事例
　　①　単元名
　　　「体の発育・発達」　ア (ウ)　体をよりよく発育・発達させるための生活
　　②　単元の目標
　　　○　体をよりよく発育・発達させるためには、適切な運動、調和のとれた食事、休養
　　　　及び睡眠が必要であることを理解できるようにする。　　　　　　　　　　　（知識）
　　　○　体をよりよく発育・発達させるための生活について、学習したことを自己の生活と比
　　　　べたり、関連付けたりするなどして適切な解決方法を考えられるようにする。
　　　　　　　　　　　　　　　　　　　　　　　　　　　　　　　（思考力，判断力，表現力等）

－ 122 －

第4章　各教科等における食に関する指導の展開

○　体をよりよく発育・発達させるための生活について、関心をもち、学習活動に意欲的に取り組むようにする。　　　　　　　　　　　　　　　（学びに向かう力，人間性等）

③　食育の視点
　　○　体をよりよく発育・発達させるには、運動とともに、栄養バランスのとれた食事、適切な休養及び睡眠が必要であることが分かる。　　　　　　　　＜心身の健康＞

④　指導計画（全4時間）
　　○　変化してきたわたしの体　　　　　　　　　　　　　　　　　　　　　（1時間）
　　○　大人に近づく体　　　　　　　　　　　　　　　　　　　　　　　　　（1時間）
　　○　体の中で起こる変化　　　　　　　　　　　　　　　　　　　　　　　（1時間）
　　○　すくすく育て　わたしの体　　　　　　　　　　　　　　　　　　　　（1時間）

⑤　展開例（第4／4時）
　　○　本時の目標
　　　　　自分の生活を振り返り、運動、食事、休養及び睡眠が適切かを考えることができる。

主な学習内容・活動	指導上の留意点
○前時までの学習（体の発育・発達、思春期の心と体の変化）について確認する。	○前時の学習を想起することによって、体の発育・発達や思春期の心と体の変化について再確認し、成長することへの期待をもつことができるようにする。
体をよりよく成長させるために，大切なことを考えよう。	
○よりよく発育・発達するために必要なことを知る。	○第3学年の保健学習を想起させ、学習したことを提示することで、よりよく発育・発達するための生活の仕方を具体的に考えられるようにする。
○学校給食の献立表から、様々な食品が使用されていることを考える。	○献立表や、たのしい食事つながる食育 P16「元気な体に必要な食事」など、分かりやすい資料を提供し、様々な食品が使用されていることを見付けたり、彩りなども考えたりしながら、給食の献立の素晴らしさについて理解できるようにする。
○体を発育・発達させるための食事について調べ、発表する。	○献立表や、「元気な体に必要な食事」などの資料から、成長期に必要な食品を選択し、なぜ、必要かをわかりやすく友達に説明できるようにする。
○体を発育・発達させるための運動、休養及び睡眠について話し合う。	○体をよりよく発育・発達させるための生活の仕方には、調和のとれた食事、適切な運動、休養及び睡眠が必要であることをワークシートに書く。書いたものをもとにグループで話し合うようにする。

－ 123 －

第4章　各教科等における食に関する指導の展開

	＊体をよりよく発育・発達させるための生活について、活発に話合いが行われるよう適宜指導する。
○自分の生活を振り返り、適切な運動、調和のとれた食事、休養及び睡眠が必要であることが実践できているか確認する。 ○本時の学習のまとめをする。	○ワークシートを基に、運動と食事、休養及び睡眠の関係について気付くようにし、今後の生活に生かすように促す。 ○学習したことが自分に当てはめるとどうなのか確認させ、今後のめあてをもつ。

（エ）　他教科等との関連

　理科で学習する「人の体のつくりと運動」と関連付け、「調和のとれた食事」をとることの必要性について指導の充実を図ります。

　また、体育科で学習した健康に関する内容から生まれた疑問や課題を、総合的な学習の時間において、個人や集団の課題として発展的に学習することも可能です。

エ　栄養教諭の関わり方

○　「健康な生活」では、事例を基にした学習やグループ学習等を取り入れ、第3学年の発達の段階を踏まえて指導します。その際、食事だけを扱うのではなく、1日の生活のリズムに合わせて運動、休養及び睡眠をとることが必要であることを指導します。

○　「体の発育・発達」では、調和のとれた食事とはどのようなものか、学校給食の献立を中心に具体的に分かる教材を生かして指導を行います。また、具体的で分かりやすい図表や資料を準備し、体をよりよく発育・発達させるための食事の仕方について指導を行います。

○　「体の発育・発達」では、体をつくるもとになるたんぱく質、不足しがちなカルシウム、不可欠なビタミンについては、運動、休養と併せて体の発育・発達に必要であることを理解させます。また初めて栄養素について学習するので、第4学年でも理解できるような分かりやすい教材を準備し、指導します。

○　「病気の予防」では、食事などの生活行動が主な要因となって起こる生活習慣病を教材として取り上げ、専門的な立場から資料の提供や具体的な対策等の指導を行います。また、課題解決的な学習を展開する場合は、課題追究している児童に対して、専門的な立場から資料の提供や具体的な対策等の支援を行います。

○　日常の問題ある食生活の積み重ねが生活習慣病を引き起こすことがあることについて事例や図表等を示したり、生活行動を改善する具体的な手だてを示したりします。

第4章　各教科等における食に関する指導の展開

○　運動、食事、休養及び睡眠については、食育の観点も踏まえつつ健康的な生活習慣の形成に結び付くよう配慮して指導します。

○　授業で扱う栄養素、食品、生活習慣病についての課題追究などは、抽象的な話で終了することなく、積極的に ICT 等を活用したり、一斉指導と個別指導を組み合わせたりして、どの児童にも理解できるよう工夫して指導します。

○　栄養教諭のネットワークを生かして、食品等の業者担当者と連携を図り、実際の食品等を提示して児童の興味・関心を高めて話し合いをさせるなど、深い学びにつなげる指導をします。

第4章　各教科等における食に関する指導の展開

(2) 中学校
保健体育

ア　目標

体育や保健の見方・考え方を働かせ，課題を発見し，合理的な解決に向けた学習過程を通して，心と体を一体として捉え，生涯にわたって心身の健康を保持増進し豊かなスポーツライフを実現するための資質・能力を次のとおり育成することを目指す。
(1) 各種の運動の特性に応じた技能等及び個人生活における健康・安全について理解するとともに，基本的な技能を身に付けるようにする。
(2) 運動や健康についての自他の課題を発見し，合理的な解決に向けて思考し判断するとともに，他者に伝える力を養う。
(3) 生涯にわたって運動に親しむとともに健康の保持増進と体力の向上を目指し，明るく豊かな生活を営む態度を養う。

イ　教科の特徴

保健体育科は、体育や保健の見方・考え方を働かせ、生涯にわたる豊かなスポーツライフを実現するための資質や能力、健康で安全な生活を営む実践力及びたくましい心身を育てることによって、現在及び将来の生活を健康で活力に満ちた明るく豊かなものにすることを目指す教科です。

特に、保健分野では、保健の見方・考え方を働かせ、健康・安全についての科学的理解を通して、生徒が現在及び将来の生活において健康・安全の課題に直面した場合に、的確な思考・判断を行うことができるよう、自らの健康を適切に管理し改善していく思考力・判断力などの資質や能力を育成することが重要です。

保健体育科（保健分野）における食に関する指導については、健康に関わる食に関する内容について、科学的に理解させるとともに、健康的な生活習慣の形成に結び付くように配慮することが大切です。

ウ　分野の食に関連する内容
［保健分野］
（ア）　食に関連する内容

2　内　容
(1) 健康な生活と疾病の予防
健康な生活と疾病の予防について，課題を発見し，その解決を目指した活動を通して，次の事項を身に付けることができるよう指導する。
ア　健康な生活と疾病の予防について理解を深めること。
(イ) 健康の保持増進には，年齢，生活環境等に応じた運動，食事，休養及び睡眠の調和のとれた生活を続ける必要があること。
(ウ) 生活習慣病などは，運動不足，食事の量や質の偏り，休養や睡眠の不足など

－ 126 －

第4章　各教科等における食に関する指導の展開

の生活習慣の乱れが主な要因となって起こること。また，生活習慣病の多くは，適切な運動，食事，休養及び睡眠の調和のとれた生活を実践することによって予防できること。

3　内容の取扱い
(3) 内容の (1) のアの (イ) 及び (ウ) については，食育の観点も踏まえつつ健康的な生活習慣の形成に結び付くように配慮するとともに，必要に応じて，コンピュータなどの情報機器の使用と健康との関わりについて取り扱うことにも配慮するものとする。また，がんについても取り扱うものとする。

第3　指導計画の作成と内容の取扱い
2　第2の内容の取扱いについては，次の事項に配慮するものとする。
(6) 第1章総則の第1の2の (3) に示す学校における体育・健康に関する指導の趣旨を生かし，特別活動，運動部の活動などとの関連を図り，日常生活における体育・健康に関する活動が適切かつ継続的に実践できるよう留意すること。なお，体力の測定については，計画的に実施し，運動の指導及び体力の向上に活用するようにすること。

（イ）　当該教科で指導することが考えられる例

○　食事には、健康な体をつくるとともに、運動などによって消費されたエネルギーを補給する役割があることを理解できるようにします。また、健康を保持増進するためには、毎日適切な時間に食事をすること、年齢や運動量等に応じて栄養素のバランスや食事の量などに配慮することが必要であることを理解できるようにします。　〔(1) ア (イ) ㋑〕

○　心身の健康は生活習慣と深く関わっており、健康を保持増進するためには、年齢、生活環境等に応じた適切な運動、食事、休養及び睡眠の調和のとれた生活を続けることが必要であることを理解できるようにします。　〔(1) ア (イ) ㋒〕

○　生活習慣病は、日常の生活習慣が要因となって起こる疾病であり、適切な対策を講ずることにより予防できることを、例えば、心臓病、脳血管疾患、歯周病などを適宜取り上げ理解できるようにします。その際、運動不足、食事の量や質の偏り、休養や睡眠の不足、喫煙、過度の飲酒などの不適切な生活行動を若い年代から続けることによって、やせや肥満などを引き起こしたり、また、心臓や脳などの血管で動脈硬化が引き起こされたりすることや、歯肉に炎症等が起きたり歯を支える組織が損傷したりすることなど、様々な生活習慣病のリスクが高まることを理解できるようにします。生活習慣病を予防するには、適度な運動を定期的に行うこと、毎日の食事における量や頻度、栄養素のバランスを整えること、喫煙や過度の飲酒をしないこと、口腔の衛生を保つことなどの生活習慣を身に付けることが有効であることを理解できるようにします。　〔(1) ア (ウ) ㋐〕

第4章　各教科等における食に関する指導の展開

（ウ）　実践事例
① 　単元名　「健康な生活と疾病の予防」　ア(ウ) 生活習慣病などの予防

② 　単元の目標
○ 　生活行動や生活習慣と健康について、基礎的な事項及びそれらと生活との関わりを理解することができるようにする。　　　　　　　　　　　　　　　　　　（知識）
○ 　生活行動や生活習慣と健康について、課題の解決を目指して、科学的に考え、判断できるようにしたり、表現したりすることができるようにする。
　　　　　　　　　　　　　　　　　　　　　　　（思考力，判断力，表現力等）
○ 　生活行動や生活習慣と健康について関心をもち、学習活動に意欲的に取り組むことができるようにする。　　　　　　　　　　　　（学びに向かう力，人間性等）

③ 　食育の視点
○ 　様々な食品の栄養的な特徴や栄養バランスのとれた食事の必要性など、心身の成長や健康の保持増進の上で望ましい栄養や食事のとり方を理解し、自ら管理していく能力を身に付ける。　　　　　　　　　　　　　　　　　　＜心身の健康＞

④ 　指導計画（全5時間）
○ 　健康の成り立ち　　　　　　　　　　　　　　　　　　　　　　（1時間）
○ 　運動と健康　　　　　　　　　　　　　　　　　　　　　　　　（1時間）
○ 　食生活と健康　　　　　　　　　　　　　　　　　　　　　　　（1時間）
○ 　休養·睡眠と健康　　　　　　　　　　　　　　　　　　　　　　（1時間）
○ 　生活習慣病とその予防　　　　　　　　　　　　　　　　　　　　（1時間）

⑤ 　展開例（第3／5時）
○ 　本時の目標
　　生活行動·生活習慣と健康について、不適切な生活習慣による身体への影響を振り返り、自分の食習慣と照らし合わせ、年齢に応じた栄養素のバランスや食事の量など、正しい食生活について考えることができる。

主な学習活動	指導上の留意点
○自分の1日の食生活を振り返る。	○ある1日の自分の生活について、食生活を中心に振り返り、どんな問題があるか考えるようにする。
健康な生活を送るために，どのような食生活を行えばよいか考えよう。	
○バランスのとれた食事とはどんなものか考える。 《参考資料》 ・食品別エネルギー量	○資料を基に、自力で考えた後、年齢や運動量に応じて栄養素のバランスや食事の量などに配慮することが必要なことを話し合ったり考え合わせたりする。

- 128 -

・作業・運動別の消費エネルギー量 ・栄養素の不足やとりすぎによる障害例 ○規則正しい食生活について考え、まとめたことを発表する。 　・朝食の欠食が与える影響 　・夜遅くの食事 　・過度のダイエット 　・部活動に必要な栄養 　・間食の必要性　等 ○食事と健康について話し合う。	○参考資料から分かった問題点について、専門的な立場から具体的な助言をする。 ○運動などによって消費されたエネルギーを食事によって補給することは必要なことを助言する。 ＊朝食欠食や過度のダイエットの問題点について専門的な立場から助言する。 ＊年齢や運動量に応じた栄養のバランスや食事の量について、学校給食の献立を例にアドバイスする。 ○健康の保持増進や疾病の予防をするためには、調和のとれた食事が必要であることを話題の中心として、話し合わせる。 ○仲間の意見から改めて気付いたことをこれからの生活に生かすよう指導する。

（エ）　他教科等との関連

　技術・家庭科（家庭分野）の「食生活」において、食品の栄養的特質や中学生の１日に必要な食品の種類と概量について学習したことと関連付け、生活行動・生活習慣と健康を学習し、規則正しい食生活について考えさせるなど、健康の保持増進のための食事のとり方について理解を深めます。

エ　栄養教諭の関わり方

　　○　食生活と健康で、学校給食の献立を教材として、年齢や運動量に応じた栄養素のバランスや食事の量について専門的な知識を生かした指導を行います。

　　○　食生活と生活習慣病との関わりについて、塩分や脂肪分を控えた学校給食の献立を教材として活用したり、生徒に分かりやすく説明する具体的な教具を工夫したり、実験や実習等を取り入れたりした指導を行います。

　　○　学習した後、食事摂取時間の不規則化、朝食欠食の日常化、栄養摂取の偏り等が見られる生徒に対して個別指導を行い、生活環境などに応じた、望ましい食生活が送れるよう支援します。

　　○　食生活と健康で、学校給食の献立を教材として、年齢や運動量に応じた栄養素のバランスや食事の量について専門的な知識を生かした指導を行います。

　　○　家庭や地域など外部との連携を図り、栄養教諭のネットワークを生かして、科学的で分かりやすい資料作成を行います。

第4章　各教科等における食に関する指導の展開

オ　食に関する題材を活用する例

○　健康は、主体と環境を良好な状態に保つことにより成り立っていること、健康が阻害された状態の一つが疾病であること、疾病は、主体の要因と環境の要因とが相互に関わりながら発生することなどについて学習する際、主体の要因として、年齢、性、免疫、遺伝などの素因と、生後に獲得された運動、食事、休養及び睡眠を含む生活上の様々な習慣や行動などがあることを取り上げることが考えられます。（第1学年）

○　感染症は、病原体が環境を通じて主体に感染することで起こる病気であり、適切な対策を講ずることにより感染のリスクを軽減することができることについて学習する際、例えば、ノロウイルスによる感染性胃腸炎等を取り上げたり、感染症の予防に関して、身体の抵抗力を高めるために栄養状態を良好にするなどを取り上げたりすることが考えられます。（第3学年）

第4章　各教科等における食に関する指導の展開

6　道徳

（1）小学校
ア　目標

　第1章総則の第1の2の(2)に示す道徳教育の目標に基づき，よりよく生きるための基盤となる道徳性を養うため，道徳的諸価値についての理解を基に，自己を見つめ，物事を多面的・多角的に考え，自己の生き方についての考えを深める学習を通して，道徳的な判断力，心情，実践意欲と態度を育てる。

イ　教科の特徴

　道徳教育は、道徳的諸価値についての理解を基に、自己を見つめ、物事を多面的・多角的に考え、自己の生き方についての考えを深める学習を通して道徳性を養うことを目標としており、学校教育全体で行う道徳教育の要である道徳科の授業は重要です。

　道徳科の授業では、〔節度，節制〕〔感謝〕〔生命の尊さ〕などの道徳的価値を含む内容についての指導が行われます。基本的な生活習慣に関する内容には規則正しい食習慣が関わっており、同様に感謝や生命尊重には食への感謝、郷土には地域の食文化に関わるなど、それぞれ食に関する指導と深く関わっています。

　したがって、食に関する指導に当たっては、「食に関する指導の目標」や六つの視点と関連する道徳の内容を十分理解した上で、道徳科の特質を生かして多様な学習を展開していくことが大切になります。

ウ　各学年の食に関連する内容
（ア）　食に関連する内容

〔第1学年及び第2学年〕
A 主として自分自身に関すること
〔節度，節制〕
　　健康や安全に気を付け，物や金銭を大切にし，身の回りを整え，わがままをしないで，規則正しい生活をすること。
B 主として人との関わりに関すること
〔感謝〕
　　家族など日頃世話になっている人々に感謝すること。
C 主として集団や社会との関わりに関すること
〔伝統と文化の尊重，国や郷土を愛する態度〕
　　我が国や郷土の文化と生活に親しみ，愛着をもつこと。
D 主として生命や自然，崇高なものとの関わりに関すること
〔生命の尊さ〕
　　生きることのすばらしさを知り，生命を大切にすること。

第4章　各教科等における食に関する指導の展開

〔第3学年及び第4学年〕

A 主として自分自身に関すること

[節度，節制]

　　自分でできることは自分でやり，安全に気を付け，よく考えて行動し，節度のある生活をすること。

B 主として人との関わりに関すること

[感謝]

　　家族など生活を支えてくれている人々や現在の生活を築いてくれた高齢者に，尊敬と感謝の気持ちをもって接すること。

C 主として集団や社会との関わりに関すること

[伝統と文化の尊重，国や郷土を愛する態度]

　　我が国や郷土の伝統と文化を大切にし，国や郷土を愛する心をもつこと。

D 主として生命や自然，崇高なものとの関わりに関すること

[生命の尊さ]

　　生命の尊さを知り，生命あるものを大切にすること。

〔第5学年及び第6学年〕

B 主として人との関わりに関すること

[感謝]

　　日々の生活が家族や過去からの多くの人々の支え合いや助け合いで成り立っていることに感謝し，それに応えること。

C 主として集団や社会との関わりに関すること

[伝統と文化の尊重，国や郷土を愛する態度]

　　我が国や郷土の伝統と文化を大切にし，先人の努力を知り，国や郷土を愛する心をもつこと。

D 主として生命や自然，崇高なものとの関わりに関すること

[生命の尊さ]

　　生命が多くの生命のつながりの中にあるかけがえのないものであることを理解し，生命を尊重すること。

第4章　各教科等における食に関する指導の展開

（イ）　当該教科で指導することが考えられる例

　道徳科の基本的な学習指導過程は、一般的には、導入、展開、終末の各段階を設定することが広く行われています。それぞれの段階には、次のような役割があります。

＜導入＞	主題に対する児童の興味や関心を高め、ねらいの根底にある道徳的価値の理解を基に自己を見つめる動機付けを図る段階です。
＜展開＞	ねらいを達成するための中心となる段階であり、中心的な教材によって、児童一人一人が道徳的価値の理解を基に自己を見つめる段階です。
＜終末＞	ねらいの根底にある道徳的価値に対する思いや考えをまとめたり、道徳的価値を実現することのよさや難しさなどを確認したりして、今後の発展につなぐ段階です。

　以下に、それぞれの学習段階における食に関する指導の例を示します。
　なお、道徳科の授業の主題を考え、ねらいを設定するときの参考となるよう、各事例の最後に指導上関係が深いと考えられる道徳の内容項目（学習指導要領参照）を示しました。

＜導入の段階＞
　○　起床や就寝時刻、食事を含めた生活のリズムについて１週間調査を行い、規則正しい生活をしているかどうかを自己評価させて、問題意識をもたせます。
〔A　節度，節制〕

　○　郷土の農産物と食物との関係を分かりやすく示したカルタを用いて郷土への関心を高めさせ、展開の段階へとつなぎます。
〔C　伝統と文化の尊重，国や郷土を愛する態度〕

　○　人間が誕生してから、母乳、離乳食、一般食に移行していく過程など、食べ物が生命の維持に深く関係していることを表すパネルを活用して、食生活や自他の生命の尊さについて関心をもたせます。　　　　　　〔D　生命の尊さ〕

＜展開の段階＞
　○　規則正しい生活習慣、生活のリズムは大切だとは分かっていても、心の弱さから不規則な生活になってしまうことがあることに共感させ、自分との関わりで節度ある生活について考えさせます。　　　　　　　　　　〔A　節度，節制〕

　○　我が国や郷土の産業、特に農産物を受け継ぎ、発展させてきた人々の思いや努力について考えさせます。　　　〔C　伝統と文化の尊重，国や郷土を愛する態度〕

　○　動植物の生命を含め、全ての生命はかけがえのないものであることを理解させるとともに、その生命をいただくことで生かされていることに気付かせ、生命のつながりを

－ 133 －

第4章　各教科等における食に関する指導の展開

多面的・多角的に考えさせます。　　　　　　　　　　　　　　〔D　生命の尊さ〕

＜終末の段階＞
　　○　食事と睡眠をしっかりとり、生活に一定のリズムを与えることが、健康で明る
　　く、快適な毎日を送ることができるようになることに気付かせ、実践しようとす
　　る意識を高めます。　　　　　　　　　　　　　　　　　　〔A　節度, 節制〕

　　○　教材の内容から郷土へと視点を移し、郷土の産業や農産物に触れ、親しみなが
　　ら、大切にしていこうとする意欲を高めます。
　　　　　　　　　　　　　　〔C　伝統と文化の尊重,　国や郷土を愛する態度〕

　　○　人間が生きていく上で食べるということの大切さに改めて気付かせ、食べると
　　いうことは生命をいただくことであり、食生活は生命のつながりによって成り立っ
　　ていることを実感させ、生命を尊重する心情や態度を育てます。〔D　生命の尊さ〕

（ウ）　実践事例
　①　主題名　　みんなで使うものを大切に
　　　教材名　　「目ざまし時計」
　　　出典　　　「道徳教育推進指導資料（指導の手引き）1」
　　　　　　　　小学校　読み物資料とその利用　－主として自分自身に関すること－
　　　　　　　　（文部省）

　②　ねらい
　　　自分でできることは自分でやり、節度ある生活をしようとする態度を育てる。

　③　食育の視点
　　　○　健康な生活を送る上で、食事をとることの大切さを理解する。　　＜社会性＞

　④　学習指導過程例

	主な学習活動	指導上の留意点
導入	○食事の時間や睡眠時間に関する事前のアンケート調査をもとに、学級の友達の生活の様子について知る。	○自分の食生活や睡眠の様子を振り返り、学級全体の様子と比べながら、健康で明るい生活を送るための問題意識をもたせる。

－ 134 －

第4章　各教科等における食に関する指導の展開

展開	○教材「目ざまし時計」の読み聞かせを聞き、話し合う。 ・「わたしのきまり」を作ったときの気持ちを考える。 ・しばらくして、「わたしのきまり」が少しずつ守れなくなったときの気持ちを考える。 ・保健室のベッドで目をつむっているときの気持ちを考える。	○目ざまし時計を買ってもらったリカに共感し、時間を守って生活しようとする気持ちを捉える。 ○好きなことに対する誘惑とともに人間の心の弱さについて自分との関わりで考え、継続して生活のリズムをつくることの難しさを捉える。 ○寝不足で、朝ごはんも食べずに学校へ来た状況を捉え、リカを通して至らなかったことに気付かせる。
	○1日の生活のリズムを振り返る。 ・食事や睡眠がしっかりとれているか、自分や友達の生活の様子から考える。	○自分の1日の生活のリズムや長いスパンで生活の様子を振り返り、友達の様子と比べながら、健康で明るい生活ができているかどうかを見つめ直す。
終末	○スポーツ選手等、社会で活躍している人の生活習慣を知る。	○社会で活躍している多くの人は、生活習慣を大切にし、しっかりと睡眠と栄養をとることで力を発揮していることに気付かせる。 ＊栄養教諭が、生活習慣とともに食生活の大切さについて話をする。

（エ）　他教科等との関連

　　○　生活科における「がっこうたんけん」において、児童は、学校にはたくさんの教室や施設があることや、自分たちの学校生活を支えるために、いろいろな人が関わっていることに気付きます。また、給食室を訪問し、栄養教諭、給食調理員にインタビューをしたり、調理器具を見せてもらったりするなど、自分たちの学校をより関心をもって調べ、発表することを通して、児童のできることと、生活科における学習との関連を図ると効果的です。

エ　栄養教諭の関わり方

＜導入の段階＞

　　導入の段階は、主題や教材に対する児童の興味・関心を高め、ねらいの根底にある道徳的価値の理解を基に自己を見つめる動機付けを図ります。

　　例えば、給食に関する写真や実物、統計資料、掲示資料など、栄養教諭のもつ情報を生かして、これから話し合おうとする内容について、興味や関心を高め、問題意識

第4章　各教科等における食に関する指導の展開

をもつことができるように関わります。特に、児童にとったアンケートを活用したり、視覚に訴える写真などを生かして提示したりすると、児童の話合いへの動機付けをより強く図ることができます。また、学習課題を設定することもあります。

　なお、導入は短い時間で進めます。したがって、多くの資料を用いず、1つか2つの厳選した資料で心を動かすように関わることが大切です。

＜展開の段階＞

　展開の段階は、ねらいを達成するための中心となる段階です。また、読み物教材や映像教材、語り聞かせによる教材などを通して話し合い、児童一人一人がねらいの根底にある道徳的価値の理解を基に自己を見つめる段階です。

　栄養教諭は、例えば、道徳科の授業で活用する教材を作成するとき、食や食育に関する情報などを作成者（担任教諭など）に情報提供したり、内容などのアドバイスをしたりします。栄養教諭自身がその専門性を生かして教材を作成したり、担任教諭と協力して作ったりすることも考えられます。

　導入の段階で、学習課題を立てたら、その課題について児童が追究できるように、話合いを進めます。教師があまり出過ぎずに児童の主体的な思考を促し、「そう思うのはどうして？」と問い返しを行ったり、「今の考えをみんなどう思う？」と話題を広げてみたりしながら、課題を追究できるようにします。

　グループ活動を展開することも考えられます。栄養教諭は、その専門性を生かして、グループ活動を行っている児童の話合いに助言したり、質問に答えたりすることで、児童の学習を支援します。担任教諭と協力しながら、話合いが円滑に行われるようにします。

＜終末の段階＞

　終末は、ねらいの根底にある道徳的価値に対する思いや考えをまとめたり、道徳的価値を実現することのよさや難しさなどを確認したりして、今後の発展につなぐ段階です。

　例えば、食事に関することわざを話したり、心に響く写真や映像の一部を見せたり、忘れられない出来事を話して印象付けを図ったりして、児童の心に強く残るまとめとなるように工夫することが大切です。

　また、ねらいとする道徳的価値に対する児童一人一人の思いや考えを大切にしながらも、栄養教諭からの願いをメッセージとして伝えたり、食事や食生活の意味を端的に伝えたり、スローガンが書かれたポスターを紹介したりして、食事の在り方や食生活について、よりよい習慣を身に付けていこうとする意欲などを高めることができるようにします。

オ　食に関する題材を活用する例

　　○　「礼儀」について学習する際に、挨拶やマナーを題材とする中で、食事の際の挨拶や作法を取り上げることが考えられます。（各学年）

　　○　「家族愛，家庭生活の充実」について学習する際に、家族との関わりを題材とする中で、家族における食生活を取り上げることが考えられます。（各学年）

第4章　各教科等における食に関する指導の展開

○　「勤労，公共の精神」について学習する際に、農業に携わる人の仕事に対する
　やりがいや困難を題材とする中で、食べ物を大切にすることについて取り上げる
　ことが考えられます。（各学年）

○　「自然愛護」について学習する際に、人間も環境との関わりなしには生きられ
　ない存在であることを題材とする中で、食生活を支えている動植物の生命を取り
　上げることが考えられます。（各学年）

第4章　各教科等における食に関する指導の展開

(2) 中学校

ア　目標

> 　第1章総則の第1の2の (2) に示す道徳教育の目標に基づき，よりよく生きるための基盤となる道徳性を養うため，道徳的諸価値についての理解を基に，自己を見つめ，物事を広い視野から多面的・多角的に考え，人間としての生き方についての考えを深める学習を通して，道徳的な判断力，心情，実践意欲と態度を育てる。

イ　教科の特徴

　道徳教育は、道徳的諸価値についての理解を基に、自己を見つめ、物事を広い視野から多面的・多角的に考え、人間としての生き方についての考えを深める学習を通して道徳性を養うことを目標としており、学校教育全体で行う道徳教育の要である道徳科の授業は重要です。

　道徳科の授業では、[節度，節制]、[思いやり，感謝]、[生命の尊さ] などの道徳的価値を含む内容についての指導が行われます。基本的な生活習慣に関する内容には規則正しい食習慣が関わっており、同様に感謝や生命尊重には食への感謝、郷土には地域の食文化に関わるなど、それぞれ食に関する指導と深く関わっています。

　したがって、食に関する指導に当たっては、「食に関する指導の目標」や六つの視点と関連する道徳の内容を十分理解した上で、道徳科の特質を生かして多様な学習を展開していくことが大切になります。

ウ　食に関連する内容
（ア）　食に関連する主な内容

> A 主として自分自身に関すること
> [節度，節制]
> 　望ましい生活習慣を身に付け，心身の健康の増進を図り，節度を守り節制に心掛け，安全で調和のある生活をすること。
> B 主として人との関わりに関すること
> [思いやり，感謝]
> 　思いやりの心をもって人と接するとともに，家族などの支えや多くの人々の善意により日々の生活や現在の自分があることに感謝し，進んでそれに応え，人間愛の精神を深めること。
> D 主として生命や自然，崇高なものとの関わりに関すること
> [生命の尊さ]
> 　生命の尊さについて，その連続性や有限性なども含めて理解し，かけがえのない生命を尊重すること。

第4章　各教科等における食に関する指導の展開

（イ）　当該教科で指導することが考えられる題材例
　道徳科の基本的な学習指導過程は、一般的には、導入、展開、終末の各段階を設定することが広く行われています。それぞれの段階には、次のような役割があります。

＜導入＞	主題に対する生徒の興味や関心を高め、学習への意欲を喚起して、生徒一人一人のねらいにある道徳的価値や人間としての生き方についての自覚に向けて動機付けを図る段階です。
＜展開＞	ねらいを達成するための中心となる段階であり、中心的な教材によって、生徒一人一人が、ねらいにある道徳的価値の理解を基に、自己を見つめ、物事を広い視野から多面的・多角的に考え、道徳的価値や人間としての生き方についての自覚を深める段階です。
＜終末＞	ねらいにある道徳的価値に対する思いや考えをまとめたり、道徳的価値を実現することのよさや難しさなどを確認したりして、今後の発展につなぐ段階です。

以下に、それぞれの学習段階における食に関する指導の例を示します。
なお、道徳科の授業の主題を考え、ねらいを設定するときの参考となるよう、各事例の最後に指導上関係が深いと考えられる道徳の内容項目（学習指導要領参照）を示しました。

＜導入の段階＞
　　○　自分の生活を客観的に振り返り、特に朝食の取り方や、食事内容について振り返ることで、食の大切さを考えるきっかけとなるようにします。〔Ａ　節度, 節制〕

　　○　これまで体験した農産物の収穫の体験などを振り返り、農産物を生産する労働について関心を向けさせ、食物が多くの人々の手によって生産されていることを意識させるようにします。　　　　　　　　　　　　　　　　〔Ｂ　思いやり, 感謝〕

　　○　これまで体験した動物の飼育の体験や家庭で飼育しているペットなどとの関わりを振り返り、動物の生命について関心をもたせ、展開の段階につなげるようにします。　　　　　　　　　　　　　　　　　　　　　　　　　〔Ｄ　生命の尊さ〕

＜展開の段階＞
　　○　ある学生の生活習慣を描いた教材などを通して話し合い、規則正しい生活習慣、生活のリズムは大切だとは分かっていても、心の弱さから不規則な生活になってしまうことがあることに共感させ、自分との関わりで節度ある生活について考えさせます。　　　　　　　　　　　　　　　　　　　　　　　　　〔Ａ　節度, 節制〕

　　○　農作物の生産に関わる教材を通して、農業に従事する人々の仕事の様子や消費

－ 139 －

第4章　各教科等における食に関する指導の展開

者への思いについて知り、生産者の気持ちなどについて話し合うことで、自分が毎日食事をいただけるのは、多くの人々によって支えられていることについて考えさせます。　　　　　　　　　　　　　　　　　　　　　〔B　思いやり，感謝〕

○　かわいがっていた動物を殺して郷土料理を作ることに反発しながらも、最後にはその料理を食べる登場人物の気持ちを考えさせることで、自分が生きるために、他の命をいただいているということについて深く考えさせます。〔D　生命の尊さ〕

＜終末の段階＞
　○　ある学生の生活習慣を描いた教材などを通して話し合った後、自分の生活を振り返る中で朝食を食べる意義を考え、自己の生活における食生活を見直す実践意欲を高めるようにします。　　　　　　　　　　　　　　　〔A　節度，節制〕

　○　農作物の生産に関わる教材での話合いの後、米作りや野菜作りに一生懸命に励んでいる人たちの映像を視聴し、生産に取り組んでいる人と、作り出された食物そのものにも感謝して生活しようとする心情を高めるようにします。
　　　　　　　　　　　　　　　　　　　　　　　　　　　〔B　思いやり，感謝〕

　○　人間が生きて行く上で食べるということの大切さに改めて気付かせ、食べるということは生命をいただくことであり、食生活は生命のつながりによって成り立っていることを実感させ、生命を尊重する心情や態度を育てます。〔D　生命の尊さ〕

（ウ）　実践事例
①　主題名　　生活習慣を確立することの大切さ
　　教材名　　「独りを慎む」
　　　　　　　「コラム　健康な人間をつくることも医学の役目ではないか」
　　出　典　　「中学生の道徳『明日への扉』3年」（学研）
　　　　　　　「私たちの道徳 (中学校)」（文部科学省）

②　ねらい
　「節度・節制の大切さ」の話合いを通して、自己を見つめ生活習慣の確立を図ろうとする実践意欲と態度を育てる。　　　　　　　　中学校　A　節度，節制

③　食育の視点
　○　健康の保持増進には、栄養バランスのとれた食事をすることが必要であることを知り、自ら管理してよりよい食習慣を身に付ける。　　＜心身の健康＞

－ 140 －

④　学習指導過程例

	主な学習活動	指導上の留意点
導入	○アンケートを見て気づいたことを話し合う。	○栄養教諭とともに、給食についての課題も含めて「わかっていてもできない」という点から、課題を提示する。
展開	「独りを慎む」とはどういうことなんだろう。 ○教材の条件・情況の説明を聞く。 ○教材「独りを慎む」の範読を聞き、課題について話し合う。 ・一人暮らしを始めて、行儀が悪くなった作者についてどう思うか考える。 （補助発問）一人暮らしの食事内容を見てどう思うか。 ・「精神の問題だ」という作者は、どのようなことを問題にしているのかを考える。 （補助発問）だらしない生活を続けたり、だらしない食事を続けていったりしたら、どうなってしまうか。 ○「独りを慎む」とはどういうことか考える。 「独りを慎む」ことは、必要なのだろうか。 ○これまでの自分について振り返り、授業で学んだことやこれからの生き方について道徳ノートに書き、話し合う。	○よい、悪い、両方の意見が出ることが推測されるが、意見として受け止め、否定しないようにする。 ○難しい言葉のため、適宜解説を加える。 ○家族が守ってくれていた偽りの生活習慣であり、自律的にできていたものでないことに気づかせる。 ○多面的・多角的に考え、生活習慣を確立することのよさを生徒に実感させるようにし、生徒が自分事として話合いに参加できるようにする。 ○話合いで深めた内容を書くことによって、内面化させる。 ○話合いを通して、多様な考えに触れることで、考えを深める。

第4章

道徳

－ 141 －

第4章　各教科等における食に関する指導の展開

| 終末 | ○栄養教諭の話を聞く。
・生活習慣を確立することの大切さを聞く。 | ○食生活の乱れは、単に日々の生活だけの問題ではなく、自らの生き方そのものの問題であり、人生をより豊かなものにすることとの関係で学ぶことができるよう配慮する。
＊栄養教諭が、「私たちの道徳」のコラムを使用し、バランスのとれた食事の大切さについて話す。 |

（エ）　他教科との関連

　　○　保健体育において、「生活習慣を確立することの大切さ」について考えていき、生活習慣と心の健康の関係、他の病気との関連を学習します。食育に関連することとして、生活習慣の問題点では、食事の時間が不規則であることや朝食を食べないこと、食事の量や質の偏りが病気の原因となっていくことを捉えさせていきます。

　　○　技術・家庭科の（家庭分野）においては、健康と食生活について考えていき、生活リズムと食事や栄養素の働き、食品などを取り上げます。また、栄養素のバランスを考えながら１日分の献立を立てたり、調理実習を行ったりしています。

　　このように、多くの教科で「生活習慣を確立することの大切さ」について考え、その教科から考えた根拠を学習し、関連付けていくことで、道徳科の授業でも自分の生活を見つめ、道徳的価値に迫ることが期待できます。

エ　栄養教諭の関わり方
＜導入の段階＞

　　導入の段階は、主題や教材に対する生徒の興味・関心を高め、学習への意欲を喚起して、生徒一人一人のねらいの根底にある道徳的価値や人間としての生き方についての自覚に向けて動機付けを図ります。

　　例えば、給食や弁当に関する写真や実物、統計資料、掲示資料など、栄養教諭のもつ情報を生かして、これから話し合おうとする内容について、興味・関心を高め、問題意識をもつことができるように関わります。特に、生徒にとったアンケートを活用したり、視覚に訴える写真などを生かして提示したりすると、生徒の話合いへの動機付けをより強く図ることができます。また、学習課題を設定することもあります。

　　なお、導入は短い時間で進めます。したがって、多くの資料は用いず、１つか２つの厳選した資料で心を動かすように関わることが大切です。

＜展開の段階＞

　　展開の段階は、ねらいを達成するための中心となる段階です。また、読み物教材や映像教材、語り聞かせによる教材等を通して話し合い、生徒一人一人が、ねらいの根

第4章　各教科等における食に関する指導の展開

底にある道徳的価値の理解を基に、自己を見つめ、物事を広い視野から多面的・多角的に考え、人間としての生き方についての考えを深める段階です。

栄養教諭は、例えば、道徳科の授業で活用する教材を作成するとき、食や食育に関する情報などを作成者（担任教諭など）に情報提供したり、内容等のアドバイスをしたりします。栄養教諭自身がその専門性を生かして教材を作成したり、担任教諭と協力して作ったりすることも考えられます。

導入の段階で、学習課題を立てたら、その課題について生徒が追究できるように、話合いを進めます。教師があまり出過ぎずに生徒の主体的な思考を促し、「そう思うのはどうして？」と問い返しを行ったり、「今の考えをみんなどう思う？」と話題を広げてみたりしながら、課題を追究できるようにします。

グループ活動を展開することも考えられます。栄養教諭は、その専門性を生かして、グループ活動を行っている生徒の話合いに助言したり、質問に答えたりすることで、生徒の学習を支援します。担任教諭と協力しながら、話合いが円滑に行われるようにします。

＜終末の段階＞

終末は、ねらいにある道徳的価値に対する思いや考えをまとめたり、道徳的価値を実現することのよさや難しさを確認したりして、今後の発展につなぐ段階です。

例えば、食事に関することわざを話したり、心に響く写真や映像の一部を見せたり、忘れられない出来事を話して印象付けを図ったりして、生徒の心に強く残るまとめとなるように工夫することが大切です。

また、ねらいとする道徳的価値に対する生徒一人一人の思いや考えを大切にしながらも、栄養教諭からの願いをメッセージとして伝えたり、食事や食生活の意味を端的に伝えたり、スローガンが書かれたポスターを紹介したりして、食事の在り方や食生活についてよりよい習慣を身に付けていこうとする意欲などを高めることができるようにします。

オ　食に関する題材を活用する例

○　「礼儀」について学習する際に、挨拶やマナーを題材とする中で、食事の際の挨拶や作法を取り上げることが考えられます。（各学年）

○　「伝統と文化の尊重，国や郷土を愛する態度」について学習する際に、郷土の特産品を開発した先人を題材とする中で、食に関する文化を取り上げることが考えられます。（各学年）

○　「国際理解，国際親善」について学習する際に、世界における文化の交流を題材とする中で、他国の食文化の我が国への普及と和食の他国への普及を取り上げることが考えられます。（各学年）

－ 143 －

第4章　各教科等における食に関する指導の展開

7　総合的な学習の時間

【小学校・中学校】
（1）目標

　　探究的な見方・考え方を働かせ，横断的・総合的な学習を行うことを通して，よりよく
課題を解決し，自己の生き方を考えていくための資質・能力を次のとおり育成することを目
指す。
　(1) 探究的な学習の過程において，課題の解決に必要な知識及び技能を身に付け，
　　課題に関わる概念を形成し，探究的な学習のよさを理解するようにする。
　(2) 実社会や実生活の中から問いを見いだし，自分で課題を立て，情報を集め，整理・
　　分析して，まとめ・表現することができるようにする。
　(3) 探究的な学習に主体的・協働的に取り組むとともに，互いのよさを生かしながら，積
　　極的に社会に参画しようとする態度を養う。

（2）教科等の特徴

　総合的な学習の時間は、児童生徒が探究的な見方・考え方を働かせ、横断的・総合的な学
習を行うことを通して、よりよく課題を解決し、自己の生き方を考えていくための資質・能
力を育成するものです。地域や学校、児童生徒の実態等に応じて学習する内容を定めるなど、
各学校の創意工夫を生かした指導計画に基づく教育活動が期待されています。その中で、児
童生徒自らが、日常生活や社会との関わりの中から問いを見いだし、そこから設定した課題
を探究的な学習の過程を通して解決していくことが極めて重要となります。
　これらの資質・能力を育成していくために、各学校で設定する内容には、目標を実現する
にふさわしい探究課題と、探究課題の解決を通して育成を目指す具体的な資質・能力を示す
こととなっています。探究課題とは、児童生徒が探究的に関わりを深め、学んでいくべきと
考える学習対象（人・もの・こと）のことです。つまり、各学校では、「何を学ぶか」（探究課題）
とそれを通して「どのようなことができるようになるか」(資質・能力)という二つを設定し、
示すことになります。
　食に関する指導についても、児童生徒の発達の段階と地域の実態を考慮して、各学校で目
標及び内容（探究課題と資質・能力）を明確に定めて実施することが必要です。学習活動を
通して、食に関する概念的な理解が深まるように、体験だけで学習が終わらないようにする
ことが大切です。

（3）食に関連する内容
　　ア　食に関連する内容

　　各学校においては，第1の目標を踏まえ，各学校の総合的な学習の時間の内容を定める。
　　(1)　各学校において定める目標については，各学校における教育目標を踏まえ，総合的
　　な学習の時間を通して育成を目指す資質・能力を示すこと。

－ 144 －

第4章　各教科等における食に関する指導の展開

(2) 各学校において定める目標及び内容については，他教科等の目標及び内容との違いに留意しつつ，他教科等で育成を目指す資質・能力との関連を重視すること。

(3) 各学校において定める目標及び内容については，日常生活や社会との関わりを重視すること。

(4) 各学校において定める内容については，目標を実現するにふさわしい探究課題，探究課題の解決を通して育成を目指す具体的な資質・能力を示すこと。

(5) 目標を実現するにふさわしい探究課題については，学校の実態に応じて，例えば，国際理解，情報，環境，福祉・健康などの現代的な諸課題に対応する横断的・総合的な課題，地域の人々の暮らし，伝統と文化など地域や学校の特色に応じた課題（地域や学校の特色に応じた課題），児童（生徒）の興味・関心に基づく課題，（職業や自己の将来に関する課題）などを踏まえて設定すること。

(6) 探究課題の解決を通して育成を目指す具体的な資質・能力については，次の事項に配慮すること。

　　ア　知識及び技能については，他教科等及び総合的な学習の時間で習得する知識及び技能が相互に関連付けられ，社会の中で生きて働くものとして形成されるようにすること。

　　イ　思考力，判断力，表現力等については，課題の設定，情報の収集，整理・分析，まとめ・表現などの探究的な学習の過程において発揮され，未知の状況において活用できるものとして身に付けられるようにすること。

　　ウ　学びに向かう力，人間性等については，自分自身に関すること及び他者や社会との関わりに関することの両方の視点を踏まえること。

(7) 目標を実現するにふさわしい探究課題及び探究課題の解決を通して育成を目指す具体的な資質・能力については，教科等を越えた全ての学習の基盤となる資質・能力が育まれ，活用されるものとなるよう配慮すること。

（　　）内は中学校において記載。

　総合的な学習の時間で食に関する内容を設定するには、各学校の目標を実現するにふさわしい探究課題として設定するとともに、その探究課題の解決を通して育成を目指す具体的な資質・能力を示すことが必要です。探究課題に関しては、上述のとおり、学習指導要領に例示されています。これらの例示を参考にしながら、地域や学校、児童・生徒の実態に応じて、探究的な見方・考え方を働かせ、横断的・総合的な学習を行うことが必要です。そのためにも、よりよく課題を解決し、自己の生き方を考えていくことに結び付いていくような教育的に価値のある諸課題を探究課題として設定することが求められます。

イ　当該教科で指導することが考えられる例

　総合的な学習の時間で食に関する内容を扱う場合は、扱う内容が上記(5)で示した探究課題のどの例示に適合するのか、その探究課題を解決するために児童生徒は何を考え、どのような活動を行うか（探究課題を解決するための問い）を指導者は明確にする必要があります。ただし、それぞれの課題は、あくまでも例示であり、各学校が探究課題を設定する際の参考として示したものです。これらの例示を参考にしながら、地域や学校、

－ 145 －

第4章　各教科等における食に関する指導の展開

　児童生徒の実態に応じて、探究課題を設定すると同時に、育成を目指す資質・能力を具体的に設定していくことになります。
　これらを踏まえ、小学校と中学校において扱うことが考えられる食に関連する内容の事例を、例示されている探究課題ごとに分けて紹介します。

【小学校】

課題（例示）	探究課題	主な学習活動（該当学年・総時数を含む）	探究課題を解決するための問い	指導の留意点等
①現代的な諸課題に対応する横断的・総合的な課題（食，健康）	身近な食の変化と健康な暮らし（食，健康）	「むかしの食事と比べよう」　小学校第3学年　40時間　祖父母など身近な高齢者に取材しながら、昔（昭和初期頃）の食事の様子・食材・メニュー・マナーなどについて今の自分たちの食事の様子と比べながら調べ、食生活を見直すとともに、健康な暮らしについて考えます。	・昔の食事と自分の食事、それぞれの特徴は何か。 ・昔と今の食事の長所を生かした健康によい食事のメニューはどのようなものか。 ・他に健康によいことは何か。	
	菓子のある生活のよさと健康との関係（健康）	「体によいお菓子を作ろう」　小学校第4学年　25時間　児童が普段食べているお菓子を持ち寄り、原材料を調べます。そこから自分が普段食べるお菓子が何からできているのかを知り、その特徴について理解しながら、体によいお菓子の在り方を考えます。実際に、手作りのお菓子を作って食べたり、菓子メーカーに児童が考えたお菓子を提案したりするなどの活動を通	・自分が普段食べているお菓子の原材料は何か。 ・体によいお菓子はどのようなものか。 ・体によいお菓子をどのような手順で作ればよいか。 ・もっと健康な体をつくるには何が必要だろうか。	実際にお菓子を作る場合は、地元の食材を扱うことで地産地消についても学習することができます。

－ 146 －

第4章　各教科等における食に関する指導の展開

		して、食生活と健康との関わりについて考えていきます。【事例1】		
②地域の人々の暮らし、伝統と文化など地域や学校の特色に応じた課題（伝統文化，地域経済）	地域の伝統野菜を守る農家の思いと伝統野菜をPRする活動（伝統文化，地域経済）	「地元の伝統野菜をPRしよう」 小学校第6学年　50時間 　給食に使われている伝統野菜は、どこで、誰が、どんなふうにつくっているのか、実際に生産地を調査したり、栽培活動をしたりします。つくり方や苦労すること、楽しいと感じることなどをインタビューし、それらをポスターにまとめ発表会で交流し合うことを通して、生産者の思いに触れ、伝統野菜、そして地元のよさに気付き、そのよさを守り続けるためのPR活動に取り組みます。【事例2】	・給食で使われている食材の生産地はどこか。 ・伝統野菜をつくり続ける理由は何か。 ・どのように、伝統野菜を守り続けたりPRしたりするか。	学校が所在する地域に伝統野菜がない場合でも、地域の特産物を取り上げ、同様の学習を計画することが可能です。
③児童の興味・関心に基づく課題（農作物の栽培）	米・そば・小麦作りと地域の食文化を守る人々の思い（農作物の栽培）	「お米をつくろう」 小学校第5学年　70時間 　米の産地と種類、歴史、輸出入の状況などを調べたり、米ができるまでの世話などについて農家の人に教わったりします。また、実際に稲を栽培し、化学肥料や農薬の是非について考えたり、収穫してご飯を炊いて味わったりする活動を通して、お世話になった人々と味わいながら、地域の食文化を育んできた人々の知恵や工夫に気付き、活動をします。そこから、自分	・自分たちで米を栽培するためにどのような手順で行えばよいか。 ・化学肥料や農薬の是非についてどのように調べるか。 ・米を含む地域の食文化を守るために何が必要か。	地域の実態に応じて米の代わりに「そば」や「小麦」の栽培を通して、そばやうどんを作って地域の方と収穫祭を行うなどの学習も考えられます。

－ 147 －

第4章　各教科等における食に関する指導の展開

		の住んでいる地域への愛着と地域の一員としての自覚を深めたり、我が国の主食である米を大事にし、進んでご飯を食べようとする態度を育てたりします。		

【中学校】

課題（例示）	探究課題	主な学習活動（該当学年・総時数を含む）	探究課題を解決するための問い	指導の留意点等
①現代的な諸課題に対応する横断的・総合的な課題（食，健康）	健康を考えた食生活と高校生の昼食の在り方（食，健康）	「高校生に向けての昼飯（高飯）やサラリーマンの昼飯（サラメシ）を考えよう」 中学校第3学年　30時間 　来年度になれば、多くの生徒は高校に進学したり、就職したりと、弁当持参の生活になることが予想されます。欠食したり偏食したりすることがないように進学・就職した時の昼飯の在り方について、学校給食と比較しながら考えます。そして、自分たちでも作ることができる栄養バランスのとれた一食分のおすすめメニューを考えてレシピ集にまとめ、次年度実際に弁当を作って持参しようとするなどの態度を育みます。	・欠食や偏食は体にどのような影響を及ぼすか。 ・自分たちの食習慣と健康とはどのような関わりがあるのか。 ・体によいおすすめメニューを考えるために、どのように調べるか。 ・より健康で安全な食生活にするためにどのようにすればよいか。	給食がない学校は、生徒の普段の昼食で考えます。また、おすすめメニューを考える際は、一週間分のメニューにしたり、地元の食材を入れて考えたり、生徒の興味・関心に応じて選択できるようにすることも考えられます。
②生徒の興味・関心に基づく課題（調理）	環境にやさしく経済的な調理方法（調理）	「目指せ！エコな食生活」 中学校第2学年　30時間 エコロジー（環境に優しく）でエコノミー（経済的）な料理や調理法を考えることで、調理によって	・エコロジーでエコノミーな料理について具体的に説明できるか。 ・エコロジーでエコノミーな調理	エコロジーやエコノミーについての知識や技能だけにとどまるこ

－ 148 －

		出されるゴミをなるべく少なくし、エネルギーを効率よく使って調理したり、残さず食べたりしようとするなど、自分たちの食事の在り方を見直します。	方法はどのようにするとよいか。 ・自分の食事を見つめ、エコロジーでエコノミーな食生活に取り組むために必要なことは何か。	となく、教師等から調理方法を教わったり実際に食事をつくったりして、自分の食生活に生かせるようにします。
③地域や学校の特色に応じた課題（町づくり・地域経済）	地域の特産物の生産・製造に関わる人々の思いと地域活性化への取組（町づくり，地域経済）	「地域活性プロジェクト」中学校第1学年　35時間　地元で生産されている特産の農産物を農家と協力してつくったり、収穫した農産物を加工したりする活動を行います。その活動を通して、昔から受け継がれてきた地域の特産物に関する食文化に対する人々の思いや知恵に気付き、郷土の恵みに感謝する心を育みます。 　さらに、関係機関の協力を得ながら、その特産の農産物をPRする活動を通して地域を活性化する取組へと展開していきます。	・地域の特産物の特徴は何か。 ・地域の特産物を生産したり、加工したりしている人々の思いや知恵は何か。 ・地域の特産物をPRするために、どのように調べるか。 ・地域の一員として地域を活性化するために、何が必要か。	ここでいう関係機関とは、地域の農家、農家を支える農業団体、地域の活性化に取り組む首長部局の行政機関や商工会議所等、外部との連携を構築することで、専門性が高まり生徒の学習の質を高めることができます。
④職業や自己の将来に関わる課題（職業，勤労）	将来への展望との関わりで尋ねてみたい人や機関（職業，勤労）	「働く人から学ぼう」中学校第2学年　50時間　身近なところで働く人に取材し、実際に職場に出掛けて働く体験をして交流したり、身近にはない職業について考えたりします。そのことを通して、	・地域で働く人の存在とその夢や願いは何か。 ・地域社会を支える様々な職種の中でも、食を支えている生産業や製造業、飲食	「キャリア・スタート・ウィーク」の一環として実施する場合は、生徒一人一人の興

		社会には多様な仕事があることや一つ一つの職業が社会の中で大切な役割を果たしていることに気付きます。このとき、特に、私たちの食を支える生産業（農業・漁業従事者）や製造業、そして食を提供する飲食サービス業に焦点を当て、そこで働く人たちの思いや夢、工夫や情熱を聞く講演会を共通体験として設定します。その共通体験を通して、食に関わる仕事の大切さを知るとともに、自分の将来に対する夢や可能性を抱くことにもつなげていきます。【事例3】	サービス業が果たしている社会的な役割とは何か。 ・自分が将来就きたい職業についてどのような手順で調べるか。	味・関心を優先し、一律に生産業や製造業等、食に関わる職業についてだけ取り上げることがないように留意します。

ウ　実践事例

事例1
(1) 単元名　　体によいお菓子を作ろう　（小学校第4学年）
(2) 探究課題
　　・身近なお菓子の原材料とその特徴、健康志向のおやつと食生活の在り方（食、健康）
(3) 単元の目標
　　児童が普段食べているお菓子の特徴を調べることを通して食品の品質や安全性を理解し、実際に手作りのお菓子を作ったり、自分で考えた体によいお菓子を菓子メーカーに提案したりして、健康な生活を送るうえでお菓子と自分との関わりについて考えることができるようにする。
(4) 食育の視点
　○外食や中食、自動販売機やコンビニエンスストア等の食環境と自分の食生活との関わりを理解することができる。＜食事の重要性＞
　○1日分の献立をふまえ、簡単な日常食の調理をすることができる。＜心身の健康＞
　○食品表示など食品の品質や安全性等の情報について関心をもつことができる。
　　＜食品を選択する能力＞
(5) 指導計画（25時間）
　①自分が普段食べているお菓子を持ち寄り、原材料を調べることを通して、食品の品質や安全性について関心をもち、食生活と健康との関わりについて課題意識をもつ。（5時間）
　②食品の原材料について調べることで、自分の体のことを考えたお菓子をつくることができないかを考える。（8時間）
　③おすすめのおやつになるお菓子をつくって提案する。（12時間）
(6) 展開（15 〜 17 ／ 25時間）
　○目標
　　栄養教諭の話を基にグループで「体によい」お菓子を考えることができる。

主な学習活動	指導上の留意点
○各自がおすすめのお菓子を考える。	○おすすめのお菓子を考える際のポイントを確認する。 〈考えるポイント〉 ・おいしいか？　・体によいか？ ・食材は手に入るか？・費用はどれくらいか？など
○栄養教諭からの「体によいお菓子」について話を聞いて、再度、自分が考えたおすすめのお菓子を考える。	＊栄養教諭は、「体によい」という点について、具体的に説明する。ここでいう「体によい」とは、例えば、

－ 151 －

第4章　各教科等における食に関する指導の展開

	・油脂や塩分を多く含むおやつやジュースに含まれる糖分等について知り、摂りすぎに注意する ・栄養のバランスに気を付ける　など ○各自が最初に考えたお菓子と栄養教諭の説明を聞いた後に考えたお菓子を比較して、変わった点を明らかにする。
○グループ内で、各自が考えたおすすめのお菓子を出し合い、グループで作るお菓子を考える。	○各自が考えたお菓子の特徴を上記の〈考えるポイント〉や栄養教諭からの説明に照らしながら比較し、それぞれのよい点（長所）を出し合いながらグループ独自のお菓子を考える。 ○各グループの「おすすめ」を明らかにして、どこが体によいかを発表できるようにする。

(7) 他教科等との関連

　　○特別活動における学級活動 (2) エ「食育の観点を踏まえた学校給食と望ましい食習慣の形成」と関連させて学習活動を行う。

事例2

(1) 単元名　　　地元の伝統野菜をＰＲしよう　（小学校第6学年）

(2) 探究課題

　　　・地域の伝統野菜を守り続ける農家の思いと、伝統野菜のよさを伝えるための具体的な活動（伝統文化、地域経済）

(3) 単元の目標

　　　地域に残る伝統野菜の調査活動や栽培活動を通して、生産者の思いにふれ、伝統野菜と地域のよさに気付き、そのよさを発信するためのＰＲ活動に取り組むことで地域への愛着を深め、関わり方について自分なりの考えをもつことができるようにする。

(4) 食育の視点

　　　○自分たちの住む県の産物、食文化や歴史等を理解し尊重する。　　　＜食文化＞
　　　○食物を大事にし、食物の生産等に関わる人々に感謝する。　　　＜感謝の心＞

(5) 指導計画（50時間）

　　　①地域の伝統野菜について知る。（5時間）
　　　②伝統野菜を詳しく調査したり、実際に栽培したりする。（20時間）
　　　③調査したり、栽培したりして分かったことや、感じたことなどを整理して発表する。（10時間）
　　　④伝統野菜のパンフレット等を作成してＰＲ活動を行う。（15時間）

(6) 展開（1〜5／50時間）

　○目標

　　伝統野菜と一般的に食べられている野菜の比較を通して、伝統野菜のよさに気付き、その伝統野菜を栽培する生産者の工夫や努力、抱える課題について知ることができる。

主な学習活動	指導上の留意点
○伝統野菜について知る。 ○伝統野菜と一般的に食べられている野菜について調べたり、実際に食べたりして比較する。 〈比較する観点〉 　・味 　・栄養 　・値段 　・季節や栽培方法　等 ○伝統野菜を栽培している生産者の話を聞く。	○伝統野菜を使った給食の直後の授業で栄養教諭から、伝統野菜を食材として使用したねらいを聞く。 ○栄養教諭の協力を得ながら、野菜の素材のおいしさが分かる食べ方で調理して実際に食べ、比較する観点に沿って各自の感想を整理する。 ○生産者には、伝統野菜の生産における工夫や努力、抱える課題についても話していただき、児童に問題意識をもたせる。 ＊栄養教諭からは、児童が伝統野菜について知るために、伝統野菜を給食の食材として使用した理由を話す。

(7) 他教科等との関連

　○社会科第3学年の内容(2)ア(ア)「生産の仕事は，地域の人々の生活と密接な関わりをもって行われていることを理解すること」、イ(ア)「仕事の種類や産地の分布，仕事の工程などに着目して，生産に携わっている人々の仕事の様子を捉え，地域の人々の生活との関連を考え，表現すること」と関連させて学習活動を行う。

第4章　各教科等における食に関する指導の展開

事例3
(1) 単元名　　働く人から学ぼう　（中学校第2学年）
(2) 探究課題
　　　・職業の選択と社会への貢献（職業）
　　　・働くことの意味や働く人の夢や願い（勤労）
(3) 単元の目標
　　　身近で働く人に取材し実際に職場に出掛けて働く体験をして互いに交流したり、身近にはない職業について考えたりして、社会には多様な仕事があることやどのような職業も社会の中で大切な役割を果たしていることを理解できるようにする。また、私たちの食を支える生産業（農業・漁業従事者）や製造業、そして食を提供する飲食サービス業に焦点を当て、その人の思いや願い、その仕事に対する工夫や努力等を聞く講演会から、食に関わる仕事の大切さとともに、自分の将来に対する夢や可能性を抱くことができるようにする。
(4) 食育の視点
　　〇感謝の気持ちの表れとして、残さず食べたり無駄なく調理したりする。
　　　　＜感謝の心＞→主に飲食サービス業
　　〇自然の中で動植物と共に生きている自分の存在について考え、環境や資源に配慮した食生活を実践しようとする。＜社会性＞→主に製造業
　　〇自分たちの食生活は、地域の農林水産物はもちろんのこと、他の地域や諸外国とも深い関わりがある。＜食文化＞→主に生産業
(5) 指導計画（50時間）
　　①　将来の自分について考える。（3時間）
　　②　職業について調べる。（7時間）
　　③　社会人として活躍している先輩や保護者、地域の方等の話を聞いて「働くこと」について考える。（3時間）
　　④　職業体験をする。（15時間）
　　　　※事前指導・事後指導も含む
　　⑤　体験したことを基に「働くこととは」というテーマで、各自プレゼンテーションを行う。（10時間）
　　⑥　飲食サービス業・製造業・生産業の方の話を聞いて、自分が体験した職業と比較しながら「働くこと」について再考する。（5時間）
　　⑦　「将来の自分」というテーマで文集を作成し発表する。（7時間）
(6) 展開（40〜42／50時間）
　　〇目標
　　　食に携わる職業の方の話から、食に対する思いや願い、その仕事に対する工夫や努力等について理解し、「働くこと」について考えることができる。

主な学習活動	指導上の留意点
○地域で活躍している飲食サービス業・製造業・生産業の方に、仕事に対する理念等について話をしてもらう。	○学校や地域の実態、または生徒の興味・関心を考慮して栄養教諭を中心に人選を進める。（飲食サービス業・製造業・生産業の三業種すべてでなくてもよい。）
○自分が体験した職業に対する「働くこと」についての考えと「飲食サービス業・製造業・生産業の方の考え」を比較して、共通点や相違点について考える。	○各自が気付いた共通点や相違点を可視化できるように付箋等を使って整理して、生徒全員の考えが見られるようにする。
○「将来の自分」というテーマで文集を作成するために、各自の職場体験を振り返り文章にまとめる。	＊食に携わる職業についての思いや願い等を生徒に話してくださる方の情報を担任に提供したり、栄養教諭自身が話をしたりする。

第4章　各教科等における食に関する指導の展開

（4）栄養教諭の関わり方
　次に示すのは、一般的な単元の展開の中での栄養教諭の関わり方の例です。学級担任／教科担当教諭との役割分担（支援の具体）については、構想段階から常に相談を密にし、連携を図っていくことが大切です。

計　画 ・実態把握 ・カリキュラム 　づくり ・単元構想	○探究課題で取り扱う「食の内容」が、当該学年の他教科等の食に関する指導内容と関連している内容や前学年までの既習事項と関係する内容などを表に整理し、その位置付けを明確にする。 ○学級担任等に対して、取り扱う食材の「旬」などを考えて実施時期についてアドバイスをしたり、地域の産物や協力してもらえそうな人材等についての情報を提供したりしながら具体的な活動を設定し、単元を構想する。
実　践 ※担任と役割分担しながら、児童生徒が自分で解決していけるよう支援する	○「食の専門家」として児童生徒の疑問に答えたり、関連図書や関連HPなどの 資料を提示したり、児童生徒の課題についてこたえられる人などを紹介 したりする。 ・食材の種類や栄養と健康との関わり ・地域の特色（特産物／伝統行事…） ・地域の人材（農家／漁師／茶道家…） ・地域の施設／機関（給食センター／農業団体／農政局…） ・調理の仕方（食材の量／栄養のバランス／手順／味付け／盛り付け…） ○調理の際に、技能面・安全面・衛生面から支援する。 ○児童生徒の学びを活かす。 ・給食のメニューに取り入れる。 ・「給食だより」等で広める。
評　価／改　善	○単元終了後、児童生徒の実態を観察したり、児童生徒や保護者に尋ねたりしながら、学級担任等が行う評価の参考となる資料を提供する。 ○単元の修正点／次年度実施に際しての留意点等を記録し、申し送りする。

第4章　各教科等における食に関する指導の展開

8　特別活動

（1）小学校
ア　目標

> 　集団や社会の形成者としての見方・考え方を働かせ，様々な集団活動に自主的，実践的に取り組み，互いのよさや可能性を発揮しながら集団や自己の生活上の課題を解決することを通して，次のとおり資質・能力を育成することを目指す。
> (1) 多様な他者と協働する様々な集団活動の意義や活動を行う上で必要となることについて理解し，行動の仕方を身に付けるようにする。
> (2) 集団や自己の生活，人間関係の課題を見いだし，解決するために話し合い，合意形成を図ったり，意思決定したりすることができるようにする。
> (3) 自主的，実践的な集団活動を通して身に付けたことを生かして，集団や社会における生活及び人間関係をよりよく形成するとともに，自己の生き方についての考えを深め，自己実現を図ろうとする態度を養う。

イ　教科等の特徴
　特別活動の目標には、資質・能力を育成するために、「様々な集団活動に自主的、実践的に取り組み、互いのよさや可能性を発揮しながら集団や自己の生活上の課題を解決することを通して」という学習の過程が示されています。

（ア）　様々な集団活動
　学校は一つの小さな社会であり、様々な集団から構成されています。特別活動は、各活動・学校行事における様々な集団活動の中で、児童が集団や自己の課題の解決に向けて取り組む活動です。集団の活動の範囲は学年や学校段階が上がるにつれ広がりをもち、社会に出た後の様々な集団や人間関係の中でその資質・能力が生かされていくことになります。

（イ）　自主的、実践的に取り組む
　特別活動の各活動・学校行事は、一人一人の児童の学級や学校の生活における諸課題への対応や課題解決の仕方などを自主的、実践的に学ぶ活動内容によって構成されています。集団活動の中で、一人一人の児童が、実生活における課題の解決に取り組むことを通して学ぶことが、特別活動の自主的、実践的な学習です。

（ウ）　互いのよさや可能性を発揮しながら
　特別活動における集団活動の指導に当たっては、「いじめ」や「不登校」等の未然防止等も踏まえ、児童一人一人を尊重し、児童が互いのよさや可能性を発揮し、生かし、伸ばし合うなど、よりよく成長し合えるような集団活動として展開しなければなりません。児童が自由な意見交換を行い、全員が等しく合意形成に関わり、役割を分担して協力するといった活動を展開する中で、所属感や連帯感、互いの心理的な結び付きなどが結果として自然に培われるようにすべきものです。このような特別活動の特質は、学級

－ 157 －

第4章　各教科等における食に関する指導の展開

経営や生徒指導の充実とも深く関わります。

（エ）　集団や自己の生活上の課題を解決する

「なすことによって学ぶ」を方法原理としている特別活動においては、学級や学校生活には自分たちで解決できる課題があること、その課題を自分たちで見いだすことが必要であること、単に話し合えば解決するのではなく、その後の実践に取り組み、振り返って成果や課題を明らかにし、次なる課題解決に向かうことなどが大切であることに気付いたり、その方法や手順を体得できるようにしたりすることが求められます。

ここでいう「課題」とは、現在生じている問題を解消することだけでなく、広く集団や自己の現在や将来の生活をよりよくするために取り組むことを指します。

ウ　食に関連する内容
・学級活動
（ア）　食に関連する内容
学級活動の内容に示された食に関する指導について

食に関する指導については、学級活動の「内容 (2) エ　食育の観点を踏まえた学校給食と望ましい食習慣の形成」において行うこととされ、同解説特別活動編には次のように記述されています。

エ　食育の観点を踏まえた学校給食と望ましい食習慣の形成

> 給食の時間を中心としながら，健康によい食事のとり方など，望ましい食習慣の形成を図るとともに，食事を通して人間関係をよりよくすること。

この内容は，自分の食生活を見直し，自ら改善して，生涯にわたって望ましい食習慣が形成され，食事を通してよりよい人間関係や社交性が育まれるようにするものである。楽しく食事をすること，健康によい食事のとり方，給食時の清潔，食事環境の整備などの改善について身近な事例を通して考え，自己の課題に気付き，具体的な目標を立てて取り組むなどの活動が中心となる。

この内容において育成を目指す資質・能力については，例えば，望ましい食習慣の形成を図ることの大切さや，食事を通して人間関係をよりよくすることのよさや意義などを理解すること，給食の時間の楽しい食事の在り方や健康によい食事のとり方などについて考え，改善を図って望ましい食習慣を形成するために判断し行動することができるようにすることが考えられる。また，そうした過程を通して，主体的に望ましい食習慣や食生活を実現しようとする態度を養うことなどが考えられる。食育の観点を踏まえた学校給食と望ましい食習慣の形成は，食に関する資質・能力等を，児童が発達の段階に応じて総合的に身に付けることができるように学校教育全体で指導することである。したがって，学校の教育計画等と関連付けながら食に関する指導の全体計画を作成し，給食の時間を中心としながら，各教科等における食に関する指導を相互に関連付け，総合的かつ効果的な指導が行われるように留意する必要がある。

給食の時間は，楽しく食事をすること，健康によい食事のとり方，給食時の清潔，食

－ 158 －

第4章　各教科等における食に関する指導の展開

事環境の整備などに関する指導により，望ましい食習慣の形成を図るとともに，食事を通てよりよい人間関係の形成を図る。そして，適切な給食時間を確保した上で，給食の準備から後片付けを通して，計画的・継続的に指導する必要がある。また，食を取り巻く社会環境の変化により，栄養摂取の偏りや欠食といった食習慣の乱れ等に起因する肥満などの生活習慣病，食物アレルギー等の問題が指摘される現在，家庭との連携が今後更に重要になる。心身の健康に関する内容にとどまらず，自然の恩恵への感謝，食文化，食料事情などについても各教科等との関連を図りつつ指導を行うことが重要である。

　これらの指導に当たっては，栄養教諭の専門性を生かしつつ，学校栄養職員や養護教諭などの協力を得て指導に当たることも必要である。また，これらの学校給食に関する内容については，学級活動の授業時数には充てない給食の時間を中心に指導することになるが，学級活動の時間でも取り上げ，その指導の特質を踏まえて計画的に指導する必要がある。その際，学校給食を教材として活用するなど多様な指導方法を工夫することが大切である。

　なお，学校給食を実施していない学校においても，児童が健康の大切さを実感し，生涯にわたって自己の健康に配慮した食生活が営めるよう，食育の観点も踏まえて望ましい食習慣の形成の指導を行う必要がある。また，指導する内容によっては，「ウ　心身ともに健康で安全な生活態度の形成」の指導として取り上げることも考えられる。

題材例（学級活動(2)）

低学年	中学年	高学年
たのしい給食がはじまるよ! おやつの食べ方	マナーのもつ意味 元気な体に必要な食事	健康によい生活習慣 栄養バランスのよい食事

（イ）当該教科で指導することが考えられる例

○　活動内容(1)では、例えば給食を楽しく和やかに食べるための机の配置やグループの作り方などについて学級のみんなで話し合い、学級のよりよい人間関係を築くとともに、児童自らが主体的に楽しい給食の時間をつくろうとする自主的、実践的な態度を育成するようにします。

○　活動内容(2)では、学級活動(2)の特質を踏まえて、児童が自己の食生活の課題について、その原因や解決方法を話し合い、自ら解決方法を決めて実践し、改善を図って主体的に望ましい食習慣や食生活を実現しようとする態度を養うことが大切です。

○　学級活動(2)の「エ　食育の観点を踏まえた学校給食と望ましい食習慣の形成」に充てる時間は限られているため、給食の時間をはじめ、家庭科や体育の時間、総合的な学習の時間等とも関連を図ります。

○　児童は、各学級の一員であると同時に学校の一員でもあることから、全校縦割り

第4章　各教科等における食に関する指導の展開

　　グループによる給食交流会や地域でお世話になっている方々との給食交流会の一部
　　について児童が自発的、自治的に話し合うことも考えられます。

○　学級の係活動は、例えば、「こんだておしらせがかり」や「学級レストラン係」
　　などを作って、給食への関心を高めたり、給食の時間を和やかな雰囲気にしたりす
　　るなどの創造的な活動が展開できるようにすることも考えられます。

○　係活動の内容としては、例えば学級の背面黒板に給食に関するコーナーを設置し、
　　お知らせや新聞、給食献立ベストテンなどのアンケート調査、食に関する指導の際
　　に活用した資料などを掲示することも考えられます。

○　学級活動において食に関する指導を行う場合は、栄養教諭の専門性を生かすなど、
　　積極的に協力が得られるようにする必要があります。その際、学級活動が児童の生
　　活の実態に即して指導が行われるようにする必要があることから、学級担任が中心
　　となって指導計画を作成することも大切なことです。

○　食に関する指導については、個々の児童や家庭の状況に配慮する必要もあること
　　から、効果的な指導を展開するためにも家庭との連携を図ることが大切です。

（ウ）実践事例
事例1【活動内容(1)】
　①　議題
　　　1年生と給食交流会をしよう　（第6学年）

　②　ねらい
　　　1年生との給食交流会で、どのようにすれば交流が深まり、1年生が楽しく喜ん
　　でくれるかを考え、進んで話し合って実践しようとする。最高学年としての自覚を
　　もち、下級生に給食時の望ましい態度について自分の姿で示すことができる。

　③　食育の視点
　　○給食交流会の実践を通して食事の喜びや楽しさについての理解を深める。
　　　　　　　　　　　　　　　　　　　　　　　　　　　　　　＜食事の重要性＞
　　○食事の時のマナーや話題を通して人間関係形成能力を身に付ける。　＜社会性＞

　④　指導計画（全1時間）
　　※ 事前事後の活動は給食の時間や朝の会、帰りの会を活用する。
　　※ 活動内容(1)の指導案の場合は、児童が作成した活動計画を掲載すべきであるが、ここでは
　　　指導手順を分かりやすくするために指導計画を掲載した。

－ 160 －

第4章　各教科等における食に関する指導の展開

⑤　展開例

	主な学習活動	指導上の留意点
事前	○１年生との給食交流会の議題を学級の全員で選定し、計画委員会を開き活動計画を作成する。 ○どのような給食交流会にしたいか１年生にアンケート調査を実施する。計画委員会は集計結果をもとに話合いの柱を決定し、学級会の予告を行う。 ○学級会ノートに自分の考えを記入する。	＊最高学年として下級生のことや学校全体の向上に目を向けた活動の大切さについて指導する。場合によっては、栄養教諭や１年生の担任の協力を得る。 ○計画委員会は輪番制とし、どの児童もそれぞれの役割が体験できるようにする。 ○計画委員会を昼休みに行い、学級担任も一緒に参加するようにする。 ○同学年に複数の学級がある場合は、他の学級担任と情報交換をしておく。
本時	○議題や提案理由を確認し、話合いのめあてをつかむ。 ○話合いをする。 　話し合うこと１　交流会で何をするか 　話し合うこと２　交流を深めるための工夫 　話し合うこと３　役割分担をどうするか	○給食交流会が楽しいだけでなく、最高学年として食事のときのマナーや話題について手本となるようにすることなどを話し、活動の意義を確認しておく。 ○司会グループを指導し、話合いの内容がめあてに沿っているか、実現可能かどうかについて十分検討できるようにする。
事後	○全員で仕事を分担し協力して準備を進め１年生とのなかよし交流給食を行う。 ○実践の振り返りを行う。	○朝の会や帰りの会で各係の仕事の進み具合を確認する。 ○自己評価や相互評価を行う。

事例２【活動内容(2)エ】
　①　題材
　　バランスのよい食事　（第３学年）
　②　題材の目標
　　健康な体をつくるためには、三つのグループの食品をバランスよくとることが必要であることを知り、好き嫌いなく何でも食べようとする意欲をもつことができる。
　③　食育の視点
　○　心身の健全な成長や健康の保持増進のために望ましい栄養や食事のとり方を理解し、よりよい食習慣を身に付ける。　　　　　　　　　　　　　　　＜心身の健康＞
　④　指導計画（全１時間）
　　※ 事前事後の活動は給食の時間や朝の会、帰りの会を活用する。
　　※ 指導案を作成する場合には、T1（学級担任）、T2（栄養教諭）の役割が明確になるように留意する。

－ 161 －

第4章　各教科等における食に関する指導の展開

⑤　展開例
事前の指導

	主な学習活動	指導上の留意点
事前	○健康係で学級みんなの好きな食材や苦手な食材のベストテンを調べ、表にまとめる。 ○日々の食生活の中で自分が苦手な食べ物が出たときどうしているかを記録しておくようにする。 ・苦手でも工夫してがんばって食べている。 ・いつも残している。　など	○事前に係の児童で集計を行い、絵グラフにまとめるようにする。 ○自分の苦手な食べ物をどのようにしているかについて、様々な方法で事前につかめるようにしておく。 ○苦手な野菜を一口食べてみるなど子供のがんばりを認めるようにする。 ○学級みんなの好き嫌いについて自分と比べながら考えられるようにする。

本時の展開

	主な学習活動	指導上の留意点
つかむ	○健康係の調査結果を聞き、気付いたことを発表する。	○好きな食べ物や苦手な食べ物についての調査結果を絵グラフにして提示して話し合うことで、課題意識をもち、自分自身の問題として捉えることができるようにする。
さぐる	○バランスよく食べられていない理由について考えるとともに、栄養教諭から食べ物の栄養や給食の献立の工夫について話を聞き、バランスよく食べることの大切さについて考える。	＊栄養教諭は、栄養のバランスだけでなく、献立を考え、食事を作っている人たちの思いや願いについても触れる。 ○発達の段階に合わせて内容を重点化した資料となるようにする。
見つける	○苦手な食べ物が食べられるようになった経験や工夫しながらがんばって食べていることを発表し合う。 ○バランスよく食べるための工夫について話し合う。	○自分のがんばりだけでなく家族から取材してきたことも発表する。また担任や栄養教諭の体験談等も交える。
決める	○話し合ったことを参考にして、自分のめあてや実践方法を決める。	○机間指導を行い、必要に応じて具体性のあるめあてや実践方法となるように助言を行う。

事後の指導

事後	○実践カードにがんばったことやできたことを記入する。 ○自分や友達のがんばりを認め合う。	○１週間程度取り組み、互いのがんばりを紹介し合い、称賛するなどして実践意欲をさらに高める。

（エ）　特別活動の他の内容や他教科等との関連

○　食事や会食を通してよりよい人間関係を築こうとする自主的、実践的な態度を他の特別活動の内容の中でも生かすことができるようにします。また、家庭科のB (1)イや道徳の［B礼儀］の学習内容と関連させてマナーや話題を扱うことにより、指導の充実を図るようにします。

○　給食週間に向けて、給食に関わっている人たちに、好き嫌いを減らそうとしている自分たちのがんばりと感謝の気持ちをどのように伝えるか学級会で話し合うことが考えられます。また、児童の取組を委員会活動や代表委員会で取り上げるなど、学校全体の取組へと広げていくことも可能です。

・児童会活動
（ア）　食に関連する内容
活動例（児童会活動）
・食に関する委員会活動や児童会集会活動
・縦割りグループやペア学年など異年齢での交流給食
・給食でお世話になっている方々に感謝の気持ちを伝える集会

（イ）　当該教科で指導することが考えられる例

○　代表委員会では、例えば「他学年のお友達と交流給食をしよう」「給食でお世話になっている方々に感謝の気持ちを伝えよう」などの児童が自発的、自治的に取り組める活動について話し合い、高学年の児童が中心となって役割を分担し、自主的に取り組めるようにします。

○　委員会活動では、食事と健康などに関する調査活動や広報活動などを行うことが考えられます。また、楽しい給食の時間になるように、放送委員会が自分たちの発意・発想を生かし放送内容を創意工夫することなども考えられます。

○　委員会活動では、日常的な活動とともに、例えば苦手な食べ物が食べられるようになった友達の体験談集を作成したり、好きな給食についてのアンケート調査や、給食に関する標語やクイズを作成したりするなど、創意ある活動を考えることができるように適切な指導を行うことが必要です。また、そのような活動を児童会集会活動の中で取り上げることも考えられます。

○　委員会活動として、食育に関する学校の環境づくりに取り組むことも望ましいことです。例えば、食育に関して情報提供をするコーナーを校内に設け、給食委員会の活動状況を紹介したり、作成したポスターや新聞を掲示したりするのはその一例です。

第4章　各教科等における食に関する指導の展開

・クラブ活動
（ア）食に関連する内容
　活動例（クラブ活動）
　　・料理クラブ
　　・国際交流クラブ
　　・郷土食クラブ

（イ）当該教科で指導することが考えられる例
　　○　地域の食文化や食材などを生かして食に関するクラブ活動を設け、地域の方々の協力
　　　を得ながら地域の特産野菜の栽培に取り組むなど、調査活動や栽培活動、調理活動など
　　　を通して地域の産業や食材などへの関心を高められるようにすることも考えられます。

　　○　調理に関するクラブにおいては、計画から調理、試食、後片付けなどについて、児童
　　　自らが協力して楽しく活動できるようにする必要があります。その際、衛生や安全、食
　　　材の費用など、児童に任せられないことについては、担当する教師が適切に指導します。

　　○　国際交流に関するクラブにおいては、例えば外国籍の児童の保護者や地域の外国人
　　　の方などを招いて外国の食文化に触れる活動をすることも考えられます。その際、
　　　日本の食文化のよさにも触れられるような活動を取り入れていくことが大切です。

・学校行事
（ア）食に関連する内容
　学校行事の内容に示された食に関する指導について
　　食に関する指導については、学校行事の「内容(3)健康安全・体育的行事」及び「(5)勤労生産・
奉仕的行事」において行われることが考えられ、同解説特別活動編に次のように記述されて
います。

---

(3) 健康安全・体育的行事
①健康安全・体育的行事のねらいと内容

> 　心身の健全な発達や健康の保持増進，事件や事故，災害等から身を守る安全な行
> 動や規律ある集団行動の体得，運動に親しむ態度の育成，責任感や連帯感の涵養，
> 体力の向上などに資するようにすること。

　健康安全・体育的行事のねらいは，次のとおり考えられる。
　児童自らが自己の発育や健康状態について関心をもち，心身の健康の保持増進に努
めるとともに，身の回りの危険を予測・回避し，安全な生活に対する理解を深める。また，
体育的な集団活動を通して，心身ともに健全な生活の実践に必要な習慣や態度を育成
する。さらに,児童が運動に親しみ,楽しさを味わえるようにするとともに体力の向上を図る。
　健康安全・体育的行事においては，例えば次のとおり資質・能力を育成することが考
えられる。

第4章　各教科等における食に関する指導の展開

○心身の健全な発達や健康の保持増進，事件や事故，災害等の非常時から身を守ることなどについてその意義を理解し，必要な行動の仕方などを身に付ける。また，体育的な集団活動の意義を理解し，規律ある集団行動の仕方などを身に付けるようにする。

○自己の健康や安全についての課題や解決策について考え，他者と協力して，適切に判断し行動することができるようにする。また，運動することのよさについて考え，集団で協力して取り組むことができるようにする。

○心身の健全な発達や健康の保持増進に努め，安全に関心をもち，積極的に取り組もうとする態度を養う。また，運動に親しみ，体力の向上に積極的に取り組もうとする態度を養う。

(5) 勤労生産・奉仕的行事

①勤労生産・奉仕的行事のねらいと内容

> 勤労の尊さや生産の喜びを体得するとともに，ボランティア活動などの社会奉仕の精神を養う体験が得られるようにすること。

勤労生産・奉仕的行事のねらいは，次のとおり考えられる。

学校内外の生活の中で，勤労生産やボランティア精神を養う体験的な活動を経験することによって，勤労の価値や必要性を体得できるようにするとともに，自らを豊かにし，進んで他に奉仕しようとする態度を養う。

勤労生産・奉仕的行事においては，例えば次のとおり資質・能力を育成することが考えられる。

○勤労や生産の喜び，ボランティア活動などの社会奉仕の精神を養う意義について理解し，活動の仕方について必要な知識や技能を身に付けるようにする。

○自他のよさを生かし，よりよい勤労や生産の在り方，働くことの意義や社会奉仕について考え，実践することができるようにする。

○学校や地域社会など公共のために役立つことや働くことへの関心をもち，勤労や生産，他者への奉仕に積極的に取り組もうとする態度を養う。

勤労生産・奉仕的行事には，飼育栽培活動，校内美化活動，地域社会の清掃活動，公共施設等の清掃活動，福祉施設との交流活動などが考えられる。

活動例（学校行事）

・健康診断に際して、自分の生活を振り返る活動

・給食調理員や食材の生産者に感謝を伝える活動

・地域にゆかりのある作物の栽培

（イ）当該教科で指導することが考えられる例

○　健康診断などの健康安全・体育的行事においては、個々に発育の状況には違いがあることや、食事や運動、適切な睡眠時間など調和のとれた生活が必要なことを理解し、学級活動の指導や体育の保健学習などとの関連を図りながら健康な生活を送ることができるような意欲や自主的、実践的な態度を育てるようにします。

第4章　各教科等における食に関する指導の展開

○　給食週間や給食と健康に関する学校行事を実施する際には、例えば給食の調理員、食材の生産者など、学校給食に関わる様々な方々に感謝するとともに、学校給食の歴史やその大切さについて理解できるようにする活動などが考えられます。

○　遠足・集団宿泊的行事では、家族が作ってくれたお弁当、みんなで作る野外調理、修学旅行の宿泊先での食事など、みんなで一緒に食事をする場を通して人間的な触れ合いを深め、楽しい思い出を作ることができます。

○　勤労生産・奉仕的行事として、学校園や地域の田畑を活用した米や野菜作りなどの栽培活動を実施し、収穫したものは、食材として活用するなどして勤労の喜びと自然の恵みに対する感動を体得できるようにします。

エ　栄養教諭の関わり方

＜特別活動の特質や目標を理解し、指導に関わる＞

　食に関する指導の効果をより高めるために学級担任と栄養教諭が協力して授業を行うときはあらかじめ指導計画に位置付けておくことはもちろんのこと、事前の打合せや連絡、事後の継続的な実践につながるような指導を工夫することが必要です。学級活動では知識の伝達が中心となる指導は好ましくありません。児童の身近な生活課題を自分の問題としてとらえ、原因や背景などをさぐり、話合いを通して解決の方法を自分なりに意思決定していくことが大切なのです。栄養教諭は、その特質を理解し、食に関する高い専門性を生かして食に関わる様々な情報や資料の作成に努め、学校給食を通して望ましい食生活について学べるような教材開発や授業展開等について研究や開発ができるようにするなど、その専門性を十分に発揮することが求められます。

＜食に関する指導の推進の要として全体計画等の作成や話合いに積極的に関わる＞

　学級活動の活動内容(2)の「エ　食育の観点を踏まえた学校給食と望ましい食習慣の形成」に関する内容については、栄養教諭を中心としながら、6年間もしくは9年間の食に関する指導全体を見通して、意図的、計画的に指導計画を作成しなければなりません。その際、学級活動にはその他にも多くの指導内容が例示されていることから、家庭科や体育などの指導と重ならないようにしたり、日常の指導を充実させたりするなどして、学級活動で取り上げる食に関する内容については発達の段階に応じて重点化する必要があります。

第4章　各教科等における食に関する指導の展開

（2）中学校
ア　目標

集団や社会の形成者としての見方・考え方を働かせ，様々な集団活動に自主的，実践的に取り組み，互いのよさや可能性を発揮しながら集団や自己の生活上の課題を解決することを通して，次のとおり資質・能力を育成することを目指す。
(1) 多様な他者と協働する様々な集団活動の意義や活動を行う上で必要となることについて理解し，行動の仕方を身に付けるようにする。
(2) 集団や自己の生活，人間関係の課題を見いだし，解決するために話し合い，合意形成を図ったり，意思決定したりすることができるようにする。
(3) 自主的，実践的な集団活動を通して身に付けたことを生かして，集団や社会における生活及び人間関係をよりよく形成するとともに，人間としての生き方についての考えを深め，自己実現を図ろうとする態度を養う。

イ　教科等の特徴
　特別活動の目標には、資質・能力を育成するために、「様々な集団活動に自主的、実践的に取り組み、互いのよさや可能性を発揮しながら集団や自己の生活上の課題を解決することを通して」という学習の過程が示されています。

（ア）　様々な集団活動
　学校は一つの小さな社会であり、様々な集団から構成されています。特別活動は、各活動・学校行事における様々な集団活動の中で、生徒が集団や自己の課題の解決に向けて取り組む活動です。集団の活動の範囲は学年や学校段階が上がるにつれ広がりをもち、社会に出た後の様々な集団や人間関係の中でその資質・能力が生かされていくことになります。

（イ）　自主的、実践的に取り組む
　特別活動の各活動・学校行事は、一人一人の生徒の学級や学校の生活における諸課題への対応や課題解決の仕方などを自主的、実践的に学ぶ活動内容によって構成されています。集団活動の中で、一人一人の生徒が、実生活における課題の解決に取り組むことを通して学ぶことが、特別活動の自主的、実践的な学習です。

（ウ）　互いのよさや可能性を発揮しながら
　特別活動における集団活動の指導に当たっては、「いじめ」や「不登校」等の未然防止等も踏まえ、生徒一人一人を尊重し、生徒が互いのよさや可能性を発揮し、生かし、伸ばし合うなど、よりよく成長し合えるような集団活動として展開しなければなりません。生徒が自由な意見交換を行い、全員が等しく合意形成に関わり、役割を分担して協力するといった活動を展開する中で、所属感や連帯感、互いの心理的な結び付きなどが結果として自然に培われるようにすべきものです。このような特別活動の特質は、学級経営や生徒指導の充実とも深く関わります。

第４章　各教科等における食に関する指導の展開

（エ）　集団や自己の生活上の課題を解決する

　「なすことによって学ぶ」を方法原理としている特別活動においては、学級や学校生活には自分たちで解決できる課題があること、その課題を自分たちで見いだすことが必要であること、単に話し合えば解決するのではなく、その後の実践に取り組み、振り返って成果や課題を明らかにし、次なる課題解決に向かうことなどが大切であることに気付いたり、その方法や手順を体得できるようにしたりすることが求められます。

　ここでいう「課題」とは、現在生じている問題を解消することだけでなく、広く集団や自己の現在や将来の生活をよりよくするために取り組むことを指します。

ウ　食に関連する内容
・学級活動
（ア）　食に関連する内容

　学級活動の内容に示された食に関する指導について

　食に関する指導については、学級活動の内容「(2) オ　食育の観点を踏まえた学校給食と望ましい食習慣の形成」において行うことが考えられ、同解説特別活動編には次のように記述されています。

オ　食育の観点を踏まえた学校給食と望ましい食習慣の形成

> 　給食の時間を中心としながら，成長や健康管理を意識するなど，望ましい食習慣の形成を図るとともに，食事を通して人間関係をよりよくすること。

　この内容は，自分の食生活を見直し，自ら改善して，生涯にわたって望ましい食習慣が形成され，食事を通してよりよい人間関係や社交性が育まれるようにするものである。

　規則正しく調和のとれた食生活は，健康の保持増進の基本である。近年の生徒等の食生活の乱れが，生活習慣病はもとより心の健康問題にも発展するなど食に起因する新たな健康課題を生起していることから，学校においても食育を推進し，望ましい食習慣を形成することは極めて重要な課題となっている。

　この内容において育成を目指す資質・能力としては，例えば，健康や食習慣の正しい知識が大切であることを理解し，給食の時間の衛生的で共同的な楽しい食事の在り方等を工夫するとともに，自らの生活や今後の成長，将来の生活と食生活の関係について考え，望ましい食習慣を形成するために判断し行動ができるようにすることが考えられる。また，そうした過程を通して，健康な心身や充実した生活を意識して，主体的に適切な食習慣を形成する態度を育てることなどが考えられる。

　食育の観点を踏まえた学校給食と望ましい食習慣の形成は，食に関する資質・能力等を，生徒が発達の段階に応じて総合的に身に付けることができるように学校教育全体で指導することである。したがって，学校の教育計画等と関連付けながら食に関する指導の全体計画を作成し，給食の時間を中心としながら，各教科等における食に関する指導を相互に関連付け，総合的かつ効果的な指導が行われるように留意する必要がある。

　給食の時間においては，楽しく食事をすること，栄養の偏りのない健康によい食事のとり方，食中毒の予防に関わる衛生管理の在り方，準備や後片付けなど作業を通し

－ 168 －

て奉仕や協力・協調の精神を養うことなどに関する指導により望ましい食習慣の形成を図るとともに，食事を通して人間関係をよりよく形成していくことをねらいとしている。適切な給食時間を確保した上で，給食の準備から後片付けを通して，計画的・継続的に指導することが重要である。また，食を取り巻く社会環境の変化等を踏まえつつ，家庭との連携が重要である。さらに，心身の健康に関する内容にとどまらず，自然の恩恵などへの感謝，食文化，食糧事情などについても教科等の指導と関連を図りつつ指導を行うことが望まれる。

　具体的な活動の工夫としては，自分の食生活を見直しと改善，望ましい食習慣への課題，生涯を通じた望ましい食習慣を形成などの題材を設定し，発表し合う活動などが考えられる。

　また，「食」は心身の成長及び人格の形成に大きな影響を及ぼすこと，生涯にわたって健全な心と体を培い豊かな人間性を育んでいく基礎となることなどの題材を設定し，主体的に食習慣の改善に取り組むよう指導することが重要である。

　学校給食を実施していない学校においても生徒が健康の大切さを実感し，生涯にわたって自己の健康に配慮した食生活を営めるよう，望ましい食習慣の形成について，食育の観点も踏まえ，健康・安全に関する指導の一環として指導する必要がある。

題材例（学級活動(2)）
・偏りのない健康によい食事
・食事のマナーを守って、和やかで楽しい給食
・食中毒を予防するための衛生管理

（イ）当該教科で指導することが考えられる例

　○　活動内容の指導においては、生徒が自主的に話し合えるようにすることが重要です。その際、日ごろの学級経営を大切にするとともに、学級の人間関係の状況や生徒の実態を十分に踏まえて適切な指導の下で活動を進められるようにする必要があります。

　○　学級における給食や健康に関する諸問題について、調査活動を行って問題点を指摘したり、その改善方法などについて提案したりする活動に積極的に取り組めるように指導することが大切です。

　○　学級の背面黒板等に健康に関するコーナーを設置し、学級活動の時間に活用した資料や、生徒会の専門委員会や学級の係が作成したアンケートや新聞などを掲示し、食や健康に関する環境を整備し、生徒の自主的な活動や実践の意欲を高めるようにします。

　○　話合い活動を進めながらその問題に対して生徒一人一人が自分自身の関わり方や自分の生き方を自覚し、これからの自分の具体的な行動の仕方を意思決定できるようにします。

第4章　各教科等における食に関する指導の展開

○　学校行事などとして実施する地域の職場等における職場体験活動との関連を図り、生徒の体験をもとにして、働く目的と意義、働くことと生きがいなどについて考え、生きることについて自分事として真剣に受け止め、自分の生き方を見つけていこうとする取組が考えられます。

（ウ）実践事例
事例【活動内容(2) オ】
　①　題材名
　　　成長期の望ましい食習慣

　②　題材の目標
　　　成長期における栄養摂取の重要性について理解し、自分の成長や運動量に応じた栄養バランスのよい食事をとることができる。

　③　食育の視点
　　○　心身の成長や健康の保持増進と栄養や食事の摂取との関係を理解し、健康に関する自己管理能力を身に付ける。　　　　　　　　　　　　　　＜心身の健康＞

　④　指導計画（全1時間）
　　　※事前事後の活動は給食の時間や朝の会、帰りの会を活用する

　⑤　展開例
　　　事前の指導

	主な学習活動	指導上の留意点
事前	○事前に学級内の食事内容調査や嗜好調査を実施する。	○栄養教諭や学級の給食委員会の生徒と相談して調査内容を決定し、調査結果をまとめる。

　　本時の展開

	主な学習活動	指導上の留意点
問題の発見・確認	○調査結果から自分の食生活を振り返り、食事のとり方や栄養の偏りなどについての自分の課題をつかむ。	○朝、昼、夕ときちんと食事をとっているか、食事の量は多いが栄養を考えず糖質や脂肪の多い食品などを多くとっていないかなど振り返り、自分の食生活の課題がつかめるようにする。（家庭環境の差異や個人情報に十分留意して調査、集計、表示を行うこと。）

－ 170 －

解決方法の話合い	○自分の食生活の課題について，原因を考えるとともに，栄養教諭から中学校の時期に多くの栄養が必要であることについて話を聞き，改善の必要性を感じる。 ○成長期における食生活の改善の仕方について話し合う。	○成長期であることや、部活動等で激しい運動をすることなどを視点とする。 ＊栄養教諭が給食献立を資料として活用し、中学生と成人のエネルギー必要量の違いや中学生の時期に多くの栄養が必要であることに気付けるようにする。 ○自分の努力だけでなく身近な大人から取材してきたことも発表する。また担任や栄養教諭の体験談等も交える。
解決方法の決定	○食生活を改善し成長期の自分に合った食事のとり方について考え、実践することを決める。	○個々の改善点や実践することを発表することで、実践への意欲を高める。

事後の指導

事後	○給食の時間に実践の様子を話題としてグループで報告し合う。	○学習の内容や実践の様子を学級通信などで伝え、家庭の協力を依頼する。

（エ）特別活動の他の内容や他教科との関連

○　成長の著しい時期における食生活と健康に関わる内容も含んでいることから、保健体育科の保健分野 (1)「健康な生活と疾病の予防」と関連が深い。また、技術・家庭科〔家庭分野〕B「衣食住の生活 (1) 食事の役割と中学生の栄養の特徴」との関連を図り、指導内容や方法及び生徒の活動を工夫していくことが求められます。

・生徒会活動
（ア）食に関連する内容
・食に関する委員会活動
・給食当番の清潔な服装のための活動
・給食の残さいを減らす活動

（イ）当該教科で指導することが考えられる例

○　給食に関する専門の委員会において、食に関する学校生活の改善のために多様な活動に取り組むことが期待されます。その際、安易に給食の残さい点検をするだけでなく、よりよい生活づくりに向けて具体的に改善できるようにするための活動が進められるようにします。

○　学校給食週間の取組として、例えば、給食や望ましい食生活に関するポスターの募集や制作等の活動を行い、全校に向けて食に関する啓発活動を行うことも考えられます。

第4章　各教科等における食に関する指導の展開

　　○　食に関する指導において例えば、牛乳パックのリサイクルなど地球に優しい環境づくりに生徒会活動として取り組むことも考えられます。

　　○　生徒会活動を中心として全校生徒と協力しながら学校農園での栽培活動を行い、体験的な活動を通して、仲間や地域の方々などとの人間関係を築くとともに、収穫を共に感謝し喜びを分かち合う活動が考えられます。

・学校行事
（ア）食に関連する内容
　・米や野菜をはじめとする地域の特産物などの栽培
　・動物の飼育、稚魚の放流など、食に関する職場体験活動
　・地域の伝統食や行事食に関する活動

（イ）当該教科で指導することが考えられる例
　　○　修学旅行等においては、その地域の伝統的な食文化に触れる体験を取り入れ、実際に味わったり、生産活動に参加したりするなど、体験することによって地域の食に関する理解を深めることも考えられます。

　　○　学校行事としての健康診断などにおいては、検診結果を伝えるだけにとどまらず、生徒自身が自己の発育や健康の状態を知り、自主的、自律的に健康な生活を送ることができるように指導する必要があります。

エ　栄養教諭の関わり方
＜特別活動の特質などを十分理解し、指導計画作成や授業でその専門性を発揮する＞
　　栄養教諭は、食に関する指導の推進の要として特別活動の指導計画作成に主体的に関わり、各教科等や特別活動の各内容との関連や生徒指導との関連を図りながら、教務主任や学年主任、養護教諭とも連携を図って３年間の食に関する指導を適切に位置付けるようにすることが求められます。また、特別活動の指導原理である「なすことによって学ぶ」ことを大切にし、学級担任とともによりよい食習慣を作ろうとする自主的、実践的な態度を育成するよう努めることが大切です。

＜個々の生徒についての理解を深める＞
　　栄養教諭は、特別活動が生徒に自らの生き方をしっかりと見つめさせる時間であることを踏まえ、生徒一人一人の状況をしっかりと理解し、共感的な姿勢で指導、助言を行うことが大切です。また、必要に応じて食に関する内容について、個別の問題の解決を助言したり、相談を受けたりするなどの配慮も必要です。

－ 172 －

第4章　各教科等における食に関する指導の展開

9　特別支援学校

　障害のある児童生徒が、将来自立し、社会参加するための基盤として、望ましい食習慣を身に付け、自らの健康を自己管理する力や食物の安全性等を自ら判断する力などを身に付けることは極めて重要なことです。また、障害のある児童生徒にとって「食べること」とは、咀嚼（食物をかみ砕くこと）や嚥下（食物を飲み込むこと）などの食べる機能の発達を促すだけではなく、食事に関する基本動作や、コミュニケーション能力、情緒面など心身の調和的発達を促す重要な行為であると言えます。つまり、特別支援学校における食に関する指導は、小学校、中学校に準じて行うとともに、個々の児童生徒が自立を目指し、生命の維持や、健康状態の回復や保持、増進など、障害による学習上又は生活上の困難を改善・克服するために必要な知識・技能、態度及び習慣を養うための教育活動として捉え、指導を展開していく必要があります。

　指導を展開する際には、例えば、障害の状態が重度の児童生徒に対しては、見る、聞く、触る、においをかぐなどの感覚を十分に活用させ、食べる意欲を高めさせたり、食べたいという意思を表情や身ぶりで表現させたりするなど、食への関心を高め、児童生徒の主体的な取組を促す工夫が必要となります。

　また、病気などによる食事制限など様々な生活上の制約のある児童生徒もいます。このような児童生徒に対しては、自分の病気などについての正しい知識の理解、病気などに向き合う態度、生き甲斐を見つけ生きる意欲を高めさせるような指導と関連付けながら、食事の必要性や食事のとり方などといった食に関する指導を進めていく必要があります。

　この節では、特別支援学校における食に関する指導の展開について、「各教科等の指導」と「自立活動の指導」に分けて、それぞれにおける指導の展開を述べます。

（1）各教科等の指導
ア　視覚障害者、聴覚障害者、肢体不自由者又は病弱者である児童又は生徒に対する教育を行う特別支援学校の各教科等

　視覚障害者、聴覚障害者、肢体不自由者又は病弱者である児童又は生徒に対する教育を行う特別支援学校の小学部及び中学部の各教科等の目標、各学年の目標及び内容並びに指導計画の作成と内容の取扱いについては、小学校学習指導要領及び中学校学習指導要領の第2章以下に示すものに準ずるものとされています。

　したがって、各教科等における食に関する指導の進め方については、小学校、中学校に準じて行うことになります。その際、視覚障害者、聴覚障害者、肢体不自由者又は病弱者である児童又は生徒に対する教育を行う特別支援学校ごとに示された指導計画の作成と各学年にわたる内容の取扱いに当たっての配慮事項を踏まえ、次の表に示すような配慮をすることが考えられます。

　なお、各障害種共通の指導上の配慮の例として、毎日の給食を「生きた教材」として多様な食品を経験させるようにすることや、自立活動の指導との関連（200ページ参照）を図り、食に関する指導の効果を高めるようにすることが挙げられます。この場合、食物アレルギーの有無や、口腔機能の状態、誤嚥の有無などについての情報を事前に把握しておき、指導時に事故が発生しないように十分に留意する必要があります。

第4章　各教科等における食に関する指導の展開

障害種	食に関連する内容	指導上の配慮の例
視覚障害者	小学校、中学校に準ずる	・味覚だけではなく、触覚や嗅覚等も活用して、食の経験の拡大を図れるようにする。 ・聴覚、触覚及び保有する視覚などを十分に活用して、食品・料理名など食に関する事物と言葉とを正しく結び付けて、的確な概念の形成を図り、言葉を正しく理解し活用できるようにする。 ・視覚補助具やコンピュータ等の情報機器、触覚教材、拡大教材、音声教材等各種教材の効果的な活用を通して、食に関する情報を収集・整理し、主体的な学習ができるようにする。 ・視覚的模倣や空間的な把握が困難なことから、マナーの説明や食事に関する基本動作の習得に重点を置いた指導を十分に行う。 ・児童生徒が食事に関する状況や活動の過程等を的確に把握できるよう配慮することで、空間や時間の概念を養い、見通しをもって意欲的な活動を展開できるようにする。
聴覚障害者		・食に関する体験的な活動を通して、食に関する語句などについて的確な言語概念の形成を図るようにする。 ・児童生徒の聴覚障害の状態等に応じて、音声、文字、手話、指文字等を適切に活用して、食に関する発表や会話などの活動を積極的に取り入れ、的確な意思の相互伝達が行われるよう指導方法を工夫する。 ・視覚的に情報を獲得しやすい教材・教具（食品の絵や写真、食品模型等）やその活用方法を工夫するとともに、コンピュータ等の情報機器などを有効に活用し、指導の効果を高めるようにする。

第4章　各教科等における食に関する指導の展開

障害種	食に関連する内容	指導上の配慮の例
肢体不自由者	小学校、中学校に準ずる	・食に関する体験的な活動を通して言語概念等の形成を的確に図り、児童生徒の身体の動きの状態や生活経験の程度等を考慮して、食に関する指導内容を適切に設定し、重点を置く事項に時間を多く配当するなど計画的に指導する。 ・脳性疾患等の認知の特性から、課題を見て理解したり、聞いて理解したりすることに困難がある場合があるので、注目すべき所を強調したり、視覚と聴覚の両方を活用したりするなど指導方法を工夫する。 ・身体の動きや意思の表出の状態等に応じて、適切な補助用具や補助的手段を工夫するとともに、コンピュータ等の情報機器などを有効に活用し、食に関する指導の効果を高めるようにする。
病弱者		・病気の状態などにより、授業時数の制約や、学習の空白による遅れなどから学習の進度等に差がみられることもあるため、食に関する指導内容を精選し、基礎的・基本的な事項に重点を置くとともに、指導内容の連続性に配慮した工夫を行ったり、各教科等相互の関連を図ったりして、効果的な学習活動が展開できるようにする。 ・健康状態の維持や管理、改善に関する内容の指導に当たっては、自己理解を深めながら学びに向かう力を高めるために、自立活動における指導と食に関する指導との密接な関連を保ち、学習効果を一層高めるようにする。 ・調理実習などの体験的な活動を伴う内容の指導に当たっては、食事制限や様々な物質に対するアレルギーなどの有無を把握し学習環境に応じて、間接体験や疑似体験、仮想体験等を取り入れるなど、指導方法を工夫し、効果的な学習活動が展開できるようにする。 ・身体活動の制限や認知の特性、学習環境等に応じて、教材・教具や入力支援機器等の補助用具を工夫するとともに、コンピュータ等の情報機器などを有効に活用し、食に関する指導の効果を高めるようにする。 ・児童生徒の病気の状態等を考慮し、学習活動が負担過重となる又は必要以上に制限することがないようにする。

第4章　各教科等における食に関する指導の展開

イ　知的障害者である児童又は生徒に対する教育を行う特別支援学校の各教科等

　知的障害者である児童又は生徒に対する教育を行う特別支援学校（以下「特別支援学校（知的障害）」という。）の小学部の各教科は、生活、国語、算数、音楽、図画工作、体育の6教科で構成されています。また、中学部の各教科については、国語、社会、数学、理科、音楽、美術、保健体育、職業・家庭の8教科で構成されています。

　なお、小学部の外国語活動や中学部の外国語科については、必要がある場合に設けることができるようになっています。中学部においては、特に必要がある場合には、その他必要な教科を選択教科として設けて教育課程を編成することができるようになっています。

　各教科の中で、特に食に関する指導と内容の面で関連しているのは、小学部では「生活」「体育」、中学部では「社会」「理科」「保健体育」「職業・家庭」です。特別支援学校小学部・中学部学習指導要領等には、これらの教科について、以下のような目標及び内容が示されています。

　なお、特別支援学校（知的障害）において、各教科の指導に当たっては、各教科の段階に示す内容を基に、児童又は生徒の知的障害の状態や経験等に応じて、具体的に指導内容を設定するものとされています。その際、小学部は6年間、中学部は3年間を見通して計画的に指導するものとされています。

（ア）　食に関連する教科の内容
【小学部】
〔生　活〕
a　目標

> 　具体的な活動や体験を通して，生活に関わる見方・考え方を生かし，自立し生活を豊かにしていくための資質・能力を次のとおり育成することを目指す。
> (1) 活動や体験の過程において，自分自身，身近な人々，社会及び自然の特徴やよさ，それらの関わり等に気付くとともに，生活に必要な習慣や技能を身に付けるようにする。
> (2) 自分自身や身の回りの生活のことや，身近な人々，社会及び自然と自分との関わりについて理解し，考えたことを表現することができるようにする。
> (3) 自分のことに取り組んだり，身近な人々，社会及び自然に自ら働きかけ，意欲や自信をもって学んだり，生活を豊かにしようとしたりする態度を養う。

b　各段階目標及び内容
○　1段階
（a）　目標

> ア　活動や体験の過程において，自分自身，身近な人々，社会及び自然の特徴に関心をもつとともに，身の回りの生活において必要な基本的な習慣や技能を身に付けるようにする。
> イ　自分自身や身の回りの生活のことや，身近な人々，社会及び自然と自分との関わりについて関心をもち，感じたことを伝えようとする。

ウ　自分のことに取り組もうとしたり，身近な人々，社会及び自然に関心をもち，意欲をもって学んだり，生活に生かそうとしたりする態度を養う。

○　2段階
（a）目標

ア　活動や体験の過程において，自分自身，身近な人々，社会及び自然の特徴やよさ，それらの関わりに気付くとともに，生活に必要な習慣や技能を身に付けるようにする。
イ　自分自身や身の回りの生活のことや，身近な人々，社会及び自然と自分との関わりについて理解し，考えたことを表現することができるようにする。
ウ　自分のことに取り組んだり，身近な人々，社会及び自然に自ら働きかけ，意欲や自信をもって学んだり，生活を豊かにしようとしたりする態度を養う。

○　3段階
（a）目標

ア　活動や体験の過程において，自分自身，身近な人々，社会及び自然の特徴やよさ，それらの関わりに気付くとともに，生活に必要な習慣や技能を身に付けるようにする。
イ　自分自身や身の回りの生活のことや，身近な人々，社会及び自然と自分との関わりについて理解し，考えたことを表現することができるようにする。
ウ　自分のことに取り組んだり，身近な人々，社会及び自然に自ら働きかけ，意欲や自信をもって学んだり，生活を豊かにしようとしたりする態度を養う。

（b）　内容（各段階の食に関連する内容）

教科名		内　容	具体的な指導内容の例
生活	ア　基本的生活習慣	○1段階 　食事や用便等の生活習慣に関わる初歩的な学習活動を通して、次の事項を身に付けることができるよう指導する。 　（ア）簡単な身辺処理に気付き，教師と一緒に行おうとすること。 　（イ）簡単な身辺処理に関する初歩的な知識や技能を身に付けること。	・教師と一緒に食事の前に手洗いをする。 ・配膳のときに行儀よく待つ。 ・教師と一緒に、自分の食器を並べたり、片付けたりする。 ・食前・食後の挨拶のしぐさをする。 ・スプーン・フォークや自助具を使って教師の支援を受けながら食べる。 ・ストローやコップで飲む。 ・茶わんなどを手に持って食事をする。 ・好き嫌いをしないで食べる。 ・食事の途中で遊ばないで食べる。 ・よくかんで食べる。 ・一口の適量を知る。 ・よい姿勢で食べる。 ・食べてはいけないと言われたものは食べない。 ・食後、指示されて口の周りを拭く。 ・教師と一緒に、こぼしたものを拭く。

第4章　各教科等における食に関する指導の展開

教科名	内　容		具体的な指導内容の例
生活	ア 基本的生活習慣	○2段階 　食事、用便、清潔等の基本的生活習慣に関わる学習活動を通して、次の事項を身に付けることができるよう指導する。 　（ア）必要な身辺処理が分かり、身近な生活に役立てようとすること。 　（イ）身近な生活に必要な身辺処理に関する基礎的な知識や技能を身に付けること。	・一人で食事の前に手を洗う。 ・食事の前後にテーブルを拭く。 ・自分の食器を並べたり、片付けたりする。 ・食前食後の挨拶をする。 ・スプーンやフォーク、はしを使ってこぼさないように食べる。 ・ストローやコップで上手に飲む。 ・必要に応じて、茶わんなどを手に持って食べる。 ・主食と副食をとり合わせて食べる。 ・行儀よく食べる。 ・食事中は立ち歩かずに席に座って食べる。 ・食後一人で口の周りを拭く。 ・食品や簡単な献立の名前を言う。 ・しょうゆやソースなどを上手にかける。
		○3段階 　身の回りの整理や身なりなどの基本的生活習慣や日常生活に役立つことに関わる学習活動を通して、次の事項を身に付けることができるよう指導する。 　（ア）必要な身辺処理や集団での基本的生活習慣が分かり、日常生活に役立てようとすること。 　（イ）日常生活に必要な身辺処理等に関する知識や技能を身に付けること。	・簡単な食事の準備(エプロンの着替え、手洗い、食器の運搬・配膳)や後片付け(食器をまとめる、運搬する等)を友達と協力して行う。 ・はしで上手に食べる。 ・健康な身体を作るために、好き嫌いをしないで食べる。 ・マナーを守って食事をする。 ・食べたい献立の名前を言う。 ・調味料を上手に使う。

－ 178 －

第4章　各教科等における食に関する指導の展開

教科名		内　容	具体的な指導内容の例
生活	カ 役割	○1段階 　学級等の集団における役割などに関わる学習活動を通して、次の事項を身に付けることができるよう指導する。 　（ア）身の回りの集団に気付き、教師と一緒に参加しようとすること。 　（イ）集団の中での役割に関心をもつこと。	・給食のときに、教師と一緒に食器を並べたり、牛乳を配ったりするなどの係活動をする。
		○2段階 　学級や学年、異年齢の集団等における役割に関わる学習活動を通して、次の事項を身に付けることができるよう指導する。 　（ア）身近な集団活動に参加し、簡単な係活動をしようとすること。 　（イ）簡単な係活動などの役割について知ること。	・給食運びなどの係活動をする。
		○3段階 　様々な集団や地域での役割に関わる学習活動を通して、次の事項を身に付けることができるよう指導する。 　（ア）様々な集団活動に進んで参加し、簡単な役割を果たそうとすること。 　（イ）集団の中での簡単な役割を果たすための知識や技能を身に付けること。	・給食当番などの係活動をする。

－ 179 －

第4章　各教科等における食に関する指導の展開

教科名		内　容	具体的な指導内容の例
生活	サ 生命 ・自然	○1段階 　教師と一緒に公園や野山などの自然に触れることや生き物に興味・関心をもつことなどに関わる学習活動を通して、次の事項を身に付けることができるよう指導する。 　（ア）身の回りにある生命や自然に気付き、それを教師と一緒にみんなに伝えようとすること。 　（イ）身の回りの生命や自然について関心をもつこと。	・植物を育て、成長や変化に気付く。
		○2段階 　小動物等を飼育し生き物への興味・関心をもつことや天候の変化、季節の特徴に関心をもつことなどに関わる学習活動を通して、次の事項を身に付けることができるよう指導する。 　（ア）身近な生命や自然の特徴や変化が分かり、それらを表現しようとすること。 　（イ）身近な生命や自然について知ること。	・生き物は食べ物を食べて成長することを知る。
		○3段階 　身近にいる昆虫、魚、小鳥の飼育や草花などの栽培及び四季の変化や天体の動きなどに関わる学習活動を通して、次の事項を身に付けることができるよう指導する。	・植物を栽培し、発芽、開花、結実といった一連の成長の様子が分かる。 ・除草したり、肥料を施したりする。

－ 180 －

第4章　各教科等における食に関する指導の展開

| 生活 | サ 生命
・自然 | （ア）日常生活に関わりの
ある生命や自然の特徴や
変化が分かり、それらを
表現すること。
（イ）日常生活に関わりの
ある生命や自然について
関心をもって調べるこ
と。 | |

【小学部】
［体育］
a　目標
　　体育や保健の見方・考え方を働かせ，課題に気付き，その解決に向けた学習過程を通して，心と体を一体として捉え，生涯にわたって心身の健康を保持増進し，豊かなスポーツライフを実現するための資質・能力を次のとおり育成することを目指す。

(1)　遊びや基本的な運動の行い方及び身近な生活における健康について知るとともに，基本的な動きや健康な生活に必要な事柄を身に付けるようにする。
(2)　遊びや基本的な運動及び健康についての自分の課題に気付き，その解決に向けて自ら考え行動し，他者に伝える力を養う。
(3)　遊びや基本的な運動に親しむことや健康の保持増進と体力の向上を目指し，楽しく明るい生活を営む態度を養う。

b　各段階目標及び内容
〇1段階
　(a)　目標

ア　教師と一緒に，楽しく体を動かすことができるようにするとともに，健康な生活に必要な事柄ができるようにする。
イ　体を動かすことの楽しさや心地よさを表現できるようにするとともに，健康な生活を営むために必要な事柄について教師に伝えることができるようにする。
ウ　簡単な合図や指示に従って，楽しく運動をしようとしたり，健康に必要な事柄をしようとしたりする態度を養う。

〇2段階
　(a)　目標

ア　教師と一緒に，楽しく体を動かすことができるようにするとともに，健康な生活に必要な事柄ができるようにする。
イ　基本的な運動に慣れ，その楽しさや感じたことを表現できるようにするとともに，健康

－ 181 －

第4章　各教科等における食に関する指導の展開

な生活に向け，感じたことを他者に伝える力を養う。
ウ　簡単なきまりを守り，友達とともに安全に楽しく運動をしようとしたり，健康に必要な事柄をしようとしたりする態度を養う。

○3段階
　（a）目標

ア　基本的な運動の楽しさを感じ，その行い方を知り，基本的な動きを身に付けるとともに，健康や身体の変化について知り，健康な生活ができるようにする。
イ　基本的な運動の楽しみ方や健康な生活の仕方について工夫するとともに，考えたことや気付いたことなどを他者に伝える力を養う。
ウ　きまりを守り，自分から友達と仲よく楽しく運動をしたり，場や用具の安全に気を付けたりしようとするとともに，自分から健康に必要な事柄をしようとする態度を養う。

　（b）内容（各段階の食に関連する内容）

教科名		内　容	具体的な指導内容の例
体育	G 保健	○1段階 健康な生活に必要な事柄について、次の事項を身に付けることができるよう指導する。 　ア　教師と一緒に、うがいなどの健康な生活に必要な事柄をすること。 　イ　健康な生活に必要な事柄に気付き、教師に伝えること。	・うがいをしたり、手洗いをしたりする。
		○2段階 　健康な生活に必要な事柄について、次の事項を身に付けることができるよう指導する。 　ア　教師の支援を受けながら、健康な生活に必要な事柄をすること。 　イ　健康な生活に必要な事柄に慣れ、感じたことを他者に伝えること。	・身体測定の結果に関心をもつ。
		○3段階 　健康な生活に必要な事柄について、次の事項を身に付けることができるよう指導する。 　ア　健康や身体の変化について知り、健康な生活に必要な事柄に関する基本的な知識や技能を身に付けること。 　イ　健康な生活に必要な事柄について工夫するとともに、考えたことや気付いたことなどを他者に伝えること。	・身体測定の結果や身体の変化などから、自分の身体の成長に関心をもつ。 ・進んで健康診断などを受ける。

－ 182 －

第4章　各教科等における食に関する指導の展開

【中学部】
［社会］
a　目標

社会的な見方・考え方を働かせ，社会的事象について関心をもち，具体的に考えたり関連付けたりする活動を通して，自立し生活を豊かにするとともに，平和で民主的な国家及び社会の形成者に必要な公民としての資質・能力の基礎を次のとおり育成することを目指す。
(1) 地域や我が国の国土の地理的環境，現代社会の仕組みや役割，地域や我が国の歴史や伝統と文化及び外国の様子について，具体的な活動や体験を通して理解するとともに，経験したことと関連付けて，調べまとめる技能を身に付けるようにする。
(2) 社会的事象について，自分の生活と結び付けて具体的に考え，社会との関わりの中で，選択・判断したことを適切に表現する力を養う。
(3) 社会に主体的に関わろうとする態度を養い，地域社会の一員として人々と共に生きていくことの大切さについての自覚を養う。

b　各段階の目標及び内容
○1段階
　(a) 目標

日常生活に関わる社会的事象が分かり，地域社会の一員としての資質・能力の基礎を次のとおり育成することを目指す。
ア　身近な地域や市区町村の地理的環境，地域の安全を守るための諸活動，地域の産業と消費生活の様子及び身近な地域の様子の移り変わり並びに社会生活に必要なきまり，公共施設の役割及び外国の様子について，具体的な活動や体験を通して，自分との関わりが分かるとともに，調べまとめる技能を身に付けるようにする。
イ　社会的事象について，自分の生活や地域社会と関連付けて具体的に考えたことを表現する基礎的な力を養う。
ウ　身近な社会に自ら関わろうとする意欲をもち，地域社会の中で生活することの大切さについての自覚を養う。

○2段階
　(a) 目標

日常生活に関わる社会的事象について理解し，地域社会の一員としての資質・能力の基礎を次のとおり育成することを目指す。
ア　自分たちの都道府県の地理的環境の特色，地域の人々の健康と生活環境を支える役割，自然災害から地域の安全を守るための諸活動及び地域の伝統と文化並びに社会参加するためのきまり，社会に関する基本的な制度及び外国の様子について，具体的な活動や体験を通して，人々の生活との関連を踏まえて理解するとともに，調べま

－ 183 －

第4章　各教科等における食に関する指導の展開

とめる技能を身に付けるようにする。
イ　社会的事象について，自分の生活や地域社会と関連付けて具体的に考えたことを
　表現する力を養う。
ウ　社会に自ら関わろうとする意欲をもち，地域社会の中で生活することの大切さについ
　ての自覚を養う。

(b)　食に関する題材を扱う例
　○　生産の仕事や産業を扱う際に、例えば、農業や漁業を取り上げることが考えられ
　　る。

　○　外国の文化や風習を扱う際に、例えば、料理や食事の習慣を取り上げることが考
　　えられる。

第4章　各教科等における食に関する指導の展開

【中学部】
　［理科］
　　a　目標

　　　自然に親しみ，理科の見方・考え方を働かせ，見通しをもって，観察，実験を行うことなどを通して，自然の事物・現象についての問題を科学的に解決するために必要な資質・能力を次のとおり育成することを目指す。
　　(1) 自然の事物・現象についての基本的な理解を図り，観察，実験などに関する初歩的な技能を身に付けるようにする。
　　(2) 観察，実験などを行い，疑問をもつ力と予想や仮説を立てる力を養う。
　　(3) 自然を愛する心情を養うとともに，学んだことを主体的に日常生活や社会生活などに生かそうとする態度を養う。

　　b　各段階の目標及び内容
　　〇1段階
　　　(a) 目標

　　A　生命
　　ア　身の回りの生物の様子について気付き，観察，実験などに関する初歩的な技能を身に付けるようにする。
　　イ　身の回りの生物の様子から，主に差異点や共通点に気付き，疑問をもつ力を養う。
　　ウ　身の回りの生物の様子について進んで調べ，生物を愛護する態度や学んだことを日常生活などに生かそうとする態度を養う。

　　〇2段階
　　　(b) 目標

　　A　生命
　　ア　人の体のつくりと運動，動物の活動や植物の成長と環境との関わりについての理解を図り，観察，実験などに関する初歩的な技能を身に付けるようにする。
　　イ　人の体のつくりと運動，動物の活動や植物の成長と環境との関わりについて，疑問をもったことについて既習の内容や生活経験を基に予想する力を養う。
　　ウ　人の体のつくりと運動，動物の活動や植物の成長と環境の関わりについて見いだした疑問を進んで調べ，生物を愛護する態度や学んだことを日常生活や社会生活などに生かそうとする態度を養う。

－ 185 －

第4章　各教科等における食に関する指導の展開

(b)　内容（各段階の食に関連する内容）

教科名	内　容		具体的な指導内容の例
理科	ア 人の体のつくりと運動	○2段階 　人や他の動物について、骨や筋肉のつくりと働きに着目して、それらを関係付けて調べる活動を通して、次の事項を身に付けることができるよう指導する。 （ア）次のことを理解するとともに、観察、実験などに関する初歩的な技能を身に付けること。 ⑦　人の体には骨と筋肉があること。 ⑦　人が体を動かすことができるのは、骨、筋肉の働きによること。	・人の体には骨と筋肉があることを知る。 ・人が体を動かすことができるのは、骨と筋肉の働きによることを理解する。
	イ 季節と生物	（イ）人や他の動物の骨や筋肉のつくりと働きについて調べる中で、見いだした疑問について、既習の内容や生活経験を基に予想し、表現すること。	

－ 186 －

第4章　各教科等における食に関する指導の展開

【中学部】
［保健体育］
a　目標

　　体育や保健の見方・考え方を働かせ，課題を見付け，その解決に向けた学習過程を
通して，心と体を一体として捉え，生涯にわたって心身の健康を保持増進し，豊かなスポー
ツライフを実現するための資質・能力を次のとおり育成することを目指す。
(1)　各種の運動の特性に応じた技能等及び自分の生活における健康・安全について
　　理解するとともに，基本的な技能を身に付けるようにする。
(2)　各種の運動や健康・安全についての自分の課題を見付け，その解決に向けて自ら
　　思考し判断するとともに，他者に伝える力を養う。
(3)　生涯にわたって運動に親しむことや健康の保持増進と体力の向上を目指し，明るく
　　豊かな生活を営む態度を養う。

b　各段階の目標及び内容
○１段階
　（a）目標

ア　各種の運動の楽しさや喜びに触れ，その特性に応じた行い方及び体の発育・発達
　　やけがの防止，病気の予防などの仕方が分かり，基本的な動きや技能を身に付けるよ
　　うにする。
イ　各種の運動や健康な生活における自分の課題を見付け，その解決のための活動を
　　考えたり，工夫したりしたことを他者に伝える力を養う。
ウ　各種の運動に進んで取り組み，きまりや簡単なスポーツのルールなどを守り，友達と
　　協力したり，場や用具の安全に留意したりし，最後まで楽しく運動をする態度を養う。
　　また，健康・安全の大切さに気付き，自己の健康の保持増進に進んで取り組む態度を
　　養う。

○２段階
　（a）目標

ア　各種の運動の楽しさや喜びを味わい，その特性に応じた行い方及び体の発育・発
　　達やけがの防止，病気の予防などの仕方について理解し，基本的な技能を身に付ける
　　ようにする。
イ　各種の運動や健康な生活における自分やグループの課題を見付け，その解決のた
　　めに友達と考えたり，工夫したりしたことを他者に伝える力を養う。
ウ　各種の運動に積極的に取り組み，きまりや簡単なスポーツのルールなどを守り，友達
　　と助け合ったり，場や用具の安全に留意したりし，自己の最善を尽くして運動をする態
　　度を養う。また，健康・安全の大切さに気付き，自己の健康の保持増進と回復に進ん
　　で取り組む態度を養う。

－ 187 －

第4章　各教科等における食に関する指導の展開

　(b)　**内容（各段階の食に関連する内容）**

教科名		内　容	具体的な指導内容の例
保健体育	H保健	○1段階 　健康・安全に関する事項について、次の事項を身に付けることができるよう指導する。 　ア　体の発育・発達やけがの防止、病気の予防などの仕方が分かり、基本的な知識及び技能を身に付けること。 　イ　自分の健康・安全についての課題を見付け、その解決のための活動を考えたり、工夫したりしたことを他者に伝えること。	・栄養が偏らないようにバランスのとれた食事をし、食べすぎないようにして健康的な生活を送ることができるようにする。 ・身体の発育に関心をもつ。 ・身体各部の働きを知る。
		○2段階 　健康・安全に関する事項について、次の事項を身に付けることができるよう指導する。 　ア　体の発育・発達やけがの防止、病気の予防などの仕方について理解し、基本的な技能を身に付けること。 　イ　自分やグループの健康・安全についての課題を見付け、その解決のために友達と考えたり、工夫したりしたことを他者に伝えること。	・身体の発育・発達について理解する。 ・健康のために必要な運動や食事について理解し実践する。

－ 188 －

第4章　各教科等における食に関する指導の展開

【中学部】
［職業・家庭］
a　目標

> 　生活の営みに係る見方・考え方や職業の見方・考え方を働かせ，生活や職業に関する実践的・体験的な学習活動を通して，よりよい生活の実現に向けて工夫する資質・能力を次のとおり育成することを目指す。
> (1)　生活や職業に対する関心を高め，将来の家庭生活や職業生活に係る基礎的な知識や技能を身に付けるようにする。
> (2)　将来の家庭生活や職業生活に必要な事柄を見いだして課題を設定し，解決策を考え，実践を評価・改善し，自分の考えを表現するなどして，課題を解決する力を養う。
> (3)　よりよい家庭生活や将来の職業生活の実現に向けて，生活を工夫し考えようとする実践的な態度を養う。

b　各段階の目標及び内容
○1段階
　　(a) 目標

> 家庭分野
> 　生活の営みに係る見方・考え方を働かせ，衣食住などに関する実践的・体験的な学習活動を通して，よりよい生活の実現に向けて工夫する資質・能力を次のとおり育成することを目指す。
> ア　家庭の中の自分の役割に気付き，生活の自立に必要な家族・家庭，衣食住，消費や環境等についての基礎的な理解を図るとともに，それらに係る技能を身に付けるようにする。
> イ　家庭生活に必要な事柄について触れ，課題や解決策に気付き，実践し，学習したことを伝えるなど，日常生活において課題を解決する力の基礎を養う。
> ウ　家族や地域の人々とのやりとりを通して，よりよい生活の実現に向けて，生活を工夫しようとする態度を養う。

○2段階
　　(a) 目標

> 家庭分野
> 　生活の営みに係る見方・考え方を働かせ，衣食住などに関する実践的・体験的な学習活動を通して，よりよい生活の実現に向けて工夫する資質・能力を次のとおり育成することを目指す。
> ア　家族や自分の役割について理解し，生活の自立に必要な家族・家庭，衣食住，消費や環境等についての基礎的な理解を図るとともに，それらに係る技能を身に付けるようにする。

第4章　各教科等における食に関する指導の展開

イ　家庭生活に必要な事柄について考え，課題を設定し，解決策を考え，実践し，学習
　したことを振り返り，考えたことを表現するなど，日常生活において課題を解決する力
　を養う。
ウ　家族や地域の人々とのやりとりを通して，よりよい生活の実現に向けて，生活を工夫
　し考えようとする実践的な態度を養う。

（b）　内容（各段階の食に関連する内容）

教科名	内　容		具体的な指導内容の例
職業・家庭	家庭分野 B衣食住の生活 ア 食事の役割	○1段階 　食事の仕方や食事の大切さに気付くことなどに関わる学習活動を通して、次の事項を身に付けることができるよう指導する。 　（ア）健康な生活と食事の役割について知ること。 　（イ）適切な量の食事を楽しくとることの大切さに気付き、それらを他者に伝えること。	・食事は健康を保ち、体の成長や活動のもとになることに気付く。 ・健康を維持する側面から、必要な栄養や食事量を適切にとることに気付く。 ・食事は気持ちや心の安定にも大きな役割があることに気付く。 ・食事の時間を楽しみにする。 ・美味しいことを喜び、伝え合い共有する。
		○2段階 　楽しく食事をするための工夫などに関わる学習活動を通して、次の事項を身に付けることができるよう指導する。 　（ア）健康な生活と食事の役割や日常の食事の大切さを理解すること。 　（イ）日常の食事の大切さや規則正しい食事の必要性を考え、表現すること。	・自分の食生活に関心をもち、健康によい食事のとり方について気付き、考える。 ・自分の食事の改善点や解決方法を考える。

－ 190 －

第4章　各教科等における食に関する指導の展開

教科名	内　容			具体的な指導内容の例
職業・家庭	家庭分野 B衣食住の生活 イ 栄養を考えた食事	○2段階 　バランスのとれた食事について考えることに関わる学習活動を通して、次の事項を身に付けることができるよう指導する。 　（ア）身体に必要な栄養について関心をもち、理解し、実践すること。 　（イ）バランスのとれた食事について気付き、献立などを工夫すること。		・栄養を考え、いろいろな食品を組み合わせてバランスよく食べる。 ・食品に含まれる栄養素の特徴により、「主にエネルギーのもとになる」、「主に体をつくるもとになる」、「主に体の調子を整えるもとになる」の三つのグループに分けられることが分かる。 ・和食の基本である米飯とみそ汁の組合わせや、旬の食材、地域の伝統的な料理、和食と洋食、他国の馴染みのある料理や食べ物等、より食への関心を広げ深める。
	家庭分野 B衣食住の生活 イ 調理の基礎 （2段階はウ調理の基礎）	○1段階 　必要な材料を使って食事の準備をすることなどに関わる学習活動を通して、次の事項を身に付けることができるよう指導する。 　（ア）簡単な調理の仕方や手順について知り、できるようにすること。 　（イ）簡単な調理計画について考えること。		・短期間で比較的単純な工程でできる調理をする。 ・魚や肉、野菜などの生の食品の扱いについて、安全で衛生的な扱い方を工夫する。 ・冷蔵庫や冷凍庫での食品の保存の仕方を知る。 ・まな板や布巾の衛生的な取扱いや包丁などの刃物の安全な取扱いができるようにする。
		○2段階 　食事の準備や調理の仕方などに関わる学習活動を通して、次の事項を身に付けることができるよう指導する。 　（ア）調理に必要な材料の分量や手順などについて理解し、適切にできること。 　（イ）調理計画に沿って、調理の手順や仕方を工夫すること。		・必要な材料、調理器具、調理の手順を考えて、準備から後片付けまで見通しをもち手際よく調理を進める。 ・ガスや火の扱いに注意する。 ・食品の保存方法と保存期間の関係について、食品の腐敗や食中毒の原因と関連付けて理解する。

－ 191 －

第4章　各教科等における食に関する指導の展開

（イ）　指導内容の設定

次の図に示すようにして特別支援学校（知的障害）の各教科の目標及び内容から食に関する指導と関連する指導内容を抽出し整理をします。

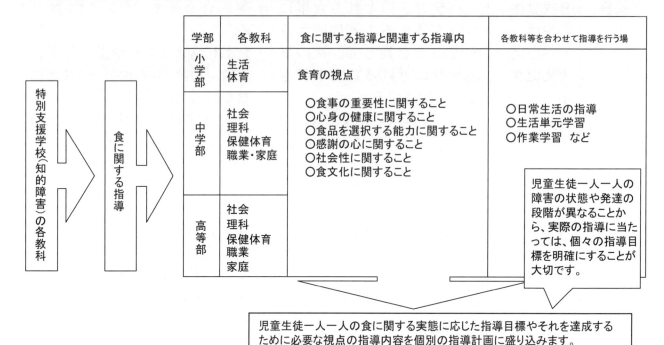

　特別支援学校（知的障害）の各教科の指導に当たっては、各教科の段階に示す内容を基に、生徒の知的障害の状態や経験等に応じて、具体的に指導内容を設定します。各教科等を合わせた指導を行う際は、単元や題材のまとまり等において、各教科等のすべての内容を扱う必要はありませんが、全体を見渡し、年間を通して確実に一人一人の児童生徒がそれぞれの障害の状態等に応じて各教科の内容を履修していることが必要になります。各教科等を合わせた指導においても、個々に即して各教科の目的が達成されるようにすることが必要です。

　各教科等を合わせた指導における指導目標については、各教科等の目標を組み合わせて単元の指導目標を設定する場合、分類して指導目標を設けることや、総合的に指導目標を設定することが考えられます。各教科等を合わせた指導における指導目標は、学習指導要領に示されている各教科等の目標のすべてを、単一の単元に包含する必要はありませんが、年間を通して各教科等の目標が個々に即して実現できるように設定することが必要です。

　なお、特別支援学校（知的障害）では、指導の形態として、「教科別に指導を行う場合」「道徳科、外国語活動、特別活動、自立活動の時間を設けて指導を行う場合」と、「各教科等を合わせて指導を行う場合」とを適切に組み合わせて指導が行われていることから、実際の指導場面において、指導内容が広がりすぎて食に関する指導の「ねらい」の焦点が定まらず、指導の成果が上がらなかったり、児童生徒の負担過重になったりしないように留意することが必要です。そうならないためにも、食に関する指導の全体計画や個別の指導計画を踏まえた事前の授業計画をしっかり立て、授業前にはもう一度「本時の目標」を確認して指導に当たることが重要になってきます。

　次の表は、小学部の食に関する具体的な指導内容を段階的に整理した一例です。段階別

— 192 —

第4章　各教科等における食に関する指導の展開

に示している理由は、知的障害の状態や経験等が様々で個人差が大きいことから、段階を設けて示した方が、個々の児童生徒の実態等に即した食に関する具体的な指導内容を選択し、個別の指導計画を作成したり、指導の評価をしたりすることができやすいと考えられるからです。また、各段階の構成を考える際、基本的には、知的発達、身体発育、運動発達、生活経験、社会性等の状態を考慮して積み上げていくとよいと思われます。

【表】食に関する指導の具体的な指導内容表（例）

食育の視点	段階ごとの具体的な指導内容		
	1段階	2段階	3段階
○食事の重要性に関すること	・食べることに関心をもつ。 ・自分で食べようとする。	・1日3回の食事をとり生活リズムを整える。 ・落ち着いて食べる。	・毎日の食事に関心をもつ。 ・楽しく食事をする。
○心身の健康に関すること	・教師と一緒に手洗いをする。 ・よくかんで食べる。 ・好き嫌いをしないで食べる。	・一人で食事の前に手を洗う。 ・主食と副食をとり合わせて食べる。	・手洗いや歯磨きの習慣を身に付ける。 ・健康な身体を作るために、好き嫌いをしないで食べる。
○食品を選択する能力に関すること	・食品や献立の名前を知る。	・簡単な献立の名前を言う。 ・料理に入っている食品の名前が分かる。	・食べたい献立の名前を言う。 ・献立に合わせて必要な材料を選ぶ。
○感謝の心に関すること	・食事の前後に挨拶のしぐさをする。 ・動植物に興味をもつ。	・食事の前後に挨拶をする。 ・動植物の成長に興味をもつ。	・調理員さんに感謝の気持ちを表す。 ・感謝の気持ちをもって残さず食べる。
○社会性に関すること	・先生と一緒に食器を並べたり、片付けたりする。 ・スプーン・フォークを使って食べる。 ・ストローやコップで飲む。 ・先生と一緒に集団の中で落ち着いて食べる。	・自分の食器を並べたり、片付けたりする。 ・はし等を使ってこぼさないように食べる。 ・ストローやコップで上手に飲む。 ・最後まで席について食べる。	・友達と協力して準備や後片付けができる。 ・はしで上手に食べる。 ・食器を持って食べる。 ・マナーを守って食事をする。 ・先生や友達と会話を楽しみながら食べる。
○食文化に関すること	・季節食や行事食、伝統的な食事の味を体験する。 ・外国の食べ物の味を体験する。	・季節や行事にちなんだ料理があることを知る。 ・諸外国にはいろいろな食べ物があることを知る。	・地域の産物や料理に興味をもって食べる。 ・諸外国の産物や料理に興味をもって食べる。

（食文化に関することは、中学部の教科の社会や職業・家庭の内容を基にしている。）

第4章　各教科等における食に関する指導の展開

　実際の授業では、次の表に示す知的障害者である児童生徒に対する教育を行う特別支援学校における指導上の配慮事項を踏まえて、指導を行うことが考えられます。

障害種	食に関連する内容	指導上の配慮の例
知的障害	知的障害者を教育する特別支援学校の各教科等	・生活に結び付いた具体的な活動を学習活動の中心に据え、実際的な状況下で指導する。 ・成功経験を積ませて、主体的に活動に取り組む意欲を育む。 ・日常的に用いる言葉と食経験との結び付きに留意し、日常生活で活用できるようにする。 ・図や写真を使い、見通しをもって活動できるようにする。 ・毎日の給食を教材として、多様な食品を経験させるようにする。 ・児童生徒の実態に即した食環境を整備するなど、安全に留意する。 ・家庭との連携を図り、実際の食生活に生かすことができるように留意する。 ・自立活動の指導等と食に関する指導との関連を図り、指導効果を高めるようにする。

（ウ）　実践事例

a　日常生活の指導

①　題材名

　　「マナーを守って楽しく食事をしよう」（小学部低学年・中学年）

②　題材の目標

　　食事の指導では、食べ方や食事に関するマナーだけでなく、配膳及び後片付けの手伝いなど生活と結びついた内容がある。また、1対1対応、順番、食器の大小、盛り付けの多少などの数量関係や、食器名、献立名等の言語面の学習を毎日繰り返し具体的に学ばせることができる。さらに、「食べる」ということは興味・関心をもたせやすいので、自発性や積極性を養うことができる。これらの活動を通して、

　　　○　食べ物を扱う時は、手や身なり等を清潔にしようとする。

　　　○　配膳の手伝いを喜んでしようとする態度を養う。

　　　○　食事に関わる技能を高めマナーを養い楽しく食事ができる。

　　　○　好き嫌いをせずに食べる意欲を高める。

　　等ができるようにする。

③　食育の視点

第4章　各教科等における食に関する指導の展開

○　食事の重要性、食事の喜び、楽しさを理解する。＜食事の重要性＞
○　食事のマナーや食事を通じた人間関係形成能力を身に付ける。＜社会性＞

④　指導計画
給食前に帯で設定した日常生活の指導の時間で、年間を通じて指導する。
（なお、給食の時間も活用する。）

⑤　展開例（給食前の指導と給食の時間を点線で区切っている）

主な学習活動	指導上の留意点
○給食の時間になることや今日の当番について教師の指示を聞き、身支度をする。 ・石けんで手を洗い、タオル等で拭く。 ・必要に応じてトイレへ行き排泄を済ませる。 ・当番でない子供は自席で着席して待つ。 ・当番の子供は、マスクをつけたり、台ふきんの用意をしたりする。	○トイレ→手を洗う→食事という一連の流れを繰り返しの指導により習慣化するようにする。3学期は指示を少なくして、自発的に活動できるようにする。 ○一つ一つの活動がきちんとできているか等細かく把握し、必要な指導を行う。
○当番は台ふきんを洗ってしぼり、配膳台や机の上を拭く。	○洗い方やしぼり方、拭き方がどうか細かく把握し、必要な指導を行う。アルコールスプレーの使い方も指導する。
○当番は指示に従って牛乳やストローを人数分配ったり、配膳をしたりする。	○食べ物に関係のある物は、床に置かないように指導する。 ○お盆の上に牛乳を置かせるなどして1対1対応で人数分配れるように支援する。 ○当番ではない子供が配られた物に手を出さないように指導する。
○好き嫌いをせずに食べることについて栄養教諭の話を聞く。	＊栄養教諭が、イラスト等を見せながら食事の重要性を伝える。

第4章　各教科等における食に関する指導の展開

○給食を食べ始める前に、「いただきます」をする。	○表出言語が見られない子供にはおじぎの動作を模倣させる。
○スプーンやフォークを使って食べる。	○スプーンですくったり、フォークで刺したり両方できるように指導する。使いやすい食器具を用意してこぼさずに食べられるようにする。
	○一口の適量が多すぎないように適切な量を指導する。よくかんで飲み込むように指導する。よくできたときにはほめる。
○好き嫌いをせずに食べる。	○「おいしいね」「○○さんは□□がすきだね」などと言葉を掛ける。
	○友達が楽しく食べている様子を見せるなどして、食べてみようかなという気持ちになるように働きかける。
○食べ終わったら各自で、「ごちそうさま」をして食器を返す。	○食器は形や大きさにより分類して重ねて返すように指導する。

　b　職業・家庭
　　①　題材名
　　　「調理をしよう」（中学部）

　　②　題材の目標
　　　○　身体に必要な栄養について関心をもたせ、バランスのとれた食事について理解させ実践できるようにする。
　　　○　簡単な調理を通して、調理の過程や料理のでき上がり、味、献立について関心をもたせ、自分で調理をしようという意欲を高めさせる。

　　③　食育の視点
　　　○　食事の重要性、食事の喜び、楽しさを理解する。＜食事の重要性＞
　　　○　正しい知識・情報に基づいて、食物の品質及び安全性等について自ら判断できる能力を身に付ける。＜食品を選択する能力＞

　　④　指導計画（全8時間）
　　　1　食生活について考えよう（1時間）
　　　2　栄養について知ろう（2時間）
　　　3　調理用具を使ってみよう（2時間）
　　　4　朝食を作ろう（2時間）
　　　5　がんばったことを発表しよう（1時間）

－ 196 －

⑤　展開例（2・3／8時間）
　　○　本時の目標
　　　　食品に含まれる栄養について知り、栄養のバランスを考えて必要な食品を
　　　選ぶことができる。

主な学習活動	指導上の留意点
○自分が食べた朝食について発表する。 ・簡単な食品名や料理の名前が分かる。 ○自分が好きな食べ物を選んで朝食の献立を考える。 ○栄養について話を聞く。 ・主食、主菜、副菜などについて知る。 ・食事は健康を保ち、身体の成長や活動のもとになることを知る。 ・健康の維持に必要な栄養や適切な食事量を知る。 ○食物の品質や安全性について話を聞く。 ・食品の変質について知り、衛生的な保存の仕方が分かる。 ○自分が食べた朝食について振り返り、栄養のバランスを考えて必要な食品を選ぶ。 ・自分の食生活に関心をもち、健康によい食事のとり方を理解する。 ・栄養を考え、いろいろな食品を組み合わせて食べる。	○朝食の献立について連絡帳に書いてきてもらう。 ○写真や絵カード等を用意して朝食が思い出せるようにする。 ○店に陳列されている食品を写真や絵カードにして好きな物を選ばせる。 ＊栄養教諭が、食品に含まれる栄養についてイラスト等を用いながら説明する。 ＊栄養教諭が、給食の献立について栄養に触れながら説明する。 ＊栄養教諭が、栄養バランスのよい朝食の献立例を提示する。 ＊栄養教諭が写真等を見せて、食品の変質について説明し、衛生的な保存の仕方を説明する。 ○栄養教諭の提示した献立と比べながら、自分の食べた物に何を追加したり、変更したりすればよいか、写真や絵カードを選ばせて考えさせる。 ＊栄養教諭が、栄養バランスがとれているか確認し助言を行う。学習したことや発表の様子を連絡帳で家庭に伝える。

（エ）　他教科との関連
　　保健体育科の保健「健康・安全に関する事項」で、病気の予防の仕方として、栄養が偏らないようにバランスのとれた食事をし、食べすぎないようにして健康的な生活を送ることについて学習する際に、関連付けて指導することができます。

ウ　個別の指導計画の作成と活用
　　特別支援学校において食に関する指導を行う際には、児童生徒の障害の状態や発達の程度、生活の状況が多様であることから、児童生徒一人一人の個別の指導計画を作成し活用することが必要です。
　　個別の指導計画に基づく指導は、計画（Plan）－実践（Do）－評価（Check）－改善（Act）の過程で進めなければいけません。まず、児童生徒の実態把握に基づき、長期的及び短期

第4章　各教科等における食に関する指導の展開

的な観点から目標を設定した上で、具体的な指導内容を検討して計画を作成します。作成した計画に基づいた実践の過程においては、常に児童生徒の学習の状況を評価するとともに、指導目標及び指導内容のみならず指導方法（指導の手立て）に関する評価を行って、指導の改善を図ることが求められます。さらに、評価を踏まえて見直した計画により、児童生徒にとってより適切な指導を展開することになります。

このように、個別の指導計画に基づく指導においては、計画、実践、評価、改善のサイクルを確立し、適切な指導を進めていくことが極めて重要です。

個別の指導計画の様式については、日々の指導や評価に活用できる内容が盛り込まれていて、書きやすく分かりやすい、そして使いやすく整理しやすいものを、各学校が工夫し、用意することになります。

特に、食に関する指導に活用するためには、児童生徒一人一人の障害の状態や発達の程度（食べる機能の発達の状況を含む）、食形態、食行動、食習慣、生育歴などを十分に把握し、「食に関する個別の指導目標」を具体的に設定することが大切です。指導目標の設定に当たっては、個々の児童生徒の実態把握に基づいて、小学部、中学部、高等部の各学部の在籍期間を見通した長期的な観点に立った目標とともに、題材や時間のまとまりといった短期的な観点に立った目標を定めることが指導の効果を高めるために必要です。この場合、個々の児童生徒の障害の状態等は変化し得るものであるので、特に長期の目標については、今後の見通しを立てながらその目標を適切に変更し得るような弾力的な対応が必要です。

長期的な観点に立った指導目標を達成するためには、個々の児童生徒の実態に即して必要な指導内容を段階的、系統的に取り上げることが大切です。そのためには、次の視点に基づいて、当面何を優先すべきかを考えて目標を設定することが考えられます。個別の指導計画には、設定した指導目標や指導内容及び指導方法、指導を行う時間（教科・領域、指導形態）や指導期間等を記載して、作成した個別の指導計画に基づいて食に関する指導を進めるようにします。

個別の指導目標設定の視点（例）
① 児童生徒の生活にとってどのくらい緊急な課題なのか。（緊急性）
② 将来の生活を見通して、必要な知識や技能であるか。（必要性）
③ 学校における指導によって、目標を達成できるか。（実現性）
④ 今、指導することが適切か。（適時性）
⑤ 指導することが、社会的にみて妥当であるか。（妥当性）

目標を達成するための学習は、一定期間にわたって行われますが、その間においても、児童生徒が目標に近づいているか、教材・教具などに興味をもって取り組んでいるかなど、児童生徒の学習状況を評価し、指導の改善に日ごろから取り組むことが重要です。こうした学習状況の評価に当たっては、教師間の連携・協力の下で、個別の指導計画等を活用して進めるとともに、多面的で客観的な判断ができるように、必要に応じて保護者や外部の専門家等との連携を図っていくことも考慮する必要があります。また、保護者には、学習状況や結果の評価について説明し、児童生徒の成長の様子を確認してもらうとともに、学習で身に付けたことを家庭生活でも発揮できるよう協力を得ることが大切です。

エ　栄養教諭の関わり方
　　○　給食の時間に献立について説明を行う際に、学習で栽培した野菜などについて取り上げるなどして、野菜の色や形、栄養など食材の理解を図りながら、好き嫌いを減らすような関わりを行うようにします。

　　○　偏食のある子供や肥満の子供などに対して、専門的な立場から食べやすい調理方法や食事の内容等に関する情報提供を本人や保護者、指導を担当する教師に行うようにします。

第4章　各教科等における食に関する指導の展開

（2）自立活動の指導

ア　目標

> 　個々の児童又は生徒が自立を目指し，障害による学習上又は生活上の困難を主体的に改善・克服するために必要な知識，技能，態度及び習慣を養い，もって心身の調和的発達の基盤を培う。

＊ここでいう「自立」とは、児童生徒がそれぞれの障害の状態や発達の段階等に応じて、主体的に自己の力を可能な限り発揮し、よりよく生きていこうとすることを意味している。

イ　自立活動の特質

　特別支援学校の教育の目的については、学校教育法第七十二条により、「幼稚園，小学校，中学校又は高等学校に準ずる教育を施すとともに，障害による学習上又は生活上の困難を克服し自立を図るために必要な知識技能を授けること」と規定されています。

　小学校、中学校の教育は、児童生徒の生活年齢に即して系統的・段階的に進められ、その内容は、発達の段階等に即して選定されたものが配列されています。しかし、障害のある児童生徒の場合は、その障害によって、日常生活や学習場面において様々なつまずきや困難が生じることから、小学校、中学校の児童生徒と同じように、心身の発達の段階を考慮して教育するだけでは十分とはいえません。

　このため、自立活動は、学校教育法第七十二条の後段（障害による学習上又は生活上の困難を克服し自立を図るために必要な知識技能を授けること）を受けて、特別支援学校の目的を達成するために特設された指導領域であり、その指導を行うことによって、児童生徒の人間としての調和のとれた育成を目指しています。

　また、「重複障害者等に関する教育課程の取扱い」により、障害の状態により特に必要がある場合には、自立活動を主として指導を行うことができることとなっています。

　自立活動の指導に当たっては、個々の児童又は生徒の障害の状態や特性及び心身の発達の段階等の的確な把握に基づき、指導すべき課題を明確にすることによって、指導目標及び具体的な指導内容を定めた「個別の指導計画＊」を作成することとされています。

　食に関する指導目標を「個別の指導計画」に加えることにより、食に関する指導の意図や方向性を職員や家庭等に明示し、共有することができます。そして、指導の際には、実態に応じた具体的な指導方法を創意工夫し、意欲的な活動を促すようにすることが大切です。

＊＜＜参考＞＞ 個別の指導計画の作成手順
【個別の指導計画の作成に当たっての配慮事項】

　個別の指導計画作成においては、まず、児童生徒の実態把握に基づいて指導すべき課題を抽出します。そして、これまでの学習の状況や将来の可能性を見通しながら、指導すべき課題の相互の関連を検討し、長期的及び短期的な観点から指導目標を設定した上で、具体的な指導内容を検討して計画（Plan）が作成されます。作成された個別の指導計画に基づいた実践（Do）の過程においては、常に児童生徒の学習状況を評価（Check）し指導の改善（Act）を図ることが求められます。さらに、評価を踏まえて見直された計画により、児童生徒によってより適切な指導が展開されることになります。すなわち、評価を通して指導の改善が期待されるのです。

第4章　各教科等における食に関する指導の展開

① 実態の把握

個々の児童又は生徒について，障害の状態，発達や経験の程度，興味・関心，生活や学習環境などの実態を的確に把握すること。

② 指導目標の設定

実態把握に基づいて得られた指導すべき課題相互の関連を検討すること。その際，これまでの学習状況や将来の可能性を見通しながら，長期的及び短期的な観点から指導目標を設定し，それらを達成するために必要な指導内容を段階的に取り上げること。

＊指導目標は、具体的な行動や観察できる状態として評価が可能になるように、その到達目標を具体的にとらえておくことが必要です。

③ 具体的な指導内容設定の際の考慮点

ア 主体的に取り組む指導内容
　児童又は生徒が，興味をもって主体的に取り組み，成就感を味わうとともに自己を肯定的に捉えることができるような指導内容を取り上げること。
イ 改善・克服の意欲を喚起する指導内容
　児童又は生徒が，障害による学習上又は生活上の困難を改善・克服しようとする意欲を高めることができるような指導内容を重点的に取り上げること。
ウ 発達の進んでいる側面を更に伸ばすような指導内容
　個々の児童又は生徒が，発達の遅れている側面を補うために，発達の進んでいる側面を更に伸ばすような指導内容を取り上げること。
エ 自ら環境を整える指導内容
　個々の児童又は生徒が，活動しやすいように自ら環境を整えたり，必要に応じて周囲の人に支援を求めたりすることができるような指導内容を計画的に取り上げること。
オ 自己選択・自己決定を促す指導内容
　個々の児童又は生徒に対し，自己選択・自己決定する機会を設けることによって，思考・判断・表現する力を高めることができるような指導内容を取り上げること。
カ 自立活動を学ぶことの意義について考えさせるような指導内容
　個々の児童又は生徒が，自立活動における学習の意味を将来の自立や社会参加に必要な資質・能力との関係において理解し，取り組めるような指導内容を取り上げること。

④ 評価

児童又は生徒の学習状況や結果を適切に評価し，個別の指導計画や具体的な指導の改善に生かすよう努めること。

－ 201 －

第4章　各教科等における食に関する指導の展開

＜自立活動 六つの区分と 27 項目＞ ＊下線部は今回の改訂箇所

1　健康の保持
　　(1) 生活のリズムや生活習慣の形成に関すること。
　　(2) 病気の状態の理解と生活管理に関すること。
　　(3) 身体各部の状態の理解と養護に関すること。
　　(4) 障害の特性の理解と生活環境の調整に関すること。
　　(5) 健康状態の維持・改善に関すること。

2　心理的な安定
　　(1) 情緒の安定に関すること。
　　(2) 状況の理解と変化への対応に関すること。
　　(3) 障害による学習上または生活上の困難を改善・克服する意欲に関すること。

3　人間関係の形成
　　(1) 他者との関わりの基礎に関すること。
　　(2) 他者の意図や感情の理解に関すること。
　　(3) 自己の理解と行動の調整に関すること。
　　(4) 集団への参加の基礎に関すること。

4　環境の把握
　　(1) 保有する感覚の活用に関すること。
　　(2) 感覚や認知の特性についての理解と対応に関すること。
　　(3) 感覚の補助及び代行手段の活用に関すること。
　　(4) 感覚を総合的に活用した周囲の状況についての把握と状況に応じた行動に関すること。
　　(5) 認知や行動の手掛かりとなる概念の形成に関すること。

5　身体の動き
　　(1) 姿勢と運動・動作の基本的技能に関すること。
　　(2) 姿勢保持と運動・動作の補助的手段の活用に関すること。
　　(3) 日常生活に必要な基本動作に関すること。
　　(4) 身体の移動能力に関すること。
　　(5) 作業に必要な動作と円滑な遂行に関すること。

6　コミュニケーション
　　(1) コミュニケーションの基礎的能力に関すること。
　　(2) 言語の受容と表出に関すること。
　　(3) 言語の形成と活用に関すること。
　　(4) コミュニケーション手段の選択と活用に関すること。
　　(5) 状況に応じたコミュニケーションに関すること。

ウ 食に関連する内容

（ア）自立活動の内容

　自立活動の内容は、「人間として基本的な行動を遂行するために必要な要素」と、「障害による学習上又は生活上の困難を改善・克服するために必要な要素」で構成しており、それらの代表的な要素である27項目を「健康の保持」「心理的な安定」「人間関係の形成」「環境の把握」「身体の動き」「コミュニケーション」の六つの区分に分類・整理したものです。

　また、学習指導要領に示されている自立活動の内容は、各教科等のようにそのすべてを取り扱うものではなく、個々の児童生徒の実態に応じて必要な項目を選定し、それらを相互に関連付けて具体的な指導内容を設定します。

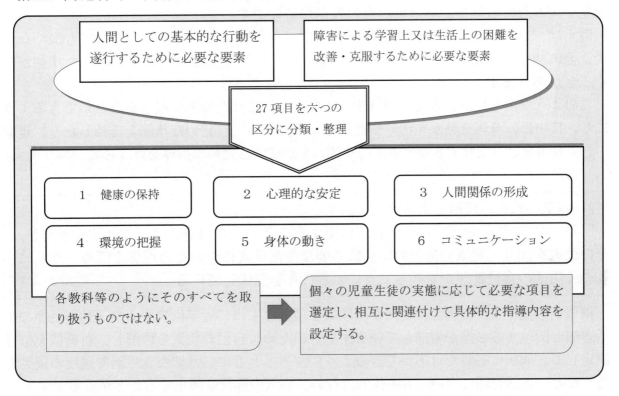

（イ）食に関連する内容と指導のポイント

　自立活動の指導と関連を図った食に関する指導を進めるに当たっては、食に関する指導の内容と自立活動の内容との関連を明確にしておくことが大切になります。ここでは、自立活動の内容のうち食に関する指導の内容と関連のある項目について例示しました。

＊囲いの中の各項目の数字は、学習指導要領「第7章　自立活動」の「第2　内容」の項目番号と一致

1　健康の保持
(1) 生活のリズムや生活習慣の形成に関すること。
(2) 病気の状態の理解と生活管理に関すること。
(4) 障害の特性の理解と生活環境の調整に関すること。
(5) 健康状態の維持・改善に関すること。

第4章　各教科等における食に関する指導の展開

> （1）生活のリズムや生活習慣の形成に関すること。
>
> 「（1）生活のリズムや生活習慣の形成に関すること。」は，体温の調節，覚醒と睡眠など健康状態の維持・改善に必要な生活のリズムを身に付けること，食事や排泄などの生活習慣の形成，衣服の調節，室温の調節や換気，感染予防のための清潔の保持など健康な生活環境の形成を図ることを意味している。

　障害が重度で重複している児童生徒であって、発達の遅れが著しいほど、このような観点からの指導を行う必要があります。このような児童生徒には、覚醒と睡眠のリズムが不規則なことが多く、しかも体力が弱かったり、食事の量や時間、排泄の時刻が不規則になったりする傾向が見られます。こうした児童生徒の場合には、睡眠、食事、排泄というような基礎的な生活のリズムが身に付くようにすることなど、健康維持の基盤の確立を図るための具体的な指導内容の設定が必要です。

　例えば、日中に身体を動かす活動が十分にできないことから、夜になっても眠くならず、その結果、朝おきられなくなり、昼近くになってやっと目覚めるといった状態が続くことがあります。

　このような場合には、家庭と連携を図って、朝決まった時刻に起きることができるようにし、日中は、身体を動かす活動や遊びを十分に行って目覚めた状態を維持したり、規則正しく食事をとったりするなど生活のリズムを形成するための指導を行う必要があります。

> （2）病気の状態の理解と生活管理に関すること。
>
> 「（2）病気の状態の理解と生活管理に関すること。」は，自分の病気の状態を理解し，その改善を図り，病気の進行の防止に必要な生活様式についての理解を深め，それに基づく生活の自己管理ができるようにすることを意味している。

　糖尿病の児童生徒の場合、従来から多い1型とともに、近年は食生活や運動不足等の生活習慣と関連する2型が増加しています。そのため、自己の病気を理解し、血糖値を毎日測定して、病状に応じた対応ができるようにするとともに、適切な食生活や適度の運動を行うなどの生活管理についても主体的に行い、病気の進行を防止することが重要です。

　こうした力の育成には、児童生徒の発達や健康の状態等を考慮して、その時期にふさわしい指導を段階的に行う必要があります。その際、専門の医師の助言を受けるとともに、保護者の協力を得るようにすることも忘れてはなりません。

　注意事項を守り、病状に応じた対応を忘れないようにするためには、周囲の人の理解や協力を得ることが有効な場合があります。そこで、児童生徒の発達の段階に応じて、自分の病状を他の人に適切に伝えることができるようにすることが大切です。

> （4）障害の特性の理解と生活環境の調整に関すること。
>
> 「（4）障害の特性の理解と生活環境の調整に関すること。」は，自己の障害にどのような特性があるのか理解し，それらが及ぼす学習上又は生活上の困難についての理解を深め，その状況に応じて，自己の行動や感情を調整したり，他者に対して主体的に

－ 204 －

第4章　各教科等における食に関する指導の展開

働きかけたりして，より学習や生活をしやすい環境にしていくことを意味している。

　自閉症のある児童生徒で、感覚の過敏さがある場合、食べ物のにおいや口腔内に当たる感じなどが耐えられないほどの苦痛となっている場合があります。このような児童生徒には無理に食べさせるのではなく、友達がおいしそうに食べている様子などを見せて食べたくなる気持ちを育てることが大切です。

---

　(5) 健康状態の維持・改善に関すること。
　「(5) 健康状態の維持・改善に関すること。」は，障害のため，運動量が少なくなったり，体力が低下したりすることを防ぐために，日常生活における適切な健康の自己管理ができるようにすることを意味している。

　知的障害や自閉症のある児童生徒の中には、運動量が少なく、結果として肥満になったり、体力低下を招いたりする者も見られます。また、心理的な要因により不登校の状態が続き、運動量が極端に少なくなったり、食欲不振の状態になったりする場合もあります。このように、障害のある児童生徒の中には、障害そのものによるのではなく二次的な要因により体力が低下する者も見られます。

　このような児童生徒の体力低下を防ぐためには、運動することへの意欲を高めながら適度な運動をとり入れたり、食生活と健康について実際の生活に即して学習したりするなど、日常生活において自己の健康管理ができるようにするための指導が必要です。

　健康状態の維持・改善を図る指導を進めるにあたっては、主治医等から個々の児童生徒の健康状態に関する情報を得るとともに、日ごろの体調を十分に把握する必要があることから、医療機関や家庭と密接な連携を図ることが大切です。

2　心理的な安定
　(1) 情緒の安定に関すること。
　(3) 障害による学習上又は生活上の困難を改善・克服する意欲に関すること。

---

　(1) 情緒の安定に関すること。
　「(1) 情緒の安定に関すること。」は，情緒の安定を図ることが困難な幼児児童生徒が，安定した情緒の下で生活できるようにすることを意味している。

　自閉症のある児童生徒で、苦手な料理を皿に盛って欲しくない・もっと減らしてほしいなど、他者に自分の気持ちを適切な方法で伝えることが難しい場合、自らをたたいてしまうことや、他者に対して不適切な関わり方をしてしまうことがあります。

　こうした場合、必要に応じて給食をとる環境を工夫することも大切です。自分を落ち着かせることができる場所（板ダンボールなどで個室に区切った場所や、誰もいない教室等）に移動して、慣れた別の活動に取り組むなどの経験を積み重ねていきながら、その興奮を静める方法を知ることや、様々な感情を表した絵カードやメモなどを用いて自分の気持ち（この料理は苦手・量を減らして欲しい等）を伝えるなどの手段を身に付けられるように指導することが大切です。児童生徒と教師等支援者との信頼関係は、この

第4章　各教科等における食に関する指導の展開

ような気持ちが通じ合う関わりを通して構築されていきます。

---

(3)　障害による学習上または生活上の困難を改善・克服する意欲に関すること

「(3)　障害による学習上又は生活上の困難を改善・克服する意欲に関すること。」は，自分の障害の状態を理解したり，受容したりして，主体的に障害による学習上又は生活上の困難を改善・克服しようとする意欲の向上を図ることを意味している。

　指導を行うに当たっては、児童生徒の心理状態を把握した上で指導内容・方法を工夫することが必要です。

　食物アレルギーを有する聴覚障害者が、卒業後、食物アレルギーを表示していない店でも食事ができるようになるよう、手段を工夫し実際に自分の力でアレルゲンの確認ができるなど、障害に伴う困難を自ら克服・改善し得たという成就感がもてる指導を行うことが大切です。

3　人間関係の形成
(1)　他者との関わりの基礎に関すること。
(4)　集団への参加の基礎に関すること。

---

(1)　他者との関わりの基礎に関すること。

「(1)　他者との関わりの基礎に関すること。」は，人に対する基本的な信頼感をもち，他者からの働き掛けを受け止め，それに応ずることができるようにすることを意味している。

　障害のある児童生徒は、障害による様々な要因から、基本的な信頼感の形成が難しい場合があります。

　他者との関わりの方法が十分に身に付いていない自閉症のある児童生徒の場合、身近な教師との関わりから、少しずつ、教師との安定した関係を形成することが大切です。教師とじっくり関わることのできる場面である給食の時間に、食事の介助をする教師の働きかけを受け入れたり、呼びかけに答えたりするなど対人関係を広げ、信頼関係を築くことができるようにすることが大切です。食べ物の好き嫌いなどの気持ちを伝えにくい場合には、シンボルマーク等を用いることも有効です。

---

(4)　集団への参加の基礎に関すること。

「(4)　集団への参加の基礎に関すること。」は，集団の雰囲気に合わせたり，集団に参加するための手順やきまりを理解したりして，遊びや集団活動などに積極的に参加できるようになることを意味している。

　視覚障害のある児童生徒の場合、目で見ればすぐにわかるような決まり事、例えば給食の下膳の方法などがとらえにくく、うまく片付けができない場合があります。そこで、あらかじめ下膳するための手順やきまり、必要な情報を得るための質問の仕方などを指導して、積極的に給食の片付けに参加できるようにする必要があります。

第4章　各教科等における食に関する指導の展開

4　環境の把握
（1）保有する感覚の活用に関すること。
（5）認知や行動の手掛かりとなる概念の形成に関すること。

（1）保有する感覚の活用に関すること。
「（1）保有する感覚の活用に関すること。」は，保有する視覚，聴覚，触覚，嗅覚，固有覚，前庭覚などの感覚を十分に活用できるようにすることを意味している。なお，固有覚とは，筋肉や関節の動きなどによって生じる自分自身の身体の情報を受け取る感覚であり，主に力の加減や動作等に関係している感覚である。固有覚のはたらきにより，運動は絶えず軌道修正され，目を閉じていてもある程度正しく運動することができる。
　また，前庭覚とは，重力や動きの加速度を感知する感覚であり，主に姿勢のコントロール等に関係している感覚である。前庭覚のはたらきにより，重力に対してどのような姿勢にあり，身体が動いているのか止まっているのか，どのくらいの速さでどの方向に動かしているのかを知ることができる。

　視覚障害のある児童生徒の場合、聴覚や触覚を活用し、弱視であれば、保有する視覚を最大限に活用するとともに、その他の感覚も十分に活用して、日常生活に必要な情報を収集するための指導を行うことが重要です。例えば学校給食を通して、様々なにおいや味の食べ物を体験したり、その体験した味やにおいを言葉で表現したりできるように、様々な機会に指導することが大切です。

（5）認知や行動の手がかりとなる概念の形成に関すること。
「（5）認知や行動の手掛かりとなる概念の形成に関すること。」は，ものの機能や属性，形，色，音が変化する様子，空間・時間等の概念の形成を図ることによって，それを認知や行動の手掛かりとして活用できるようにすることを意味している。
　認知とは，前述したように「感覚を通して得られる情報を基にして行われる情報処理の過程であり，記憶する，思考する，判断する，決定する，推理する，イメージを形成するなどの心理的な活動」を指す。こうした活動を適切に進めていくことによって幼児児童生徒は発達の段階に即した行動をすることが可能となる。
　一方，概念は，個々の事物・事象に共通する性質を抽象し，まとめ上げることによって作られるものであり，認知の過程においても重要な役割を果たすものである。
　「認知や行動の手掛かりとなる概念」とは，これまでの自分の経験によって作り上げてきた概念を，自分が新たに認知や行動を進めていくために活用することを意味している。したがって，極めて基礎的な概念を指しているが，常時行われる認知活動によって更にそれが変化し，発達に即した適切な行動を遂行する手掛かりとして，次第により高次な概念に形成されていくと考えられる。

　弱視の児童生徒の場合、見ようとするものに極端に目を近づけたり、見える範囲が限られる場合があるため、全体像が捉えにくく、例えば、給食があとどのくらい残ってい

－ 207 －

第4章　各教科等における食に関する指導の展開

るのかなども、分かりにくい場合があります。そこで、すでに食べおわった皿を脇によけたり、ご飯茶碗を黒色にしてコントラストを高めたりして認知しやすくするなどの工夫を行うとともに、これまで学習してきた知識やイメージを視覚認知に生かすなどの指導を行うことが大切です。

5　身体の動き
(1) 姿勢と運動・動作の基本的技能に関すること。
(2) 姿勢保持と運動・動作の補助的手段の活用に関すること。
(3) 日常生活に必要な基本動作に関すること。

---

(1) 姿勢と運動・動作の基本的技能に関すること。
　「(1) 姿勢と運動・動作の基本的技能に関すること。」は，日常生活に必要な動作の基本となる姿勢保持や上肢・下肢の運動・動作の改善及び習得，関節の拘縮や変形の予防，筋力の維持・強化を図ることなどの基本的技能に関することを意味している。
　姿勢には，臥位，座位，立位などがあり，あらゆる運動・動作の基礎になっている。姿勢を保持することは，広い意味では動作の一つである。これらの姿勢保持と上肢・下肢の運動・動作を含めて基本動作というが，この基本動作は，姿勢保持，姿勢変換，移動，四肢の粗大運動と微細運動に分けることができる。

　視覚障害のある児童生徒の場合、身体の動き等を模倣することを通して、食事の際の正しい姿勢や箸の持ち方などを習得することが困難な場合があります。そこで、姿勢や身体の動きについて、教師の身体や模型などに直接触れて確認する機会を設定した後、児童生徒が自分の身体を実際に使って、その姿勢や動きを繰り返し学習するとともに、その都度教師が、口頭で説明したり、手を添えたりするなどして、正しい動作等を習得することが大切です。

---

(2) 姿勢保持と運動・動作の補助的手段の活用に関すること。
　「(2) 姿勢保持と運動・動作の補助的手段の活用に関すること。」は，姿勢の保持や各種の運動・動作が困難な場合，様々な補助用具等の補助的手段を活用してこれらができるようにすることを意味している。

　補助用具には、持ちやすいように握りを太くしたり、ベルトを取り付けたりしたスプーンや、片手で食べても動きにくいように滑り止めがついたり、最後まですくえるように、縁に角度がついた皿などがあります。
　肢体不自由のある児童生徒などが補助用具を必要とする場合、目的や用途に応じて適切な用具を選び、十分使いこなせるように指導する必要があります。また、発達段階を考慮しながら、補助用具のセッティングや収納の仕方を身に付けたり、自分に合うように調整したりすることを指導することも大切です。

---

(3) 日常生活に必要な基本動作に関すること。
　「(3) 日常生活に必要な基本動作に関すること。」は，食事，排泄，衣服の着脱，洗面，入浴などの身辺処理及び書字，描画等の学習のための動作などの基本動作を身に

－ 208 －

第4章　各教科等における食に関する指導の展開

付けることができるようにすることを意味している。

　日常生活に必要な基本動作を身に付けることは、児童生徒の自立にとって、極めて重要なことです。また、日常生活に必要な基本動作のほとんどを援助に頼っているような、運動・動作が極めて困難な児童生徒の場合には、援助を受けやすい姿勢や手足の動かし方を身に付けることを目標として、指導を行うことが必要です。

　知的障害のある児童生徒の場合、知的発達の程度に比較して、衣服の着脱におけるボタンの着脱やはさみなどの道具の操作が難しいことがあります。要因としては、目と手指の協応動作の困難さや巧緻性、持続性の困難さなどの他、日常生活場面等における経験不足などが考えられます。

　このような場合には、児童生徒が意欲的に活動に取り組み、道具等の使用に慣れていけるよう、興味・関心がもてる内容や課題を工夫し、使いやすい適切な道具や素材に配慮することが大切です。その上で、課題の難易度を考慮します。

6　コミュニケーション
　(1) コミュニケーションの基礎的能力に関すること。
　(4) コミュニケーション手段の選択と活用に関すること。
　(5) 状況に応じたコミュニケーションに関すること。

---

　(1) コミュニケーションの基礎的能力に関すること。
　「(1) コミュニケーションの基礎的能力に関すること。」は，幼児児童生徒の障害の種類や程度，興味・関心等に応じて，表情や身振り，各種の機器などを用いて意思のやりとりが行えるようにするなど，コミュニケーションに必要な基礎的な能力を身に付けることを意味している。

　コミュニケーションとは、人間が意思や感情などを相互に伝え合うことであり、その基礎的能力として、相手に伝えようとする内容を広げ、伝えるための手段を育んでいくことが大切です。

　自閉症のある児童生徒の場合、興味のある物を手にしたいという欲求が勝り、所有者のことを確認しないままで、隣の人の給食を食べてしまったりすることがあります。また、他の人の手を取って、その人に、自分が食べたいものを取ってもらおうとすることもあります。このような状態に対して、周囲の者はそれらの行動が意思の表出や要求を伝達しようとした行為であることを理解するとともに、児童生徒がより望ましい方法で意思や要求を伝えることができるよう指導することが大切です。その際、自分の気持ちを表した絵カードを使ったり、簡単なジェスチャーを交えたりするなど、要求を伝える手段を広げる工夫も大切です。

---

　(4) コミュニケーション手段の選択と活用に関すること。
　「(4) コミュニケーション手段の選択と活用に関すること。」は，話し言葉や各種の文字・記号，機器等のコミュニケーション手段を適切に選択・活用し，他者とのコミュニケーションが円滑にできるようにすることを意味している。

－ 209 －

第4章　各教科等における食に関する指導の展開

　児童生徒の障害の状態や特性及び心身の発達の段階等に応じて、適切なコミュニケーション手段を身に付け、それを選択・活用して、それぞれの自立と社会参加を一層促すことが重要です。
　聴覚障害の児童生徒の場合、状況に応じて主体的にコミュニケーション手段の選択と活用を図るようになるためには、そのコミュニケーション手段を用いることで、人とのやりとりがより円滑になる体験を積む機会を設けたり、どうすれば円滑なコミュニケーションが行えるのかについて、児童生徒自身が体験を通して考え、相手に伝わりやすい手段や伝え方を用いて伝えようとする機会を設けたりすることが大切です。

（5）状況に応じたコミュニケーションに関すること。
　「（5）状況に応じたコミュニケーションに関すること。」は，コミュニケーションを円滑に行うためには，伝えようとする側と受け取る側との人間関係や，そのときの状況を的確に把握することが重要であることから，場や相手の状況に応じて，主体的にコミュニケーションを展開できるようにすることを意味している。

　障害による経験の不足などを踏まえ、相手や状況に応じて、適切なコミュニケーション手段を選択して伝えたりすることや、自分が受け止めた内容に誤りがないかどうかを確かめたりすることなど、主体的にコミュニケーションの方法等を工夫することが必要です。実際の場面を活用したり、場を再現したりするなどして、どのようなコミュニケーションが適切であるかについて具体的に指導することが大切です。

（ウ）実践例
○例1
　学部・学年：高等部第3学年
　障害の種類や状態：聴覚障害（コミュニケーションは、手話・情報機器等）
　　　　　　　　　　　食物アレルギー有り（アレルゲンはえび。アナフィラキシーなし）
　事例の概要：一般就労が決定し、会社の社員寮に入ることが決まっている。寮および
　　　　　　　外食において、アレルギーを発症せずに安心して生活するための指導。
　生徒本人の願い：自分に合ったアレルゲン方法を知り、会社の先輩や友人との外食を、
　　　　　　　　　安心して楽しめるようになりたい。
　保護者の願い：自宅から離れても、アレルギーを発症せずに元気で過ごしてほしい。

①　**題材名**「自分でアレルゲンに注意して食べられるようになろう」

②　**目標**：
　　＜自立活動の内容:区分「1健康の保持」「3人間関係の形成」「4環境の把握」「6コミュニケーション」を関連＞
　　○　自分の食物アレルギー及び発症の防止についての理解を深め、安全な食生活の自己管理方法について理解を深める。
　　○　他者からの働きかけを受け止め、応じ、自らも発信（食べられない物とその理

－ 210 －

由の発信等）できる手だてを考え、実践することができる。

○　視覚や保有する聴覚などの感覚の十分な活用方法がわかり（アレルゲンの混在の確認時等）、実際に活用できる。

○　表情や身振り、情報機器等の活用による意思のやりとりについて意欲をもつ。

③　食育の視点

○　自分のアレルギーを正しく理解し、アレルゲンを含む食品を除いても、豊かで栄養バランスの良い食生活を送ることができるようになる。＜心身の健康＞

○　正しい知識・情報に基づいて、自分が食べても大丈夫な食品を選び、アレルゲンをきちんと避けることができる理解力を身に付ける。＜食品を選択する能力＞

④　指導計画（全5時間）

1　食物アレルギー全般について学習する。（1時間）
　担任以外の担当：養護教諭

2　アレルゲンを含む食品・アレルギー表示の実物について学習する。（1時間）
　担任以外の担当：栄養教諭

3　商店等で、前時の応用を実践する。（1時間）
　担当：担任

4　給食の献立や実際の料理からアレルゲンを含む食品を見つける。（給食の時間活用）
　担任以外の担当：栄養教諭

5　アレルギーが発症してしまったときの対応について学習する。（1時間）
　担任以外の担当：養護教諭
（以降、担任・家庭と連携し、給食の時間等で関わりながら、卒業までの間に自分でアレルゲンを含む食品を避けることができるようになるよう、関わっていく。）

⑤　展開例　（2/5時間）

○　**本時の目標**

実際のアレルギー表示について学習することを通して、食品に含まれるアレルゲンについて自分で確認することができるようになるとともに、表示のない食品についての確認方法を知る。

第4章　各教科等における食に関する指導の展開

主な学習活動	指導上の留意点
○市販されている食品のアレルゲンの表示方法とその読み取り方を調べる。 ・わかりやすく、まとめて記載してある物がある。 ・「アレルゲン」として、まとめて記載していない物もある。 ・表示自体がない物もある（惣菜等）。 ○明らかにアレルゲンが入っている料理を知る。 ○アレルゲンが不明の食品について、確認する方法を考える。 ・周囲に確認しやすい方法を知る。	○実際の品物（レトルト食品・菓子・カップラーメン・惣菜等）を使用し、現実的な学習を、まずは教室内で実施する。手話・筆記等も随時使用する。 ＊栄養教諭が、対象生徒が購入しそうな食品（表示ありと表示なし）を用意し、対象生徒と担任のアレルゲンの読み取り方を補助する。 ○「えびが入っていますか？」と周囲に確認ができるような工夫を担任と考える（タブレット等を活用した筆談など）。

○例2

学部・学年：中学部3年生

障害の種類や状態：知的障害（軽度）
　　　　　　　　　肥満度60％以上。血液検査異常値あり。疾病の診断なし。膝痛あり。
　　　　　　　　　家族の状況は、母・姉が高度肥満、父が糖尿病。

概要：自分の身体の状態（高度肥満）に気付き、進んで肥満を解消しようとする
　　　意欲を高め、実践につなげるための指導。

推察される生徒本人の願い：好きな服が着られるようになりたい。膝の痛みを治したい。

保護者の願い：病気にならないで欲しい。

① **題材名**「自分の生活習慣について考えよう」

② **目標**：
　　＜自立活動の内容：区分「1健康の保持」「2心理的な安定」「5身体の動き」を関連＞
　　○　規則正しい食生活や、食事内容の改善について理解を深める。
　　○　自分の身体の状態(高度肥満)を理解し、体重増加の防止に必要な生活様式について学習し、実践につなげることができる。
　　○　自分の身体の状態（高度肥満）を受容し、進んで肥満を解消しようとする意欲が高まる。
　　○　膝の痛みがあるため、補助的手段を用いることで運動することの楽しさを味わい、進んで身体を動かすことができるようになる

③ 食育の視点
○ 食事は規則正しくとることが大切であり、特に朝食は重要であることを知る。
<食事の重要性>
○ 心身の健全な成長には、栄養バランスよく食べることが大切であることに気付く。
健康の保持増進には、栄養・休養と、適切な運動も必要であることを知る。
自分の食生活を見つめ直し、問題点に気付いて改善しようとする。<心身の健康>

④ 指導計画（全5時間）
1 肥満について学習する。（体重は毎日量り、記録する。）（1時間）
担任以外の担当：養護教諭・栄養教諭
2 一日の生活リズムについての記録から、問題点を考える。（1時間）
担任以外の担当：養護教諭
3 週末の食事記録から、問題点を考える。（1時間）
担任以外の担当：栄養教諭
4 改善点について家庭で実践後、その状況を確認しながら方向を修正する。（1時間）
担任以外の担当：養護教諭・栄養教諭
5 クラス全体でポールウォーキング等の指導を受けて、楽しく運動をする（1時間）
担任以外の担当：健康運動指導士等
（以降、担任・家庭と連携をとり、給食の時間の言葉がけや毎日の体重測定など
で関わりながら、年間を通して対応していく。）

⑤ 展開例 （3/5時間）
○ 本時の目標
自分の食事を見直すことを通して、自分の食生活の問題点に気付くことができる。

第4章　各教科等における食に関する指導の展開

主な学習活動	指導上の留意点
○家庭の食事記録から、食事についての問題点について考え、できそうなことを探す。 ・おやつが多いな。 ・寝る前に食べている。 ・野菜をあまり食べていないな。	○食べた物を三つのグループに一緒に分けていき、不足しているグループに、自ら気付くようにはからう。 ・「たのしい食事つながる食育」p15『食べ物の３つの働き』・p16『主食・主菜・副菜を調べてみよう』活用。 ＊栄養教諭は、生徒が考えやすいように、料理カードや食品カード等で食事記録を示すなど視覚支援し、生徒が自ら問題点に気付けるように工夫する。
○間食・夜食についての問題点を考え、頑張りたいことを検討する。 ・食べて大丈夫なおやつの量や内容はどうだろうか。 ・いつなら食べてもいいのかな。 ・どうやったら、寝る前に食べないでいられるだろうか。 ・「自分でがんばりたいこと」を探す。	○間食の内容やそのちょうどいい量と食べる時間について一緒に考える。 ・「たのしい食事つながる食育」p7『おやつの食べ方を考えてみよう』活用。 ＊栄養教諭は、菓子カード等の裏にエネルギー量を貼付するなど、考えやすくなるための工夫をする。
○「がんばりたいこと」を自分で決めてカードに書き出す。	○「がんばりカード」にシールを貼るなど、楽しく実践できるように工夫する。ただし、「がんばりたい」項目は少な目・やや低めに設定し、成就感を感じて次につなげられるようにする。 ＊栄養教諭は、本時について、保護者あてのわかりやすい資料を作成し、保護者の理解と協力を得る。

エ　栄養教諭の関わり方

（ア）食に関する指導の留意点

　　次の点に留意しながら、食に関する指導を展開します。特に給食の時間は、児童生徒の個々の食べる機能を高めるための「生きた学習の場」として大変重要です。

①　健康状態の維持・改善に必要な生活リズムの形成

　　食事をおいしく食べるために、覚醒と睡眠、呼吸・排痰、排泄、清潔・衛生というような生活習慣や生活リズムについての内容を関連付けて指導を行います。

－ 214 －

② 食べる機能及び食事動作の向上

　食事を無理なく食べるために、児童生徒の現在の食べる機能の発達を把握し、食の形態の工夫（形態食・再調理食等）をすることも、可能な範囲内で実施します。

　また、補助具や自助食器（持ち手が工夫されたスプーン・深めですくいやすくなっている皿・飲みやすいカットのコップ等）を効果的に活用し、児童生徒の主体的な取組を促すことも重要です。

　摂食指導においては、ビデオ撮影や担任等の協力による実態の調査により、言語聴覚士等の専門家から指導・助言を得ることも必要になります。

③ 食行動・食習慣の改善（偏食や異食、肥満傾向等への対応）

　食の大切さを理解させるために、運動制限・運動不足等で肥満傾向にある児童生徒や、食行動・食習慣に偏りのある児童生徒に対し、その原因となる背景にアプローチできるように、担任、家庭、医師等の連携の下で指導を行います。

　発達障害などで、身体感覚の過敏や食べ物に対する特異な認識等により、「極端な偏食」や「食べ物に対するこだわりの強さ」などがある児童生徒に対する対応も大切です（「個別的な相談指導の進め方」234 ページ参照）。

　極端な偏食やこだわりの強い児童生徒については、個別対応（混ぜご飯を白飯に変える・炊き合わせなど複数の食品が混ざった料理を食材ごとに分けることで食べることができるよう、取り分け用の皿を用意する等）の検討も必要になります。

④ コミュニケーションの基礎的能力の向上

　食事を楽しむために、日頃から児童生徒と食事の援助者との温かい人間関係作りに努め、お互いに安定した心理状態で食事指導を展開できるように図ります。

　意思の伝達が苦手な児童生徒については、自分で食べたいものが選べるように普段から表情や身振り、各種の機器等を用いた意思の表出が行えるような指導を行います。

　また、視覚情報処理能力が優れている自閉症児生に対しては、絵や写真など視覚的な手掛かりを活用することも有効です。

⑤ 安全な食環境の整備

　特別支援学校では、食堂やランチルームに集まって給食を食べる場合が少なくありません。児童生徒にとって給食が楽しい場となり、他の活動では得られない喜びや満足感を得ながら食べる機能を高める機会となるよう、食堂の掲示やテーブル配置、グループ分けなどを工夫します。

　食環境の暖房・照明・湿度などに配慮し、身体的に気持ちよく集中して食べられるように整えます。

　姿勢を安定させるための補助用具を活用し、誤飲や誤嚥を防ぎ、積極的な随意動作を引き出すように工夫します。

第4章　各教科等における食に関する指導の展開

（イ）教師・医師等との連携協力

　自立活動の指導は、専門的な知識や技術を有する教師を中心として、全教師の協力の下に効果的に行うようにします。

　栄養教諭も食の専門家として関わりますが、嚥下障害等食べる機能に障害のある児童生徒の指導など専門的な内容については、必要に応じて医師や言語聴覚士等の専門家の指導・助言を求めるなどして、適切な指導ができるようにします。他にも連携したい外部の専門家として、臨床心理士・作業療法士・理学療法士・視能訓練士・健康運動指導士等が挙げられます。指導方法については、保護者と学校の関係者間で十分な検討を行います。

　また、自立活動における食に関する指導の成果が、「個別の教育支援計画」等に記載され、家庭や進学先、就職先等でも共通理解として生かされるように、関係者及び関係機関等との連携を図ります。

オ　評価について

　自立活動における評価は、実際の指導が個々の児童生徒の指導の目標に照らしてどのように行われ、児童生徒がその指導の目標の実現に向けてどのように変容しているかを明らかにするものです。

　そして、はじめに立てた指導計画は当初の仮説に基づいて立てた見通しであり、児童生徒にとって適切な計画であるかどうかは、実際の指導を通して明らかになるものです。

　したがって、児童生徒の学習状況や指導の結果に基づいて、適宜修正を図らなければなりません。

（ア）児童生徒の評価について

　児童生徒の評価は、児童生徒がどのような点でつまずき、それを改善するためにどのような指導をしていけばよいかを明確にしようとするものです。あるいは、児童生徒にどのような育ちがあり、何がその育ちを支えたのかについて分析することで、次回の主体的な学習活動や有効な支援を決める際の大事な情報として活用できるようにします。

　また、児童生徒の自己評価は、自らの学習状況や結果に気付き、自分を見つめ直すきっかけとなり、学習や発達を促す意義があります。児童生徒が、自分の障害の状態を知り、受け止め、それによる困難を改善しようとする意欲をもつことが期待される大事な評価なので、大切にします。

（イ）教師の指導に対する評価について

　評価は児童生徒の学習評価であるとともに、教師の指導に対する評価でもあります。

　教師自身が、児童生徒の姿から自分の指導の在り方を見つめ、児童生徒に対する適切な指導内容・方法の改善に結び付けることが求められます。栄養教諭についても、同様のことが求められます。

（ウ）保護者との協力について

　保護者に学習状況や結果の評価について説明し、児童生徒の成長の様子を確認してもらうとともに、学習で身に付けたことを家庭生活でも発揮できるよう協力を求めることが大切

－ 216 －

第4章　各教科等における食に関する指導の展開

です。また、担任や寄宿舎指導員等とも連携し、家庭の協力を仰ぐことも重要です。

第5章　給食の時間における食に関する指導

第5章　給食の時間における食に関する指導

第1節　学校給食とは

　学校給食は、学校給食法に基づき実施され、成長期にある児童生徒の心身の健全な発達に資するものであり、かつ、児童生徒の食に関する正しい理解と適切な判断力を養う上で重要な役割を果たすものです。

1　目的と役割

　我が国の学校給食は、明治22年（1889年）に山形県鶴岡町の私立忠愛小学校において始まったとされています。この給食は、貧困児を対象に宗教的な救済事業として無償で給与されており、今日の学校給食の目的とは異なっていますが、教育の中に給食を取り入れた先駆けとして記録されています。

　昭和21年12月に発せられた「学校給食実施の普及奨励について」の文部、厚生、農林三省次官通達により、学校給食は教育活動の一環として位置付けられました。昭和29年には「学校給食法」が制定され、学校給食の法的根拠が明確になり、教育活動として実施されることになりました。平成20年6月に学校給食法が大幅に改正され、従来からの目標である学校給食の普及充実に加えて、「学校における食育の推進」が新たに規定されました。食育の観点を踏まえ、学校給食の教育的効果を引き出し、学校給食を通じて学校における食育を推進するという趣旨が明確になりました。

　学校給食は、成長期にある児童生徒の心身の健全な発達のため、栄養バランスのとれた豊かな食事を提供することにより、健康の増進、体位の向上を図ることに加え、食に関する指導を効果的に進めるための重要な教材として、給食の時間はもとより各教科や総合的な学習の時間、特別活動等において活用することができます。

　特に給食の時間では、準備から片付けの実践活動を通して、計画的・継続的な指導を行うことにより、児童生徒に望ましい食習慣と食に関する実践力を身に付けさせることができます。また、学校給食に地場産物を活用したり、郷土食や行事食を提供したりすることを通じ、地域の文化や伝統に対する理解と関心を深めるなど高い教育効果が期待できます。

2　学校給食の栄養管理

　学校給食の栄養管理は、「学校給食実施基準」（学校給食法第8条）の中で示されている「学校給食摂取基準」に基づいて行われています。学校給食摂取基準は、厚生労働省が策定した「日本人の食事摂取基準」を参考とし、その考え方を踏まえるとともに、児童生徒の健康の増進及び食育の推進を図るために望ましい栄養量を算出したものです。具体的には、家庭での食事で摂取量が不足していると推測される栄養素を、可能な範囲で学校給食で補うなどの工夫が行われています。

　栄養教諭には、学校給食摂取基準に基づいた献立作成や、食事状況調査や残食調査などによる状況把握の実施により適切な栄養管理を行い、栄養管理の内容を指導に生かすことができるよう配慮することが求められます。また、学級担任には、栄養教諭と連携しながら、献立のねらい、栄養管理の状況を理解した上で給食の配食を行い、全体及び個別の指

導を行うことが求められます（図１）。

図１　学校給食実施基準に基づく栄養管理

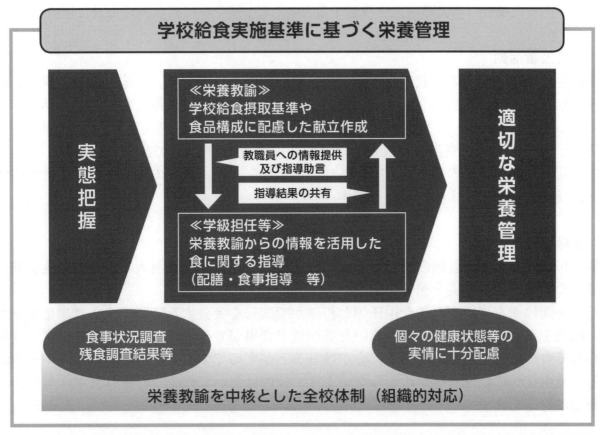

出典「栄養教諭を中核としたこれからの学校の食育」（文部科学省、平成29年３月）

３　学校給食の衛生管理

学校給食の衛生管理は、「学校給食衛生管理基準」（学校給食法第９条）に基づいて行われています。給食調理施設での調理工程はもとより、給食を受け入れてからの学校における衛生管理が極めて重要です。ここでは、学校給食衛生管理基準に沿った学校における衛生管理の在り方について説明します。

(1) 施設設備の衛生管理

配膳室は常に清潔に保ち、温度管理や容器等の汚染に配慮します。

外部業者から直接納入される食品（パン・牛乳等）の適切な検収、水道水の安全確保、各教室やランチルームなどの食事環境の整備、廃棄物の処理など、校内の衛生管理については、校長を中心とした衛生管理委員会（学校保健委員会）等において組織的に取り組みます。

(2) 検食

検食はあらかじめ学校における責任者を定め、児童生徒が給食を食べる時間の30分前までに行います。検食に際しては、食品の中に人体に有害と思われる異物の混入がないか、調理過程において加熱及び冷却が適切に行われているか、食品の異味、異臭その他異常が

第5章　給食の時間における食に関する指導

ないか、一食分としてそれぞれの食品の量が適当か、味付け、香り、色彩並びに形態等が適切か、及び、児童生徒の嗜好との関連はどのように配慮されているかについて確認します。また、検食を行った時間、検食者の意見等を記録します。

　異常があった場合は給食の中止を検討するとともに、速やかに給食調理施設に連絡します。

(3) 給食当番活動

　学級担任等は、給食の配食を行う児童生徒及び教職員について、下痢、発熱、腹痛、嘔吐等の症状の有無、衛生的な服装をしているか、手指は確実に洗浄したか等当番活動が可能であるかを毎日点検（229 ページ「給食当番チェックリスト」参照）します。感染症の可能性がある場合は給食当番を代えるなど、食中毒防止のための対応が必要になります。また、配食前、用便後の手洗いを励行させ、清潔な白衣やマスクの着用など衛生的な服装で食器及び食品を扱うように指導します。

(4) 学級担任等の役割

　学級担任等は、栄養教諭の助言をもとに、衛生的な配食や異物混入防止など衛生管理に配慮した給食指導の充実を図ります。

　給食時間は児童生徒が友達や担任等と和やかで楽しく会食する時間です。食事にふさわしい環境を整え、ゆとりある落ち着いた雰囲気で食事ができるよう、日頃から児童生徒が安心して食べられる食事環境作りに心がけることが大切です。また、食物アレルギーを有する児童生徒への誤配食等が起こらないよう、校内において作成したマニュアル等に沿って適切に対応します。

(5) 給食時に発生した嘔吐物の処理

　給食時間中、児童生徒が嘔吐した場合は、当該児童生徒を保健室に連れて行くとともに、周囲の児童生徒を可能な限り嘔吐物から遠ざけます。その後、適切に嘔吐物の処理を行います。嘔吐物が食器具に付着した場合は学校給食衛生管理基準に基づき、衛生的に処理します。（230 ページ参照）

4　特別活動における学校給食の位置付け

　学習指導要領においては、特別活動の「学級活動」に「食育の観点を踏まえた学校給食と望ましい食習慣の形成」について示されています。特別活動は、集団や社会の形成者としての見方・考え方を働かせながら、「様々な集団活動に自主的、実践的に取り組み、互いのよさや可能性を発揮しながら集団や自己の生活上の課題を解決する」ことを通して、資質・能力を育むことを目指す教育活動です。

　給食の時間における指導は標準授業時数に含まれないものの、教育課程上の学級活動と関連付けて行うことのできる重要な学校教育活動です。年間を通じて行われる当番活動や、学校給食を教材として活用した食に関する指導により、児童生徒が望ましい食習慣を身に付けていけるよう、計画的かつ効果的な指導を行うことが大切です。

(1) 活動内容

　特別活動では、「食育の観点を踏まえた学校給食と望ましい食習慣の形成」について、自分の食生活を見直し、自ら改善して、生涯にわたって望ましい食習慣が形成され、食事を通してよりよい人間関係や社交性が育まれるようにするものであることが求められています。

　給食の時間は、楽しく食事をすること、健康に良い食事のとり方、給食時の清潔、食事環境の整備などに関する指導により、望ましい食習慣の形成を図るとともに、食事を通してよりよい人間関係の形成を図ります。そして、適切な給食時間を確保した上で、給食の準備から後片付けを通して、計画的・継続的に指導する必要があります。

　また、食を取り巻く社会環境の変化により、栄養摂取の偏りや欠食といった食習慣の乱れに起因する肥満などの生活習慣病、食物アレルギー等の問題が指摘される現在、家庭との連携が今後更に重要になります。心身の健康に関する内容にとどまらず、自然の恩恵への感謝、食文化、食糧事情などについても各教科との関連を図りつつ指導を行うことが重要です。

(2) 児童・生徒が目指す資質・能力

　小学校では、例えば、望ましい食習慣の形成を図ることの大切さや、食事を通して人間関係をより良くすることのよさや意義などを理解すること、給食の時間の楽しい食事の在り方や健康に良い食事のとり方などについて考え、改善を図って望ましい食習慣を形成するために判断し行動することができるようにすることが考えられます。

　そのような過程を通して、主体的に望ましい食習慣や食生活を実現しようとする態度を養います。

　中学校では、例えば、健康や食習慣の正しい知識が大切であることを理解し、給食の時間の衛生的で共同的な楽しい食事の在り方等を工夫するとともに、自らの生活や今後の成長、将来の生活と食生活の関係について考え、望ましい食習慣を形成するために判断し行動ができるようにすることが考えられます。そのような過程を通して、健康な心身や充実した生活を意識して、主体的に適切な食習慣を形成する態度を育てます。

(3) 指導における留意点

　食育の観点を踏まえた学校給食と望ましい食習慣の形成は、食に関する資質・能力等を、児童生徒が発達の段階に応じて総合的に身に付けることができるように、学校教育全体で指導することです。したがって、学校の教育計画等と関連付けながら食に関する指導の全体計画を作成し、給食の時間を中心としながら、各教科等における食に関する指導を相互に関連付け、総合的かつ効果的な指導が行われるように留意する必要があります。これらの指導は、学級担任による指導にあわせ、栄養教諭の専門性を生かしつつ、養護教諭等が、連携・協力して指導に当たることで、より一層効果をあげることができます。

　なお、学校給食を実施していない学校においても、児童生徒が健康の大切さを実感し、生涯にわたって自己の健康に配慮した食生活が営めるよう、食育の観点も踏まえて望ましい食習慣の形成の指導を行う必要があります。

第5章　給食の時間における食に関する指導

(4) 特別活動の標準授業時数の考え方

　小学校の特別活動の標準授業時数については、学校教育法施行規則別表第1（第51条関係）で、35単位時間（第1学年では34単位時間）と規定されており（1単位時間は45分）、「小学校学習指導要領で定める学級活動（学校給食に係るものを除く。）に充てるものとする」ことが示されています。なお、中学校の特別活動についても、学校教育法施行規則別表第2（第73条関係）において同様に規定されています（1単位時間は50分）。

　給食の時間における指導は標準授業時数に含まれないものの、教育課程上の学級活動と関連付けて行うことのできる重要な学校教育活動です。給食の時間の設定にあたっては、指導の時間を含め、ゆとりをもって当番活動や会食ができるよう時間の確保に努める必要があります。また、学校給食に関する学級活動の授業時間を特別活動の標準授業時数の内でも設定するなど、計画的に給食の時間と関連付けながら食に関する指導の充実を図ることが大切です。

第5章　給食の時間における食に関する指導

第2節　給食の時間に行われる食に関する指導

　給食の時間に行われる指導は「給食指導」と「食に関する指導」に分けることができます。
　「給食指導」は、給食の準備から片付けまでの一連の指導の中で、正しい手洗い、配膳方法、食器の並べ方、箸の使い方、食事のマナーなどを体得させる場面です。日々の指導は学級担任等が主に担いますが、運営や指導方法については栄養教諭と連携し、学校全体で統一した取組を行うことが必要です。
　また、「食に関する指導」は、学校給食の献立を通じて、食品の産地や栄養的な特徴を学習させたり、教科等で取り上げられた食品や学習内容を確認したりするなど、献立を教材として用いた指導を行う場面となります。この指導は、栄養教諭による直接的な指導や資料提供を行う等、連携をとって進めることが大切です。

1　給食指導

　給食指導とは、給食の準備、会食、片付けなどの一連の指導を、実際の活動を通して、毎日繰り返し行う教育活動です。給食の時間の児童生徒の活動や指導方法については、市区町村や学校でマニュアルなどを作成し、学校全体で系統立てた指導ができるよう取り組むことが必要です。
　給食の時間における共同作業を通して、責任感や連帯感を養うとともに、学校給食に携わる人々への感謝の気持ちなど豊かな心を育み、好ましい人間関係を育てる時間となります。また、給食の時間は学級担任等と児童生徒が共に食事をする時間ですが、献立を通した具体的な指導場面も多いことから、献立を作成する栄養教諭と適切に連携を取って指導することは効果的であり、望ましい食事のとり方の習慣化を図ることができます。
　食物アレルギー、肥満、やせなど児童生徒の健康状態はさまざまであり、また、偏食傾向や食事マナーの状況、食べる速度や噛む力などについても個別に指導する必要があります。指導にあたっては学級担任、栄養教諭、養護教諭等が協力して指導に当たることで効果を上げることができます。
　ここでは、給食の時間を準備、会食、片付けに分けて、流れに沿った指導内容について表1に例を示します。

表1　給食指導における主な指導項目とその内容（例）

給食指導	指導項目	指　　導　　内　　容
準　備	食事環境	・みんなで楽しく気持ちの良い食事の工夫ができるようにする。 ・正しい手洗いを行い、安全衛生に留意した食事の準備をし、静かに待つ。 ・食事にふさわしい環境を整える。
	当番児童生徒	・給食当番健康チェック表（学校給食衛生管理基準に基づく）を用意し、体調を把握する。 ・身支度や手洗いなど食事の準備がきちんと清潔にできるようにする。

－ 223 －

第5章　給食の時間における食に関する指導

準　備	運び方	・重いもの、熱いものへ配慮して、教室まで安全に運ぶようにする。その際、担任は付き添って、思いやりや責任を持った活動ができるようにする。
	配食	・一人分の盛り付け量を盛りきる。 ・担任の確認のもと相談し、配食調整する。 ・献立にふさわしい衛生的な盛り付けや、正しい食器の並べ方ができるようにする。
会　食	あいさつ	・献立（主食・主菜・副菜）の確認をし、献立名を知らせる。 ・「いただきます」のあいさつをする。
	会食中	・食器や箸の持ち方、並べ方、食事中の姿勢など基本的なマナーを身に付け、楽しい雰囲気の中で会食できるようにする。 ・落ち着いて食べることができるよう、食べる時間を確保する。
片付け	片付け方	・みんなで協力して、手順良く片付けられるようにする。 ・環境や資源に配慮して、学校や地域の分別の決まり事を守り、片付けるようにする。

2　給食の時間における食に関する指導

　給食の時間における食に関する指導は、「食に関する指導」の中心的役割を担うものです。献立を通して食品の産地や栄養的な特徴を学ぶことができるほか、郷土食や行事食などの食文化を学校給食で学ぶことにもつながります。さらに、学校給食を活用して教科等で学習したことを確認させたりすることもできます。

　ここでは、学校給食を活用した指導の在り方について示します。

(1) 献立を教材とした給食の時間における指導

　給食に使用している食品を活用して、食料の生産、流通、消費について理解させたり、献立を活用して食品の種類や特徴、栄養のバランスのとれた食事などを知らせたりします。ほかにも、季節や地域の行事にちなんだ行事食を提供するなど、食事という実体験を通して食に関する知識理解、関心を深めることができます。

〈指導事例〉

ア　食料の生産、流通、消費

　食材に着目しながら実際に給食を味わうことで、各食材の生産に適した気候風土や季節による生産の特徴、流通の仕組み等を学ぶことができます。

　特に、地場産物を積極的に学校給食で活用することにより、自分の住んでいる地域への愛着を育むとともに、生産者の工夫や努力について考え、地域の産業等の理解を深めるほか、食料輸送にかかる環境問題、食糧自給率などについて考える機会とします。

イ　食品の種類や特徴

　当日の給食で使用する食材を取り上げ、原産地や栄養的な特徴、栄養素の体内での働き等を学びます。具体的には、様々な品種名がある食材をクイズ形式で紹介する、その食材を食べることにより体内でどのような効果が期待できるのかを分かりやすくイラストで示すなどの工夫により興味・関心をもたせ、残さず食べる意欲を高めます。

ウ　栄養のバランスのとれた食事

　主食、主菜、副菜がそろったバランスの良い食事のモデルとして学校給食を取り上げます。望ましい献立の組み合わせ方、学年による主食量の差、副菜となる献立に使用する食品にはどのようなものがあるか等、実際に目で確認しながら味わいます。

(2) 教科等と連携した給食の時間における指導

　教科等における食に関する指導と連携し、給食を授業の導入場面としたり、給食の時間に献立を教材として振り返りを行うなど、給食の献立や食品などを教材として教科等で活用したりすることができます。

　栄養教諭は食に関する指導の全体計画を献立計画に反映させ、学級担任や教科担任は、学校給食を教材として活用できるよう、栄養教諭と連携することが大切です。

〈指導事例〉

ア　導入としての活用　（給食　→　授業）

【小学校】第3学年　理科

　植物のからだのつくりを学習する際、野菜を例に、根や茎、葉、花（つぼみ）、実のどの部分を食べている野菜なのかを給食を食べながら予想させます。実際に食べることで、イメージがつきやすくなります。

【中学校】社会〔地理的分野〕

　学校給食で食べながら食品の生産国を確認し、食生活が自然環境だけではなく、日本と世界との結び付きといった社会環境の変化によっても大きな影響を受けていることに気付かせます。私たちの日常生活が他地域との結び付きによって成り立っていることを、学校給食の献立を通じて学びます。

イ　学習の確認の場面としての活用　（授業　→　給食）

【小学校】第1学年学級活動

　正しい箸の持ち方や使い方、箸のマナーを学習した後、給食時間に箸を正しく使用して食事ができるよう、実践的に練習させる場面とします。

【小学校】第5学年家庭科

　栄養バランスのとれた献立について給食を食べながら、献立を構成する要素としての主食・主菜・副菜についての学習を振り返り、理解を深めます。

第5章 給食の時間における食に関する指導

【中学校】保健体育科
　　生活習慣の乱れが要因となって発生する生活習慣病について学習する際、運動、食事、休養及び睡眠の調和のとれた生活を実践することで予防できることを学びます。給食時間には、給食をバランスのとれた食事の教材として年齢に応じた質と量を再確認させ、偏りがない食事を続けることの大切さを学びます。

3　給食を教材とした教科等における食に関する指導

　教科や総合的な学習の時間等での指導に食育の視点を入れることにより、授業の導入をスムーズに行ったり、学習で得た知識を食事という体験を通して具体的に確認したり、振り返ったりすることができます。

　献立のねらいを授業と関連づけ、学校給食を教材として活用しやすくするため、栄養教諭は、献立のねらいを明確にした献立計画を学級担任等に提示します。

(1)　教科等の導入場面での活用　（給食　→　授業）

〈指導事例〉
【小学校】第2学年生活科
　　自分たちが食べている給食には、季節ごとに多種類の野菜が使われていることを学習し、野菜には成長や健康の維持増進のために大切な働きがあることに気付かせます。野菜を身近に感じさせ、野菜の栽培活動に対する関心・意欲を高めます。
【小学校】第5学年社会科
　　給食の献立の食品や種類ごとの産地を調べ、「なぜその地域で盛んにつくられているのか」「食料の輸入はどのようにかわってきたのか」など問いを設けて追究していきます。給食を導入に使って自分たちの食生活との関わりを意識させながら、日本の食料生産の特徴をつかませるようにします。
【中学校】技術・家庭科（家庭分野）
　　和食の基本となる「だし」を用いた地域の伝統的な行事食や料理を給食の献立で確認します。その後、「だし」を用いた煮物や汁物の調理実習の計画を立てます。実習で用いる食品や味付けは実際に給食で体験していることから、スムーズに学習を進めることができます。

(2)　教科等の振り返り場面での活用　（授業　→　給食）

〈指導事例〉
【小学校】第4学年体育（保健領域）
　　体をよりよく成長させるために「調和のとれた食事」「適切な運動・休養」「睡眠」が必要なことを学習したあと、バランスの良い食事の例として給食献立を手本とし、学習を振り返ります。
【中学校】理科〔第2分野〕
　　食べ物の消化吸収について学習する際、食品に含まれる栄養素は体内でどのような

－ 226 －

第5章　給食の時間における食に関する指導

働きを行うのかを給食献立で振り返りを行います。食べた物が体内の器官でどのように消化吸収されて、どのような働きを行うのかを具体的に振り返ることができます。

(3) 教科等での学習を深める場面での活用　（授業　→　給食）

〈指導事例〉
　【中学校】技術・家庭科（家庭分野）
　　1日分の献立を考える際、3食のうち1食に給食の献立を活用し、残りの献立を立案する学習が考えられます。主食・主菜・副菜を組み合わせたバランスのよい学校給食は、全員が等しく体験していることから、給食を参考にして献立を工夫することができます。

4　栄養教諭の役割

　給食の時間における食に関する指導は主として学級担任が行いますが、栄養教諭が各教室に出向いて直接指導したり、資料提供したりすることで、具体的かつ実践的な指導になり、教育効果を上げることができます。給食の時間における給食指導及び食に関する指導に分け、栄養教諭の役割を示します。

(1) 給食指導

　栄養教諭は日頃から、給食準備の様子、配食での衛生的な取り扱い、食事マナーの定着の様子、残食の状況などの実態把握に努め、教職員と共通理解の上、計画的・継続的な指導を行うことが必要です。例えば、食事環境を整えること、正しい手洗い、配食での注意点など、給食での衛生管理については、「なぜ衛生管理が大切なのか」を専門的知見に立って児童生徒に分かりやすく説明する役割を栄養教諭が担うことで衛生管理の必要性を理解させることができます。また、残食の減量や正しい食事マナーの定着には継続した指導が必要なため、栄養教諭から学級担任等への指導資料等の情報提供が有効です。このほかにも、食事の量、食べる速度、嗜好等について個別に把握し、指導の必要がある場合は、少しずつ根気よく改善に向けた対応や指導を学級担任等と連携して行います。

　栄養教諭は、給食の時間の指導において一人一人の児童生徒の特性を考慮し、その指導が画一的にならないよう配慮する必要があります。特に食物アレルギー、肥満傾向、やせ願望等、個別的な指導を必要とする場合は、学級担任等、養護教諭、学校医、保護者等と連携の上、食生活の実態把握や個別的な相談指導を行うことが大切です。

(2) 給食の時間における食に関する指導

　給食の時間では、実際に食事をするという活動を通して具体的な指導が可能になります。指導の場面では、学級担任等が栄養教諭からの資料提供に基づいて行う、栄養教諭が直接行う、学級担任の求めに応じて栄養教諭が学級担任と連携して行う等が考えられます。栄養教諭の関わりによって、食に関する指導内容が深まり、児童生徒への知識の定着や行動変容に効果的です。いずれの場合も、栄養教諭は、献立に使用している食品

第5章　給食の時間における食に関する指導

に含まれる栄養素等について資料を作成し、学級担任等に提供します。その上で、学級担任等及び栄養教諭は、教材である学校給食をどのように活用するか検討し、綿密な打合せを行い、指導内容を共有します。そのため、栄養教諭は、食に関する正しい知識をもち、地域の食文化や特産物等について情報を収集しデータとして整理しておくなど、学級担任等と連携した教材研究が日常的にできるよう努めます。

　給食の時間における指導の後は、学級担任等と栄養教諭は児童生徒の行動変容を観察し、結果を共有してその後の指導に反映させます。

第5章　給食の時間における食に関する指導

第3節　学校給食におけるリスクマネジメント

　学校給食は児童生徒を対象に実施されることから、安全性を担保した上で実施することが重要となります。

　児童生徒が給食を食べる際に想定されるリスク要因として、食中毒、異物混入、食物アレルギー、窒息等が考えられます。衛生的な環境のもと、児童生徒が楽しく安全に食事ができるよう、学級担任等は事故防止に十分配慮する必要があります。学校給食を原因とするリスクについては、校内マニュアル等を整備し、全教職員で共通理解を図った上で組織的に運用することが事故の未然防止や適切で迅速な対応につながります。また、幼稚園における給食の実施についても、同様に取り組むことが重要です。

1　食中毒の防止

　近年は、少ない量の菌数で発症するウイルス性の食中毒が季節を問わず発生しています。ほかにもノロウイルスに代表される「人を介して感染が拡大するおそれのあるウイルス」に感染する危険があることから、教室等での給食当番活動等における衛生管理について注意が必要です。食中毒及び感染症の拡大防止策はどちらも共通です。

ア　未然防止のポイント

・学校保健安全法に基づいた健康観察を適切に行い、児童生徒の体調不良を早期発見するよう努めます。
・「学校給食衛生管理基準」（平成21年文部科学省告示第64号）に基づき、給食当番の健康状況を記録します。

給食当番チェックリスト
□下痢をしている者はいない。
□発熱、腹痛、嘔吐をしている者はいない。
□衛生的な服装をしている。
□手指は確実に洗浄した。

・児童生徒に胃腸炎の症状（腹痛・下痢・嘔吐等）がある場合は、給食当番を交代させます。
・給食当番はもとより、児童生徒全員が食事の前、用便後の手洗いを励行します。
・校内で嘔吐があった場合の嘔吐物の処理については、全職員が共通理解を図った上で適切に対応します。
・食器具に嘔吐物が付着した場合、流水ですすいだだけでは食器にウイルスが付着したまま給食調理施設へ返却され、給食を介した食中毒の発生につながる恐れがあります。嘔吐物が付着した食器具は、次亜塩素酸ナトリウム溶液（塩素濃度1000ppmに10分）に浸して一次消毒を行った後、消毒済みであることがわかるように給食調理施設に返却します。

第5章　給食の時間における食に関する指導

吐物の清掃

　近くにいる人を別室などに移動させ、換気をした上で、吐物は、ゴム手袋、マスク、ビニールエプロンをして、できればゴーグル、靴カバーを着用し、ペーパータオルや使い捨ての雑巾で拭きとる。

　吐物は広範囲に飛散するため、中心部から半径2mの範囲を外側から内側に向かって、周囲に拡げないようにして静かに拭き取る。拭き取ったものはビニール袋に二重に入れて密封して破棄する。

　吐物の付着した箇所は、0.1％（1,000ppm）次亜塩素酸ナトリウム消毒液で消毒する。次亜塩素酸ナトリウムは、木や紙などの有機物に触れると消毒効果が下がるため、ペーパータオルを使ったり木の床を消毒したりする場合には、0.2％（2,000ppm）以上の濃度の次亜塩素酸ナトリウム消毒液を使用する。消毒液をスプレーで吹きかけると、逆に病原体が舞い上がり、感染の機会を増やしてしまうために、噴霧はしないようにする。

　処理後、スタッフは石鹸、流水で必ず手を洗う。

出典「学校において予防すべき感染症の解説」公益財団法人 日本学校保健会 平成30年3月

　イ　発生時対応の留意点
　　・胃腸炎による欠席者や体調不良者が多数見られた場合、食中毒を疑います。疑いが発生した時点で、対応マニュアルに沿って、学校医や管轄する保健所、教育委員会等と連携し、迅速な対応を行います。
　　・家庭への情報提供を行い、家庭内での二次感染防止に努めます。

２　異物混入の防止
　毛髪、昆虫、プラスチック片、金属片などの異物混入事案が発生しています。調理工程での混入だけでなく教室等での混入の可能性も想定し、未然に異物の混入を防止する手立てを講じます。

　ア　未然防止のポイント
　　・配膳室は施錠するなど、児童生徒や部外者が立ち入ることのないよう施設管理を徹底します。
　　・納入業者が学校に直接届ける食品については、検収責任者を決め、納品時の温度や賞味期限等を確認し、その記録を適切に保管します。納入された食品は、給食

開始まで適切に保管します。（例：米飯やパンなどの主食・牛乳・デザート等）

・教室内のほこりが食品に混入することを防ぐため、配膳前及び配膳中は、児童生徒は静かに着席して待つように指導します。

・教室内の不要物は処分し、画鋲や釘等の金属製品は適切に収納します。

・児童生徒に対して正しい身支度を指導します。特に児童生徒の毛髪が配食中の食缶や配食後の食品中に入ることがないよう、給食当番だけでなく個々に注意が必要であることを指導します。

・ヘアピン、安全ピン、体操着のファスナーなど、児童生徒が普段から身につけている金属類についても十分な注意が必要です。

・学習用品の中で異物となりやすいものには、クリップ、鉛筆及びシャープペンシルの芯、裁縫道具、実験器具類などがあります。給食前に適切に収納するよう指導します。

・ケガの手当に使用する絆創膏等は、水分を含むことで取れやすくなり、異物混入の原因となることがあります。給食当番を行う児童生徒が手指のケガにより絆創膏等をしている場合は、食品の盛りつけを行わないなど給食当番の分担を配慮します。

・必ず学級担任等が配食に立ち会い、給食当番の活動を指導します。

イ　発生時対応の留意点

・混入した異物が児童生徒に健康被害を及ぼす危険があるもの（金属片、ガラス片、硬質プラスチック片等）と判断した場合、すみやかに管理職に報告し、給食停止の措置を講ずる等の判断を行います。場合によっては管轄する保健所や教育委員会、納入業者等との連携が必要となるため、組織で対応します。

・混入経路の特定に努め、再発防止策を検討します。再発防止策は、全教職員で共通理解を図ります。

・異物混入による被害を受けた児童生徒への精神的ケアに努めます。

3　食物アレルギー対応

　学校給食における食物アレルギー対応の基本的な考え方は、全ての児童生徒が給食時間を安全に、かつ、楽しんで過ごせるようにすることです。そのためにも安全性を最優先し、組織的に対応することが不可欠です。

　学級担任を始め、全教職員は、食物アレルギーを有する児童生徒の視点に立って対応するとともに、食物アレルギーやアナフィラキシーについて正しく理解し、リスク管理や緊急対応などを行うことが求められます。

ア　未然防止のポイント

・全教職員が食物アレルギーを有する児童生徒の実態や個別の取組プラン、緊急時の対応について共通理解を図ります。

・給食の受け取りに際しては、決められた確認作業（指さし声出し）を決められたタイミングで行い、誤食を予防します。

－ 231 －

第5章　給食の時間における食に関する指導

・主に対応を行っている学級担任等が不在となる場合には、事前に他の教職員に十分な引き継ぎを行います。
・校内アレルギー対応委員会を開催し、全教職員の共通理解のもと組織で対応します。
・文部科学省「学校給食における食物アレルギー対応指針」に基づき、事故発生時を想定した校内研修を実施します。緊急時の対応については、文部科学省作成のＤＶＤ等を活用し、全教職員で共通理解を図ります。

イ　発生時対応の留意点
・緊急時対応マニュアルに基づき、救急措置をとります。

4　窒息事故防止
　過去には、パンの早食いや、白玉団子やプラムを咀嚼せず誤って飲み込んだことによる児童生徒の窒息事故が発生しています。特に、水分が少ないものや思いがけず飲み込んでしまう可能性がある丸い形状のものは、咽頭部に詰まる危険性が高いため十分な注意が必要です。

ア　未然防止のポイント
・食べ物は食べやすい大きさにして、よく噛んで食べるよう指導します。
・早食いは危険であることを指導します。
・給食の際は、学級担任等が注意深く児童生徒の様子を観察します。
・咀嚼及び嚥下の能力には個人差があるので、個別の対応が必要な児童生徒については、全教職員の間で共通理解を図ります。
・特別な支援を要する児童生徒については、食事中に必ず教職員が付き添い、目を離さないようにします。

イ　発生時対応の留意点
・すぐに他の教職員を呼び、119番通報を依頼します。救急隊が到着するまでの間は、詰まったものの除去を試みます。

第5章　給食の時間における食に関する指導

図1　背部叩打法(こうだ)
　立て膝で太ももがうつぶせにした子供のみぞおちを圧迫するようにして、頭を低くして、背中の真ん中を平手で何度も連続して叩きます。なお、腹部臓器を傷付けないよう力を加減します。

図2　腹部突き上げ法
　後ろから両腕を回し、みぞおちの下で片方の手を握り拳にして、腹部を上方へ圧迫します。

第6章　個別的な相談指導の進め方

第6章　個別的な相談指導の進め方

　個別的な相談指導は、授業や学級活動の中など全体での指導では解決できない健康に関係した個別性の高い課題について改善を促すために実施します。また、個別的な相談指導は、発育・発達期である児童生徒が健康に過ごすために必要であるとともに、将来に向けた望ましい食生活の形成を促すためにも重要であると言えます。

　個別的な相談指導は、事前に想定される問題や課題に対して実施する場合と疾病の発症のような状況に応じて実施する場合があります。ここでは、想定される課題についての相談指導の在り方について解説します。また、学校内での個別的な相談指導の進め方についても提案します。

第1節　個別的な相談指導の基本的な考え方

　想定される個別的な相談指導は、その課題の改善を目的として期間を決めて定期的、継続的に指導を進めることにより、対象の児童生徒の行動変容を促し、改善、あるいは、より良好な生活を行うための習慣を獲得できるようにします。また、個別的な相談指導は、学校全体で取り組み、対象となる児童生徒の抽出は、主に学級担任が行い、実際の指導は、栄養教諭が中心となり関係者と連携を取りながら実施します。

　個別的な相談指導の利点は、指導者と児童生徒及び家族に親密な人間関係を構築することにより高い成果が得られること、個人の身体状態、栄養状態、食生活等の特性にあった指導及び、個人の家庭や地域での背景、知識、理解度等、特性にあった指導ができることがあげられます。逆に問題点としては、多くの時間を要すること、差別感が生じやすいこと、指導者のスキル、態度、言動に影響を受けやすいことがあります。

　対象となる児童生徒の状況により、個別的な相談指導の内容が、専門的なものであることから、「児童生徒の栄養の指導及び管理をつかさどる」栄養教諭が主体となって指導を行うことが求められています。

1　想定される個別的な相談指導

　学校では、偏食のある児童生徒、肥満・やせ傾向にある児童生徒、食物アレルギーを有する児童生徒、スポーツをしている児童生徒、食行動に問題を抱える児童生徒を対象とした個別的な相談指導が想定されます。また、栄養や食が関係する疾患を有する児童生徒についても、本人や関係者から相談指導の依頼があった場合は対応します。

　個別的といっても、同じ問題や課題をもつ児童生徒を複数人集めて指導する方法もあります。この場合の利点は、チームなど一定の集団において、正しい知識の共有ができること、同一の問題を抱えている対象者の場合に連帯感が生まれたり、不安が解消されたりすること、対象者間に競争意識が芽生え、指導効果が上がりやすくなることがあります。また、複数人だけの指導の問題点は、指導者と児童生徒及び家族に親密な人間関係が得にくいこと、個人の身体状態、栄養状態、食生活等の特性にあった指導が困難であること、個

人の特性が理解できず、押し付けの指導になりやすいことがあります。

2　授業等との関連

　個別的な相談指導を実施する際に、クラス全員の児童生徒にその問題や課題についての教育や情報の共有をしなくてはならない場合もあります。このようなときには、授業等の中で実施することになります。授業中に知識や情報をクラス全員が共有することは必要であるものの、その授業による対象児童生徒への反応や影響を推察したうえで、慎重に計画し、実施していかなくてはなりません。

3　指導上の留意点

　個別的な相談指導を行うに当たって、次の点に注意が必要です。

① 　対象児童生徒の過大な重荷にならないようにすること。

② 　対象児童生徒以外からのいじめのきっかけになったりしないように、対象児童生徒の周囲の実態を踏まえた指導を行うこと。

③ 　指導者として、高い倫理観とスキルをもって指導を行うこと。

④ 　指導上得られた個人情報の保護を徹底すること。

⑤ 　指導者側のプライバシーや個人情報の提供についても、十分注意して指導を行うこと。

⑥ 　保護者を始め関係者の理解を得て、密に連携を取りながら指導を進めること。

⑦ 　成果にとらわれ、対象児童生徒に過度なプレッシャーをかけないこと。

⑧ 　確実に行動変容を促すことができるよう計画的に指導すること。

⑨ 　安易な計画での指導は、心身の発育に支障をきたす重大な事態になる可能性があることを認識すること。

第6章　個別的な相談指導の進め方

第2節　学校内の体制及び教職員の役割

1　学校内の体制

　全教職員が児童生徒の食に関する課題を理解し、学校として計画的、組織的に個別指導を行うよう、管理職のリーダーシップのもと、校内の指導体制を整備することが重要です。「食に関する指導の全体計画」に個別指導の内容を具体的に明記し、教職員及び関係機関等が連携協働の上、PDCAサイクルに沿って取り組むことについて校内で共通理解を図ります。（24ページ参照）

　取組にあたっては保健主事等が中心となり、定期的な協議の場を設定します。協議に際しては既存の組織を活用したり、校内組織として個別相談指導委員会等を立ち上げたりすることが想定されます。個別的な相談指導の体制の例を図1に示します。

　主として食に関する問題を抱える児童生徒に関わる教職員（学級担任、栄養教諭、養護教諭）は、連携して実態の報告や指導に関する提案を行います。よりよい内容や方法で効果的に個別指導を実施するよう、管理職の指示、その他の教職員の助言や協力を受けて、指導計画の作成や見直しを行います。計画に沿った指導と評価、結果の共有を継続的に行い、課題の解決を図ります。

　なお、栄養教諭が在籍しない学校についても、給食センター等に勤務する地域内の栄養教諭の協力を得て個別指導を実施します。地域内の栄養教諭は、学校が開催する個別相談指導委員会等に積極的に参画し、課題や状況を把握するとともに、専門的な助言や指導を行うことが求められます。

図1　個別的な相談指導の体制（例）

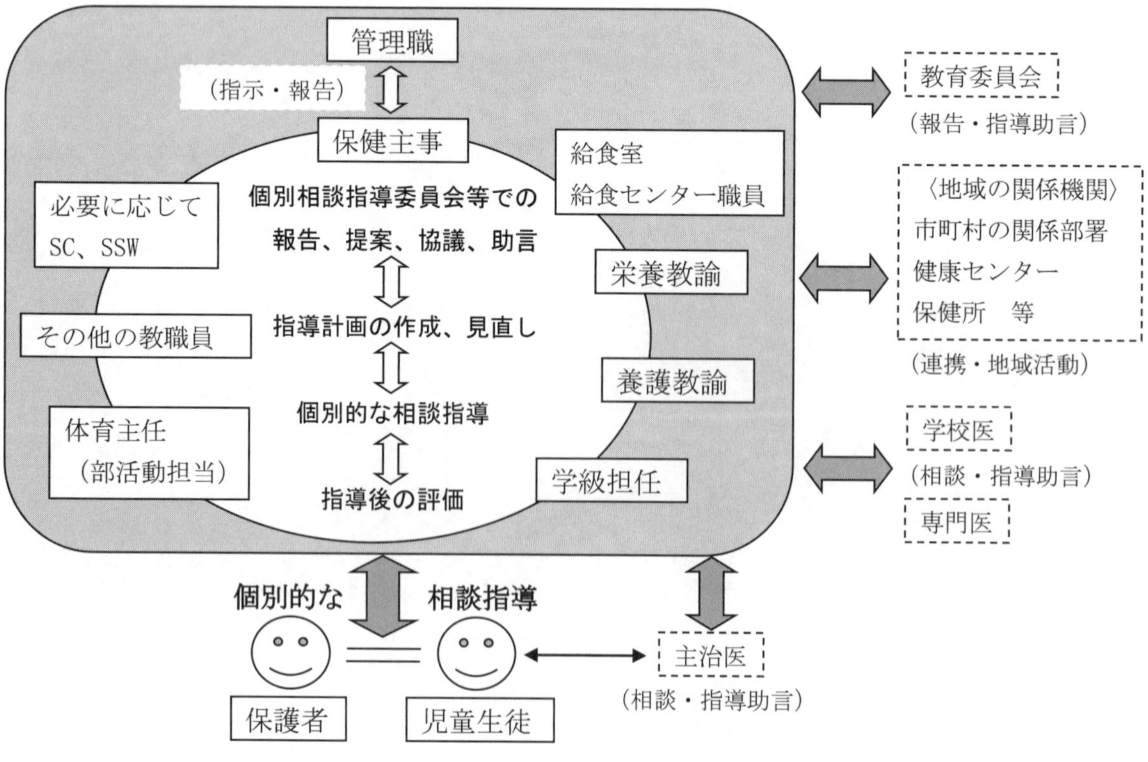

　※ SC：スクールカウンセラー、SSW：スクールソーシャルワーカー

－ 236 －

第6章　個別的な相談指導の進め方

2　教職員の役割

　個別的な相談指導については、学級担任、養護教諭、栄養教諭、保健主事、体育主任（または部活動担当）、スクールカウンセラー、スクールソーシャルワーカー、学校医、保護者等が連携を図り、適切に対応することが大切です。児童生徒の変化や発言の中に課題が感じられるときには、特に密接に連携の上、指導の必要性や具体的な方策を検討し、速やかに個別的な相談指導を進めていきます。

　身体・精神の発達には個人差があり、対象の年齢によって理解力・実践力に違いが見られるほか、家庭環境も異なります。特に学級担任は、児童生徒の生活環境、日常の行動等を知る立場にあるので、教職員の共通理解と協力のもと、日頃から十分な教育的配慮を行うことが大切です。生活習慣の課題については、重点的に養護教諭、栄養教諭との連携を図ることにより、より良い生活習慣が身に付けられるよう導きます。

　教職員の役割の例を表1に示します。

表1　教職員の役割（例）

校長、教頭 （副校長）	・指導体制の整備と指導方針の決定、指導状況の把握 ・該当児童生徒及び保護者への対応
保健主事	・個別相談指導委員会等の企画・運営・総括
学級担任	・日々の学校生活における児童生徒の実態把握 ・給食の時間における児童生徒の実態把握と指導 ・個別的な相談指導が必要だと思われる児童生徒の抽出、選定 ・個別相談指導委員会等における報告、提案 ・保護者との連絡調整
栄養教諭	・給食の時間や授業等における児童生徒の観察、実態把握、変化の確認 ・学級担任や養護教諭と連携した食に関する課題を有する児童生徒の把握 ・個別的な相談指導が必要な児童生徒の抽出、選定 ・個別相談指導委員会等における報告、提案 ・計画に沿った個別的な相談指導の実施（必要に応じて保護者を含む） ・個別に対応した学校給食のマネジメント
養護教諭	・健康診断結果や健康カードから健康問題のある児童生徒の把握 ・成長曲線を活用し、栄養教諭と連携して児童生徒の発育を評価 ・保健室利用状況から児童生徒の生活習慣や運動状況を把握 ・児童生徒の健康問題について学級担任や栄養教諭と情報共有 ・個別相談指導委員会等における報告、提案 ・栄養教諭が行う個別的な相談指導への協力、助言
体育主任 （部活動担当）	・児童生徒への運動に関する指導 ・運動に関して健康問題のある児童生徒について、栄養教諭や養護教諭と情報共有

第6章　個別的な相談指導の進め方

| SC、SSW | ・児童生徒に対する生活全般に関する相談や支援
・保護者に対する生活全般に関する相談や支援 |
| 給食室、給食センター職員 | ・個別に対応した学校給食の実施における協力 |

※ SC：スクールカウンセラー、SSW：スクールソーシャルワーカー

第6章　個別的な相談指導の進め方

第3節　学校と家庭・地域の関係機関等との連携

1　家庭との連携

児童生徒の食に関する問題は、特に個別的な相談指導が必要な児童生徒において、家庭での食生活や生活習慣と密接に関係している場合が多く、家庭の協力が不可欠です。必要に応じて、児童生徒と保護者を一緒に、または保護者を対象とした面談や相談指導を設定し、現状や指導内容について学校と家庭の共通理解を図ります。指導に当たっては、学校と家庭との信頼関係を築くこと、現状を踏まえた長期的・短期的な目標を設定し見通しをもった取組を行うことが大切です。また、評価内容を定期的に家庭と共有し、児童生徒と保護者が共に意欲をもって取組を継続できるよう留意します。

校内での取組のほか、地域の関係機関が開催する健康教室や生活改善に関する活動を積極的に活用するよう情報提供することや、地域での活動内容と関連を図り相談指導の充実を図ることも有効です。

2　地域の関係機関等との連携

個別的な相談指導が必要な食に関する課題は地域の特色が関係していることもあるため、市区町村における健康関係部署や生涯学習関係部署と連携した取組が有効です。課題によっては、相談指導を効果的に実施するために、市区町村が実施する活動（健康教室、運動教室、調理実習、講演会など）を活用するなどの取組は、児童生徒や保護者にとって、地域住民として生涯に渡る健康の維持増進にもつながります。そのほか、地域の保健所や健康・保健センターなど、健康管理に関する関係機関の情報や助言をもとに指導の充実を図ります。

個別的な相談指導の課題となる食物アレルギー、肥満、摂食障害等、医学的な対応を要するものについては、主治医や専門医とも密接に連携をとりながら、学校で取り組む内容を整理し、適切に対応する必要があります。また、食に関する課題の背景や過去の取組状況を把握するため、対象児童生徒が通っていた学校等と連携したり、入学予定の学校等と情報共有したりするなど、継続的で一貫性のある指導に努めることも大切です。

第6章　個別的な相談指導の進め方

第4節　栄養教諭の役割

1　栄養教諭の役割

　食に関する個別的な相談指導は、「児童生徒の栄養の指導及び管理をつかさどる」栄養教諭が、栄養学等の専門知識に基づき中心となって取り組みます。その際、PDCA サイクルを活用して、実施していくことが求められています。また、生活習慣や心の健康に関する問題も想定されるため、栄養教諭は、養護教諭や学校医等との連携の要として取り組むことが重要です。食物アレルギーや摂食障害など医学的な対応を要するものについては、主治医や専門医とも密接に連携を取りながら対応することも必要です。

　栄養教諭は、管理栄養士・栄養士の資格を有した唯一の教師であり、食に関する高い知識やスキルをもって、個別的な相談指導を主体的かつ効果的にすすめる役割を担っています。食に関する課題への対応では、児童生徒に対して直接指導や助言を行うほか、食の大部分を担う家庭での実践が不可欠であることから、保護者に対する助言など、家庭への支援や働きかけについても細やかに行うことも重要です。

　栄養教諭が個別的な相談指導を行う際に必要とされる資質・能力は、管理栄養士・栄養士の専門職として備えている知識やスキルに加えて、学校現場や児童生徒を対象とすることから、学年、年齢、発育段階に合わせた指導スキルが必要となります。また、学校、家庭、地域などの関係者との連携が不可欠なことから、コミュニケーション能力、マネジメント能力なども必要とされます。

2　個別的な相談指導の計画・実施・評価

　個別的な相談指導の流れは、「栄養教諭を中核としたこれからの学校の食育」において、図2のように示されています。

(1) 計画

　指導が必要な児童生徒の抽出のため、学級での状態や状況、健康診断結果等をもとに実態把握を行います。抽出に当たっては、学級担任、養護教諭、体育主任等、問題を抱える児童生徒の状況を把握している教職員との連携が必要です。

　抽出後は、対象児童生徒の現状と課題、指導内容、目標等を示した指導計画案を作成し、個別相談指導委員会等において提案・協議します。計画案には、各取組に主として関わる教職員、家庭との関わり方、学校給食管理の在り方、連携が必要な関係機関、評価方法等を具体的に示し、学校全体で効果的に指

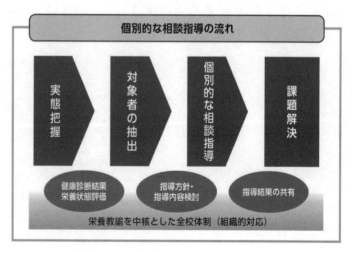

図2　個別的な相談指導の流れ

出典「栄養教諭を中核としたこれからの学校の食育」
　　　　（文部科学省、平成29年3月）

第6章　個別的な相談指導の進め方

導を進めることができるようにします。また、円滑な指導の実施のため、指導方針に沿った各取組の実施時期や評価時期を明確にしておくことも重要です。給食管理の在り方については、給食室または給食センター職員の理解と協力を得ます。

(2) 実施

　指導の実施に当たっては、対象児童生徒及び保護者が指導の必要性を充分に理解し、課題意識をもって取り組めるよう留意します。家庭の理解と協力を得て、家庭での食生活や生活習慣の状況を把握するとともに、保護者の願いや対象児童生徒の思いを考慮の上、計画に沿って指導を進めます。個別相談指導委員会等において、定期的に各取組の進捗状況を全教職員で共有します。

　なお、食物アレルギーを有する児童生徒への相談指導については、基本方針やマニュアルに沿った学校給食での対応のほか、成長にあった十分な栄養の摂取や、食物アレルギーについて正しい知識を持ち食事の自己管理ができるよう計画的に指導を進めます。

(3) 評価

　個別指導の実施後は、個別相談指導委員会等において評価を行い、成果を明確にしたのち、今後、効果的な指導のための取組の見直しや調整を行います。評価は、児童生徒や保護者に直接指導を行った教職員による報告等をもとに、計画どおり取組が実施されているかを全教職員で確認し、必要に応じて計画の見直しを行います。また、目標の達成状況を踏まえ、指導方法や目標の在り方を検討することも必要です。検討に当たっては、成長曲線等、課題の変容状況を客観的・数値的に把握できる資料を有効に活用します。

3　個別的な相談指導を行う際の留意点

　個別的な相談指導を実施する際の留意点を下記に示します。

①個別指導実施時には、必ず対象となる児童生徒の成長曲線（250ページ）を確認すること。

②栄養学、医学を始め、相談指導に必要なエビデンスは、日々更新されていることから、自己研鑽を継続し、質の高い指導を行うこと。

③発育・発達期のエビデンスや情報に限らず、幅広く知識やスキルを習得し、指導に生かすこと。

④児童生徒及びその保護者が満足する成果を出す指導をするためにカンファレンスなどを学校単位、市町村単位で実施すること。

⑤個別的な相談指導の目的、期間、計画、実施、評価を明確にすること。

⑥個別相談の結果は、適宜、関係する教職員又は全教職員で共有し、組織的な対応とすること。

第6章 個別的な相談指導の進め方

第5節　具体的な指導方法

1　方法及び流れ

実際に児童生徒に個別的な相談指導を実施する際には、PDCAサイクルをさらに詳細にした方法（図3　個別的な相談指導の詳細な方法（例））を活用することもできます。この方法を取り入れることで、児童生徒への指導が明確化し、実施中に事故等の発生を予防して進めることができます。また、指導後の評価までを確実に実施することができるようになります。

栄養教諭が中心となって、学級担任や養護教諭らと連携をして最初に目的と期間を決め、対象児童生徒を抽出します。対象児童生徒に対して、アセスメントの結果から個人目標を設定します。個人目標は、個別的な相談指導の期間に目的を達成することができる目標とし、対象児童生徒の健康状態を良好に維持できる無理のない設定とします。栄養教諭は、目標を達成するために栄養補給の計画を立て、その計画を対象児童生徒が実行するための行動計画を設定します。行動計画は、「控

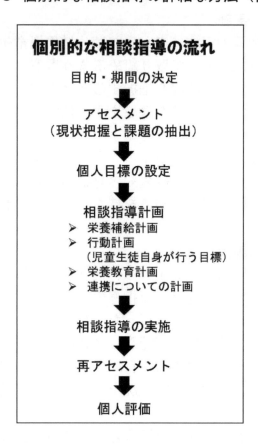

図3　個別的な相談指導の詳細な方法（例）

える」や「少し多くする」のような抽象的な表現ではなく、「握りこぶし一つ分食べる」など、「できた」・「できない」が明確に判断できるものにします。行動目標を理解して進め、実行率を高めるために、栄養教育（注）を実施します。実施中の対象児童生徒への働きかけや観察についての学校内や家庭での連携の計画も立てます。相談指導実施中は、行動計画の実行状況などを確認しながら進めます。相談指導の終了時に再アセスメントを行い、個人目標の状況や最初に行ったアセスメントからの変化を確認します。再アセスメント結果を用いて、評価を実施します。

流れに出てくる各項目を一つ一つ進めていくために、また、質の高い個別指導を実施するために、指導者は、知識やスキルが求められており、高い期待が寄せられています。

注：栄養教育とは、対象者が自主的に栄養改善に向けて食行動を変えるための教育のことをいう。

2　偏食のある児童生徒
(1) 偏食とは

特定の食品や食品群を嫌って食べない、または限られた食品ばかりを好んで食べる傾向にあることを偏食といいます。偏食の原因としては、味、匂い、見た目、食感、温度、調理方法、食器具、食経験の乏しさ、家庭での食習慣、特定の食品を食べて体調を崩した負の経験など様々です。偏食の多くは、成長や味覚の発達に伴い改善していく傾向にあります。

(2) 偏食に対する個別的な相談指導の要点・留意点

　偏食により食事量が極端に少ない、反対に特定の食品の食べ過ぎにより成長や栄養素の摂取状況に問題がある児童生徒を抽出し、個別的な相談指導を実施します。指導に当たっては、給食時間の状況を踏まえ、該当児童生徒及び保護者への聞き取りを行い偏食の原因を整理しますが、個々の児童生徒の特性や家庭環境等を十分に考慮することが重要です。該当児童生徒の達成感や自信につながるよう、まずは苦手な食品の匂いをかぐだけ、ごく少量を食べてみるなど、偏食の原因を軽減するための取組を段階的に行います。学級担任や栄養教諭は、児童生徒の努力を認め偏食改善への意欲をもてるよう留意します。また、成長期にある子供の偏食は心理的要因も影響することから、栽培、調理、適度な運動による空腹などの体験も有効です。保護者に対しては、不足しがちな栄養素の摂取方法、偏食の原因を軽減する調理方法等について指導します。指導後は、定期的に発育曲線や該当児童生徒の食事内容をもとに、評価と指導内容の再検討を行います。

　なお、日々の給食指導においては、児童生徒自身が苦手な食品についてその日食べる量を決定し、完食することを目標とした個に応じた指導を継続的に行います。学校給食を教材とした集団指導では、食品の種類やそれぞれの食品の働きについて正しい知識や感謝の気持ちをもち、残さず食べようとする意欲を高めます。そのほか、給食の時間を十分に確保すること、楽しく食事をすることも大切です。

　給食管理においては、偏食の原因である食品の使用量や調理方法を工夫したり、料理の組み合わせを工夫し1食分の献立としては食べやすいよう留意します。また、調理前の原因食品を給食の時間における食に関する指導に活用することも有効です。

3　肥満傾向にある児童生徒
(1) 肥満とは

　肥満とは、体脂肪が多く蓄積した状態をいい、児童生徒の肥満や肥満傾向については、高血圧、高脂血症などが危惧されるとともに、特に内臓脂肪型肥満により、将来の糖尿病や心疾患などの生活習慣病につながることが心配されます。

　肥満の診断にはさまざまな方法があり、身長と体重から算出する体格指数（肥満度など）、体脂肪量を推定する体脂肪率などがあります。児童生徒は、発育・発達期であることから、肥満・肥満傾向の判定においては、性別、年齢別の身長別標準体重(251ページ)を活用し、肥満度を算出（肥満度 ：＝〔実測体重(kg) － 身長別標準体重(kg)〕/ 身長別標準体量(kg) × 100）し、肥満度が＋20%以上であれば肥満傾向、＋20%以上30%未満を軽度、＋30%以上50%未満を中等度、50%以上を高度の肥満と判定します。発育には個人差があることから、成長曲線(250ページ)を作成して発育に伴う変化をとらえ、対象者の抽出や相談指導を進めていきます。

(2) 肥満に対する個別的な相談指導の要点・留意点

　個別的な相談指導は、対象となる個人の身体状況、栄養状態や食生活などを総合的に現状把握し、課題や問題点を抽出（アセスメント）することが大切です。また、発育発達を考慮した個人目標を作成し、無理なく改善を進めることが重要となります。肥満の解消だけではなく、一生につながる生活習慣の獲得も視野に入れて進めていくことが重要です。

－ 243 －

第6章　個別的な相談指導の進め方

・生活習慣病の改善と予防のための指導スキルを使い、質の高い相談指導を行うこと。
・発育や精神的に影響するようなエネルギー不足の状態にしないような計画を立てること。
・対象児童生徒に、食事記録や体重記録を活用して状況を説明し、理解を促し、意欲を高めて進めていくこと。
・体重測定で重要なことは、毎回同じ状態で測定することである。起床時、排尿後又は入浴時に裸になったときの体重測定が望ましい。
・極端な低身長の児童生徒については、肥満度が実際より大きく判定されることがあるので、必ず成長曲線と肥満度曲線を比較して検討すること。

4　やせ傾向にある児童生徒

(1)　やせとは

やせとは、体重や体脂肪が少ない状態を示し、児童生徒のやせ傾向については、発育遅延などが心配されます。

やせの診断には、身長と体重から算出する体格指数（肥満度など）、体脂肪量を推定する体脂肪率などがあります。児童生徒は、発育・発達期であることから、やせ傾向の判定においては、性別、年齢別の身長別標準体重(251ページ)を活用し、肥満度を算出（肥満度 := 〔実測体重 (kg) － 身長別標準体重 (kg)〕/ 身長別標準体重 (kg) × 100）し、肥満度が － 20% ～ － 30％未満をやせ傾向、 － 30% 以上であれば高度やせと判定します。発育には個人差があることから、成長曲線 (250 ページ) を作成して発育に伴う変化をとらえ、対象者の抽出や相談指導を進めていきます。特に急激な体重減少は、発育に支障を来すだけではなく、生命の危機を示していることもあるので、緊急にその原因を究明し、対応する必要があります。

やせ傾向となる原因は、問題のないやせ傾向もあるが、ダイエットや糖質制限のような偏った食事、家庭の状況などによっても引き起こされていることもあります。エネルギー不足による影響と改善方法については、後述の「6　スポーツをする児童生徒」への相談指導の記載を参考にします。

(2)　やせに対する個別的な相談指導の要点・留意点

やせ傾向の児童生徒への相談指導は、やせの状況になった原因によって、指導の方針は大きく変わります。栄養や食に関する指導だけでは、根本的な問題解決を導けない場合には、さまざまな関係機関と連携をして解決しなくてはなりません。

思春期は、心身ともに変化をしていくときであることから、適切な指導ができるように知識を高めるとともに、コミュニケーション能力も高めて進めていく必要があります。

5　食物アレルギーを有する児童生徒

(1)　食物アレルギーとは

食物アレルギーは、特定の食物を摂取することによって、皮膚・呼吸器・消化器あるいは全身に生じるアレルギー反応のことをいいます。原因食品は多岐にわたり、小児の場合は鶏卵、乳製品、小麦、そば、魚類、果物類、えび、肉類、落花生、大豆が食物アレルギー

の原因食品として上位を占めています。

全国の公立小学校、中学校、高等学校、中等教育学校を対象とした平成25年度「学校生活における健康管理に関する調査」報告書（公益財団法人日本学校保健会）では、児童生徒の4.5％が食物アレルギーの有病者であり、一人の児童生徒が複数のアレルゲンを有している場合もあります。症状は多岐にわたり、食物の摂取から2時間以内くらいに症状が表れる即時型と、症状が表れるまでに数時間から数日を要する遅発型があります。なお、人によっては摂取後、短時間のうちに急激なショック症状（アナフィラキシーショック）を起こす場合があります。

学校給食の提供に当たっては、「学校給食における食物アレルギー対応指針」（文部科学省、平成27年3月）を参考に学校設置者が方針を定めて、マニュアルに沿って対応を行います。

(2) 食物アレルギーに対する個別的な相談指導の要点・留意点

食物アレルギーについては、「学校給食における対応」と「個別的な相談指導」の両立が重要です。個別的な相談指導は、該当児童生徒が成長するための適切な栄養摂取の在り方、該当児童生徒の精神面のサポート、将来的に食の自己管理を行うための正しい知識とスキルを身に付けることを主な目的として実施します。指導内容の検討に当たっては、医師の診断による「学校生活管理指導表」を活用した正確な情報の把握と、発達段階や該当児童生徒の症状及び理解度を考慮の上、指導方針を決定します。学校給食における対応と合わせて、食物アレルギー対応委員会を相談指導の協議の場として活用することも有効です。栄養教諭は、保護者を対象とした相談指導として家庭の食事に関する助言等を行い、食事内容の充実を図るとともに、保護者の精神面のサポートにも留意します。該当児童生徒が進学する際には、相談指導が継続されるよう適切に引継ぎを行うことも重要です。

6 スポーツをする児童生徒
(1) スポーツをする児童生徒の食生活とは

スポーツをする児童生徒への個別指導は、スポーツをすることによって発育・発達に支障を来す状況になった、あるいは、来す可能性がある児童生徒に対して実施します。競技力向上のためや熱中症の予防については、教育が必要な児童生徒全員に対して、集団指導を行い、サポートすることができます。個別的な相談指導は、身体活動量の増加によってエネルギー不足から発育の遅延、貧血、疲労骨折、無月経や初経遅延などが引き起こされたり、熱中症を起こしてしまったりしたときに実施します。

2014年に国際オリンピック委員会（IOC）が提示した「スポーツにおける相対的エネル

図4 相対的エネルギー不足によって引き起こされる健康問題

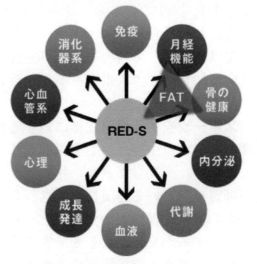

出典：Margo Mountjoy et al. Br J Sports Med 2014;48:491-497

第6章　個別的な相談指導の進め方

ギー不足 (RED-S)」では（図4）、相対的エネルギー不足により様々な健康問題を引き起こすとされています。スポーツをしている児童生徒がエネルギー不足になる原因は三つに分けることができます。その原因別に改善の方法を示します。

① 食事・補食として食べている量が限界に及んでいて、これ以上食べることができない場合

　改善のための方針は、身体活動量を減少させることによりエネルギー消費量を減らし、発育・発達に使うエネルギー量を確保します。併せて、栄養指導によって、効率よくエネルギー摂取できるように、食べ方や調理法などの工夫、補食について改善も行います。ジュニアアスリートにとって、食べることで補いきれないほどの運動量はオーバートレーニングとなるため、サプリメントを摂取して運動量を維持したり、さらに多くならないようにしたりしなくてはなりません。

② 運動量（質、量、強度、時間）の過剰や生活リズムの乱れにより食欲が減退して食べる量が少なくなっている場合

　質、量、強度、時間などさまざまな状況から運動量が過剰となったり、運動時間が夜までおよび、夕食や就寝時刻などが遅くなって生活リズムが乱れることで、食欲が減退したり、眠気により夕食を十分にとることができなくなったりすることから、食事量が少なくなり、エネルギー不足の状態になっていると考えられます。この場合も、①と同様に身体活動量を減少させるとともに、練習時間などの調整を行い、生活リズムを整えることが必要です。身体活動、生活リズムの改善が行われたのち、食事や補食を充実させ、エネルギー不足を改善します。

③ 意図的（故意）にエネルギー摂取量を低減させている場合

　食事量を意図的（故意）に減少させることによって、あるいは、極端に脂質や糖質の摂取を落とした食事をすることによってエネルギー摂取量を低減させた状態です。この状態は、発育・発達に使うエネルギー量が少ないだけではなく、生きるためのエネルギー量も少なく、少ないエネルギーで身体を維持する状態にあるといえます。この状態から、必要量と考えられるエネルギーを急に摂取させると、身体は過剰摂取と認識し、急激な体重（体脂肪）の増加を導く可能性が高くなります。そのため、徐々にエネルギー摂取量を増加させてエネルギー不足を改善します。

(2) スポーツをする児童生徒に対する個別的な相談指導の要点・留意点

　運動する児童生徒に対して指導を行う場合には、スポーツ栄養学の知識と実践力が必要となります。運動量などは、指導者から情報を得るのみではなく、必要に応じて、児童生徒が練習をしている場所に出向き、栄養教諭自身で把握することもあります。また、保護者からの情報や練習後の食事などを見ることで、練習の量や強度によって、どのように食欲が変化するかを知ることができます。

　児童生徒の食を直接管理する保護者に対しては、定期的に情報提供を行い、健全な心身の発育・発達を進め、家庭での変化に対して保護者から連絡が入るネットワークシステム

－ 246 －

第6章　個別的な相談指導の進め方

を構築すると、より適確な指導をすることができます。

　スポーツをする児童生徒に対する指導は発育・発達が優先されるべきで、競技力向上ではないことを認識した上で指導に当たることが重要です。

<熱中症の予防>

　運動をすることによって、汗をかきます。体内の水分量が減少すると脱水を起こし、脱水が進むことにより熱中症となります。　熱中症を予防するためには、体内の水分の役割と脱水とは何か、脱水によって引き起こされる症状、水分補給の方法について指導し、練習中に実践できるようにします。練習中の水分摂取が適切かどうかを確認するために、練習前後の体重測定を行い、体重の1～2％以内の脱水状況であるかを確認するなど、実習や演習をとり入れた指導を行うと効果的です。

　運動時の水分補給の目安は、運動の継続時間や強度、気象条件によっても異なりますが、運動開始20～40分前に250～500mlほどの水分を摂取させます。運動中はコップ1杯の水分を15分おきに補給します。

　汗には、ナトリウムや塩素などが含まれているので、水ではなくスポーツドリンクを飲ませます。

●スポーツ ドリンクの作り方

　飲料の濃度は、0.1～0.2％の食塩と、4～8％の糖質（水1Lに食塩1～2g、砂糖40～80g）に設定します。水に風味付けにレモン汁などを加えると、飲みやすくなります。また、麦茶に食塩と砂糖を加えればスポーツドリンクになります。

7　食行動に問題を抱える児童生徒

(1) 食行動の問題とは

　体重に対する過度なこだわりによる不食や過食、極端な偏食、食べ物や食べ方に対するこだわりなど、日常の食事や健康に支障を来す食行動は、摂食障害や、発達障害またはその疑いが原因として考えられます。

　摂食障害は主に、神経性やせ症・神経性過食症を指します。体重が著しく減少しているにも関わらず太ることを恐れた食事制限や嘔吐を繰り返したり、反動で大量に食事を摂取したりするなどの食行動の問題がみられます。集中力の低下や強い不安など心理的症状を伴い、身体的要因と精神的要因が密接に関連して形成されます。

　発達障害（自閉症、アスペルガー症候群、その他広汎性発達障害、学習障害、注意欠陥多動性障害など）やその疑いは、身体感覚の過敏や食べ物に対する特異な認識の仕方による食行動の問題を生じる場合があります。一般的に感覚や認識の問題は理解されにくく、不適切な指導によりさらに強い不安やこだわりを生じてしまう場合もあるため注意が必要です。

〈食行動の問題例〉

・太ることを極端に恐れ、給食や食事をほとんど食べない。

・和え物、煮物など複数の食品が混ざった料理は食べることができない。

－ 247 －

第6章　個別的な相談指導の進め方

・空腹や満腹を感じにくく、適切な食事量が分からない。
・大人数での食事は音や匂いなどの情報が多く、食事に集中できない。
・食事のマナーが覚えられない。

(2) 摂食障害に対する個別的な相談指導の要点・留意点

　成長曲線の急激な下降、明らかな低体重、極端な食事量の制限、筋力の低下、便秘、イライラ、不安などの変化がみられる場合、摂食障害を疑い相談指導の対象として抽出します。指導方針に沿って、食事に関することは栄養教諭、体に関することは養護教諭、対人関係に関することは学級担任、感情に関することはスクールカウンセラーなど、教職員は適切に役割分担し、児童生徒との信頼関係を築きながら指導をすすめます。摂食障害は心身の発育や生命の維持に重篤な影響を及ぼす場合もあるため、相談指導による回復が困難だと判断した場合は、家庭と連携の上、早めに専門医への受診をすすめます。また受診後も主治医や専門医と密接に連携し、学校として行うべき相談指導を継続します。

(3) 発達障害又はその疑いに対する個別的な相談指導の要点・留意点

　発達障害に伴う食行動の問題は、該当児童生徒の特性に沿った生活全体を通じての支援が基本となります。触覚や嗅覚などの感覚の過敏さなど食事以外の要因により食行動の問題が発生している場合もあるため、全教職員が発達障害について正しい知識を持ち、家庭、主治医、発達支援センターなどの関係機関と連携して個別支援会議等において対応を検討することが必要です。

　発達障害に伴う感覚的な認識を大きく変えることは困難です。まずは特性を受け入れ、大きな課題については少しずつ改善に向けて取り組みます。学校給食での対応としては、本人の思いや希望を聞く、食器具を変える、絵カードを用いて食事のマナーを伝える、食事の場所を検討するなど、該当児童生徒が安心して楽しく、集中して給食時間を過ごすことができるよう環境の整備を行います。

第6章　個別的な相談指導の進め方

第6節　個別的な相談指導の評価

　評価は、成果と活動に分けて行います。

(1) 成果指標（アウトカム）

　① 　対象者個人の健康状態の改善の目標達成状況はどうか。

　② 　課題別の健康状態の改善の目標達成状況はどうか。

　③ 　個別指導全体の健康状態の改善の目標達成状況はどうか。

(2) 活動指標（アウトプット）

　① 　想定される課題（偏食のある児童生徒、肥満・やせ傾向にある児童生徒、食物アレルギーを有する児童生徒、スポーツをしている児童生徒、食行動に問題を抱える児童生徒を対象とした個別的な相談指導など）から偏りなく対象者の抽出が行われているか。

　② 　対象者の抽出条件や抽出後の人数は適切か。

　③ 　個人目標の設定が適切か。（個人ごと、課題別、全体）

　④ 　相談指導の計画が適切に立てられているか（栄養補給計画、行動計画、栄養教育計画、連携の計画など）。（個人ごと、課題別、全体）

　⑤ 　計画に基づいた実施状況はどうか。（個人ごと、課題別、全体）

　⑥ 　進め方のプロセスはどうか（個人ごと、課題別、全体）

　⑦ 　次年度の相談指導に向けた方策（個人ごと、課題別、全体）

　なお、個別的な相談指導の評価を学校における食育の推進の評価に反映させることも必要です。

第6章 個別的な相談指導の進め方

成長曲線基準図と肥満度曲線基準図

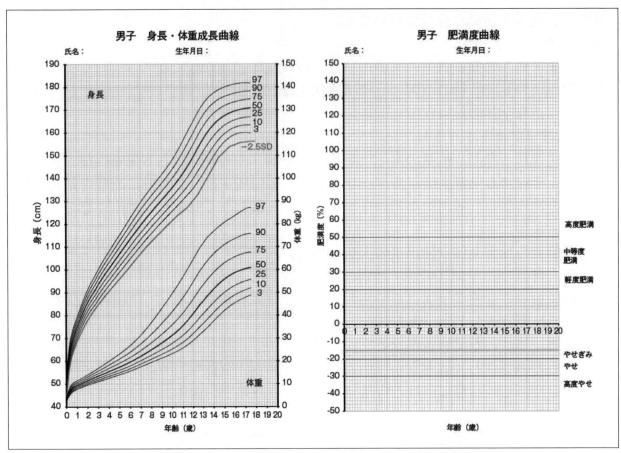

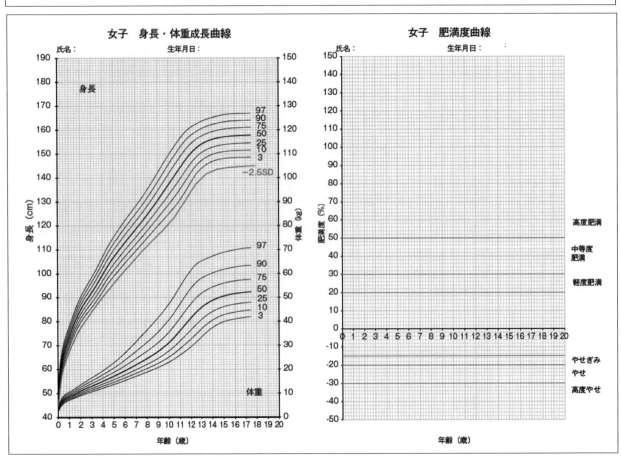

第6章　個別的な相談指導の進め方

身長別標準体重を求める係数と計算式 *

係数／年齢	男		女	
	a	b	a	b
5	0.386	23.699	0.377	22.750
6	0.461	32.382	0.458	32.079
7	0.513	38.878	0.508	38.367
8	0.592	48.804	0.561	45.006
9	0.687	61.390	0.652	56.992
10	0.752	70.461	0.730	68.091
11	0.782	75.106	0.803	78.846

係数／年齢	男		女	
	a	b	a	b
12	0.783	75.642	0.796	76.934
13	0.815	81.348	0.655	54.234
14	0.832	83.695	0.594	43.264
15	0.766	70.989	0.560	37.002
16	0.656	51.822	0.578	39.057
17	0.672	53.642	0.598	42.339

* 身長別標準体重＝ a ×実測身長（ｃm）－ b

出典：文部科学省スポーツ・青少年局学校健康教育課監修、日本学校保健会編
「児童生徒等の健康診断マニュアル（平成 27 年度改訂）」

第7章　学校における食育の推進の評価

第7章　学校における食育の推進の評価

第1節　評価の基本的な考え方

　食育の評価には食育の推進に対しての評価と個々の食育の学習（教科等における食に関する指導）に対しての評価があります。この章では食育の推進に対する評価について解説します。

　食育の推進に対する評価は、子供や子供を取り巻く環境の変化の評価と活動（実施）状況の評価とに分類できます。前者は、成果指標（アウトカム）の評価、後者は活動指標（アウトプット）の評価といいます。成果指標、活動指標、両方とも次の食育計画の改善に必要ですが、校内、地域、社会に広く食育の推進を理解してもらうためには、成果指標（アウトカム）の評価が必要であり、中でも子供の食習慣の評価が大切です。

　評価には、数値による量的な評価と数値に表すのが難しい質的な評価があります。また、成果指標（アウトカム）と活動指標（アウトプット）の両方を設定し、総合的な評価につなげます。

食育の評価

成果指標（アウトカム）　　活動指標（アウトプット）

成果指標（アウトカム）の評価項目例などを活用（254ページ）

活動指標（アウトプット）の評価項目例などを活用（256ページ）

○食に関する知識
○食に関する意識
○食習慣
○生活習慣
○肥満・痩身
○地産地消・国産食材活用　等

○食に関する指導
・給食の時間
・教科等
・個別的な相談指導
○給食管理
・栄養管理
・衛生管理　等

食育の成果と課題の把握

－ 252 －

第7章　学校における食育の推進の評価

第2節　評価の実施方法

1　成果指標（アウトカム）の評価

　成果指標（アウトカム）の評価では、全体計画の作成時に設定した評価指標の目標値を基準に取組による変化を評価します（35ページ参照：第3章　食に関する指導に係る全体計画の作成　評価指標の設定）。例えば、「配膳されたものを残さず食べられた子供の割合　現状値60％　目標値　70％　実績値　75％であれば、1（できた）と評価できます。実績値の評価基準は、あらかじめ食育関係者と話し合って決めておく必要があります（例：1: 75％以上、2: 70〜75％、3: 70〜60％、4: 60％以下）。なお、実績値の求め方は、全体計画作成時で行った実態把握の方法と同じ方法で行います。

　具体的な成果指標としては、子供の肥満度などの健康診断結果の変化や血液検査の変化、生活習慣病の有病者予備群等の変化、体力向上や生活習慣の改善、意識変化などがあります。これら、成果指標の評価には、子供の変化に加え、子供を取り巻く環境である学校（例：学校給食）や家庭の変化も含まれます。

第7章　学校における食育の推進の評価

《成果指標（アウトカム）の評価項目例》

> 　各学校等の実情に合わせて、以下の指標の中から必要な項目を選択、加除修正、又は各学校独自の指標を設定します。
> 　また、対象とする学年や様式、評価の方法等についても、適宜、設定します。

成果指標(アウトカム)の例		現状値	目標値	実績値	評価	備考 (取組状況や参考となる事項等)
食に関する知識の習得状況	知識テストや授業等による知識の習得状況など	―	―	―	1 2 3 4	
食に関する意識の改善状況	食育に「関心がある」と回答した割合	●%	●%	●%	1 2 3 4	
	「朝食をとることは大切である」と回答した割合	●%	●%	●%	1 2 3 4	
食習慣の状況（朝食摂取、食事内容等）	朝食を「毎日食べる」と回答した割合	●%	●%	●%	1 2 3 4	
	「栄養バランスを考えた食事をとっている」と回答した割合	●%	●%	●%	1 2 3 4	
	朝食又は夕食を家族と一緒に食べる「共食」の回数	●%	●%	●%	1 2 3 4	
生活習慣の状況（睡眠時間、排便習慣等）	睡眠時間を●時間以上確保できている割合	●%	●%	●%	1 2 3 4	
肥満・痩身の状況	肥満度20%以上の出現率		●%	●%	●%	
	肥満度-20%以上の出現率		●%	●%	●%	
学校給食での栄養摂取状況	配膳されたものを残さず食べられた子供の割合	●%	●%	●%	1 2 3 4	
疾病(不定愁訴)等の発生状況	病欠者の人数(割合)	●%	●%	●%	1 2 3 4	
地場産物、国産食材の活用状況	地場産物・国産食材の活用割合	●%	●%	●%	1 2 3 4	
給食時の衛生管理の状況	給食前に手洗いをしている児童生徒の割合	●%	●%	●%	1 2 3 4	
学校給食関連事故の発生状況	学校給食関連事故の発生件数	0件	0件	0件	1 2 3 4	
(参考)児童生徒の体力の状況	新体力テストのD・E段階の割合	●%	●%	●%	1 2 3 4	
(参考)児童生徒の学力の状況	全国学力テストの結果が●%以上の割合	●%	●%	●%	1 2 3 4	

※「学校の実情に応じて段階別評価を行うか否かを検討します。」

※「計画に基づく取組の成果や課題など次年度の取組の参考になることを記載します。」

【評価】1：できた 2：おおむねできた 3：あまりできなかった 4：できなかった
　　　　(参考)：間接的ではあるが関連が想定される指標

出典「栄養教諭を中核としたこれからの学校の食育」（文部科学省、平成29年3月）

全体評価と個別的な相談指導の評価の関係

　全体評価における個別的な相談指導に関する評価では、個々の評価を集団としてまとめて評価します。つまり、個別的な相談指導における個々の評価（234ページ参照：第6章　個別的な相談指導の進め方）が行われていることが前提となります。例えば、「肥満度20%以上及び−20%以上の出現率」の成果指標は、個別的な相談指導における個々の評価をもとに、評価します。

例：児童数300人の学校において肥満度20%以上の子供が現状値で50人いた場合

	ID	現状値	目標値	実績値	評価※
肥満度20%以上の子供各々の値と評価	1	25%	20%以下	20%	1: できた
	2	30%	25%以下	28%	3: あまりできなかった
	3	21%	20%以下	19%	1: できた
	4	22%	20%以下	21%	2: おおむねできた
	・ ・ ・				
	50	28%	25%以下	29%	4: できなかった
全体の値と評価	肥満度20%以上の子供の合計数	50人	25人	30人	
	全校児童数（300人）に占める割合	16.7%	8.5%以下	10%	3: あまりできなかった

※学校の実情に応じて段階別評価を行うか否かを検討します。

量的な評価と質的な評価

　多くの人に食育を理解してもらうためには、目に見える形での評価（すなわち、数値での評価）が必要です。しかし、子供の変化をすべて数値で表すには限界があります。子供たちの個々の発言などの質的な評価を量的な評価に加えることにより、数値での評価の限界を補うことができます。

例：食育に「関心がある」と回答した子供の割合
　目標値　70%　→　実績値　72%　評価　2: おおむねできた

　給食ポストへの子供のコメントの数は、50件と前年度（47件）と大きな変化なかったが、書かれている内容に変化がみられた。例えば、昨年度までは、「デザートにゼリーをつけて欲しい」や「カレーが美味しかった」などコメントが多かったが、今年度は、「今日の給食には、夏の野菜が三つ入っていた（3年生）」や「なすはいつも食べられないけど、今日のカレーのなすは美味しかった（4年生）」といった具体的なコメントに変化していた。

第7章　学校における食育の推進の評価

2　活動指標（アウトプット）の評価

　活動指標（アウトプット）の評価は、学校における食育の取組状況等に対する評価です。これも、全体計画の作成時で設定した活動指標にそって行います（35ページ参照：第3章　食に関する指導に係る全体計画の作成　評価指標の設定）。評価はその取組に係った実施者による自己評価だけでなく、第三者の視点も交えて複数で行う方が客観的な評価ができます。例えば、「学級担任による給食時間の食に関する指導を計画どおり実施できたか」の評価について、学級担任の自己申告による評価だけではなく、他の学級担任なども加わり、複数の者がお互い評価する方法も取ることができます。

　具体的な活動指標としては、食育指導実施率、食育指導の継続率、親子給食の回数、食育研修の回数などがあります。

≪活動指標（アウトプット）の評価項目例≫

> 　各学校等の実情に合わせて、以下の指標の中から必要な項目を選択、加除修正、又は各学校独自の指標を設定します。
> 　また、評価の様式や方法等についても、適宜、設定します。

区　分		評　価　指　標	評価（特記事項）
食に関する指導	給食の時間における食に関する指導	給食の時間を活用した食に関する指導が推進され、機能しているか。	1 2 3 4
		□栄養教諭と学級担任が連携した指導を計画的に実施できたか。	1 2 3 4
		□学級担任による給食の時間における食に関する指導を計画どおり実施できたか。	1 2 3 4
		□手洗い、配膳、食事マナーなど日常的な給食指導を継続的に実施できたか。	1 2 3 4
		□教科等で取り上げられた食品や学習したことを学校給食を通して確認できたか。	1 2 3 4
		□献立を通して、伝統的な食文化や、行事食、食品の産地や栄養的な特徴等を計画的に指導できたか。	1 2 3 4
	教科等における食に関する指導	教科・特別活動等における食に関する指導が推進され、機能しているか。	1 2 3 4
		□栄養教諭が計画どおりに授業参画できたか。	1 2 3 4
		□教科等の目標に準じ授業を行い、評価規準により評価できたか。	1 2 3 4
		□教科等の学習内容に「食育の視点」を位置付けることができたか。	1 2 3 4
	個別的な相談指導	偏食、肥満・痩身、食物アレルギー等に関する個別的な相談指導が行われ、機能しているか。	1 2 3 4
		□肥満傾向、過度の痩身、偏食傾向等の児童生徒に適切な指導ができたか。	1 2 3 4
		□食物アレルギーを有する児童生徒に適切な指導ができたか。	1 2 3 4
		□運動部活動などでスポーツをする児童生徒に適切な指導ができたか。	1 2 3 4
		□栄養教諭、学級担任、養護教諭、学校医などが連携を図り、指導ができたか。	1 2 3 4

第7章　学校における食育の推進の評価

区　分		評　価　指　標	評価（特記事項）	
給食管理	栄養管理	「学校給食実施基準」を踏まえた給食が提供されているか。	1 2 3 4	
		□「学校給食摂取基準」を踏まえた、栄養管理及び栄養指導ができたか。	1 2 3 4	
		□「学校給食摂取基準」及び食品構成等に配慮した献立の作成、献立会議への参画・運営ができたか。	1 2 3 4	
		□食事状況調査、嗜好調査、残食量調査等が実施できたか。	1 2 3 4	
	衛生管理（職種に応じて評価可能な項目を評価します。）	「学校給食衛生管理基準」を踏まえた衛生管理がなされているか。	1 2 3 4	
		□衛生管理を徹底し、食中毒の予防に取り組めたか。	1 2 3 4	
		□調理過程から配膳までの手順や衛生管理を徹底し異物混入を予防できたか。	1 2 3 4	
		□国や学校等の対応方針に基づき、適切な食物アレルギー対応ができたか。	1 2 3 4	
		□検食を適切に実施し、記録を残しているか。	1 2 3 4	
		□保存食を適切に採取・保存し、記録を残しているか。	1 2 3 4	
		□調理及び配食に関する指導は適切に行うことができたか。	1 2 3 4	
		□物資選定委員会等出席や食品購入に関する事務を適切に行うことができたか。	1 2 3 4	
		□産地別使用量の記録や諸帳簿の記入、作成を適切に行うことができたか。	1 2 3 4	
		□施設・設備の維持管理を適切に行うことができたか。	1 2 3 4	
連携・調整	食に関する指導	教師同士の連携体制が構築され、食に関する指導が行われているか。	1 2 3 4	
		□栄養教諭は養護教諭、学級担任等と連携して指導ができたか。	1 2 3 4	
		□栄養教諭を中心として、家庭や地域、生産者等と連携を図った指導ができたか。	1 2 3 4	
	給食管理	栄養教諭と教職員の連携のもと給食管理が行われているか。	1 2 3 4	
		□栄養教諭は学級担任・養護教諭等と連携して栄養管理、衛生管理ができたか。	1 2 3 4	
		□栄養教諭は、調理員等と連携して給食管理ができたか。	1 2 3 4	
		□栄養教諭を中心として、納入業者や生産者等と連携を図った給食管理ができたか。	1 2 3 4	

【評価】 1：できた　2：おおむねできた　3：あまりできなかった　4：できなかった
※学校の実情に応じて段階別評価を行うか否かを検討します。

出典「栄養教諭を中核としたこれからの学校の食育」（文部科学省、平成29年3月）

3　評価の進め方

　評価の実施に当たっては、栄養教諭が中心となって、成果指標（アウトカム）により取組の成果を評価し、活動指標（アウトプット）により取組の状況等を評価します。成果指標については、前述の「成果指標（アウトカム）の評価項目例」等を適宜活用して、栄養教諭が関係の教職員と連携を図り状況を把握します。また、活動指標については、前述の「活動指標（アウトプット）の評価項目例」等を適宜活用して、全職員を対象にして、取組状況等を把握します。さらに、食育推進組織において、これらの結果について整理・分析し、食育の成果と課題を明確にしたものを全教職員が職員会議等で共有します。

第7章　学校における食育の推進の評価

第3節　学校評価との関連

　食育の評価を実施する中で把握した食育の成果や課題について教職員が共通理解を図り、「学校評価」を行う際の基礎資料として活用することが可能です。また、「学校評価」の中に「食育」を位置付けることは、食育に対する教職員の認識を高め、保護者や地域との連携を促進するなど、学校における食育の推進につながります。

　「学校評価」は学校教育法に基づくもので、教職員が行う「自己評価」、保護者・地域住民などが行う「学校関係者評価」、外部の専門家等が行う「第三者評価」がありますが、まずは、「自己評価」（教職員による評価）を基本とし、必要に応じて、「学校関係者評価」や「第三者評価」など保護者、地域の方々、外部の専門家等にも協力を得ながら評価を行います。

　なお、学校評価における「自己評価」の結果については、その結果を公表することとなっており、食育の成果等と合わせて、周知・啓発を図ることにより、学校・家庭・地域が連携した取組が推進されます。

学校評価について

○学校教育法における規定

　第42条　小学校は、文部科学大臣の定めるところにより当該小学校の教育活動その他の学校運営の状況について評価を行い、その結果に基づき学校運営の改善を図るため必要な措置を講ずることにより、その教育水準の向上に努めなければならない。

　　※幼稚園、中学校、義務教育学校、高等学校、中等教育学校、特別支援学校等にもそれぞれ準用。

○学校評価の定義

　(1)　各学校の教職員が行う評価【自己評価】

　(2)　保護者、地域住民等の学校関係者などにより構成された評価委員会等が、自己評価の結果について評価することを基本として行う評価【学校関係者評価】

　(3)　学校とその設置者が実施者となり、学校運営に関する外部の専門家を中心とした評価者により、自己評価や学校関係者評価の実施状況も踏まえつつ、教育活動その他の学校運営の状況について専門的視点から行う評価【第三者評価】

○学校教育法施行規則

第66条　小学校は、当該小学校の教育活動その他の学校運営の状況について、自ら評価を行い、その結果を公表するものとする。

2　前項の評価を行うに当たっては、小学校は、その実情に応じ、適切な項目を設定して行うものとする。

第67条　小学校は、前条第一項の規定による評価の結果を踏まえた当該小学校の児童の保護者その他の当該小学校の関係者（当該小学校の職員を除く。）による評価を行い、その結果を公表するよう努めるものとする。

第7章　学校における食育の推進の評価

> 第68条　小学校は、第六十六条第一項の規定による評価の結果及び前条の規定により評価を行った場合はその結果を、当該小学校の設置者に報告するものとする。
>
> ※幼稚園、中学校、義務教育学校、高等学校、中等教育学校、特別支援学校等にもそれぞれ準用。

出典「学校評価ガイドライン」（文部科学省、平成 28 年改訂版）

第7章　学校における食育の推進の評価

第4節　評価（Check）から改善（Act）へ

　評価結果を踏まえて、食育推進組織において次年度に向けての改善点を検討します。その際、栄養教諭は、校長（推進組織の委員長）に客観的な評価資料を示し、具体的な改善点を相談した上で、全教職員で共通理解を図ります。また、保護者や地域住民などにも適宜評価結果を公表し、相互理解を深め連携体制を改善・強化するとともに、次年度の計画策定に生かします。

　評価結果の考察には、どのような取組を実施した結果なのか、という視点が必要になります。そのために、食に関する指導の報告では、評価の結果を示すだけではなく、指導計画と活動内容も示します。指導計画と活動内容とあわせて評価の結果を読むことで、次年度の指導計画の改善案の提案が可能になるためです。

食に関する指導の報告の際に含む内容　例

Ⅰ．指導計画の背景と目標
　・食に関する指導目標について、学校教育目標や地域の健康・食育計画等の関連性を含めて、説明する。
　・子供の実態把握の結果から設定した成果指標及び目標値を説明する。
　・成果指標の達成に向けて設定された活動指標を説明する。

Ⅱ．活動内容
　・成果指標の目標値の達成に向けて設定した食に関する指導の目標と、行った活動内容を説明する。
　・個々の活動内容の説明には、活動の進行管理状況（経過評価）を含める。

Ⅲ．評価
　・Ⅰに示した成果指標の目標値の達成度を結果として示す。
　・Ⅰに示した活動指標の結果を説明する。

Ⅳ．今後の課題
　・Ⅲに示した評価の結果について、考察する。
　・考察を踏まえ、次年度の計画の提案を示す。

　最初に、食に関する指導の全体計画の食に関する指導の目標の背景を説明します。そして、実態把握の結果に基づいた成果指標と目標値を示します。成果指標の達成のために設定した活動指標も説明します。校外に報告書を提出する場合は、学校の概要を最初に示した方が、学校の状況を理解してもらえます。

　次に、活動内容を説明します。活動内容はいつ誰に何を行ったという視点である6W1H（（実施時期や時間等（when）、実施者（who）、対象（whom）、実施場所（when）、指導目標（why）、指導内容（what）、教材・学習形態（how））にポイントを置くとまとめやすいです。また、個々の活動内容の説明では、活動の進行管理状況（経過評価）も説明します。進行管理状況（経過評価）とは、活動が予定通り進んだかの状況を把握するものです。例えば、「〇〇教室」を行った際の参加率（何人に声をかけ、何人が参加したか）がこれに当たります。進行管理状況は、計画の見直し・改善（Act）の情報になります。例えば、参加率が高かったにも関わらず、成果がみられなかっ

－ 260 －

第7章　学校における食育の推進の評価

た場合は、教室の内容が問題だったのではないかと考察できます。一方で、参加率が低かった場合は、募集方法や教室設定時期など企画自体に問題があったのではないかと考察できます。

　活動内容の次に、評価を示します。評価では、成果のありなしに関わらず、最初に示した成果指標・活動指標に対応した形で示します。ここでは、評価の結果に対し、実施者の意見は入れず、表やグラフを活用して、結果を客観的に示します。

　最後に、今後の課題をまとめます。今後の課題は、評価に基づき、食に関する指導を全体的に考察します。数値目標が達成できた場合は、どういう活動が達成につながったのかを考察します。そして、次年度に向けて、目標値をあげるか、あるいは他の目標に変えるかの提案を行います。一方で、達成できなかった場合は、活動指標の評価や活動途中の進行管理状況を含めて、課題がなかったか、改善する点はないかを振り返り、次年度の指導計画に反映させます。次年度の指導計画に活用する視点として、以下のような視点が考えられます。

評価の考察を踏まえた指導計画改善の視点

［目標値を達成した場合］
・新たな評価指標に変更する
例：朝食を「毎日食べる」と回答した子供の割合　　目標値　85%　→　実績値　90%
　　　この結果を受けて、次年度は、「主食・主菜・副菜のそろった朝食を食べる子供の割合」を増やすという目標に変更する（現状値を把握する必要があり）

・目標値をあげる
例：朝食を「毎日食べる」と回答した子供の割合　　目標値　85%　→　実績値　85%
　　　この結果を受けて、次年度は、目標値を90%以上とする

・評価指標からはずす
例：朝食を「毎日食べる」と回答した子供の割合　　目標値　85%　→　実績値　98%
　　　この結果を受けて、次年度の評価指標からはずし、他の評価指標を設定する。ただし、現状維持を確認するため、毎年実態把握は行う。

［目標値を達成しなかった場合］
・評価指標を変更する
例：食育に「関心がある」と回答した子供の割合　　目標値　80%　→　実績値　75%
　　　食育に「関心がある」の評価は子供には難しく、食育でも指導の目標にしにくいことから、食に対する意識として、「食事が楽しい」と回答した子供の割合に評価指標を変更する

・目標値を下げる
例：食育に「関心がある」と回答した子供の割合　　目標値　100%　→　実績値　85%
　　　現状値からは改善されたものの、100%は高い目標であった。次年度の目標値を90%に下げる

※成果指標の目標値を達成しなかった場合は、活動指標の評価とあわせて、全体計画及び各教科等の指導の内容を振り返り、次年度の計画の見直し・改善を行う。

資　料

資料1　食育基本法（抄）・・・・・・・・・・・・・・・1

資料2　食育推進基本計画（抄）・・・・・・・・・・4

資料3　学校給食法（抄）・・・・・・・・・・・・・9

資料4　学校給食実施基準（抄）・・・・・・・・・13

資料5　学校給食衛生管理基準（抄）・・・・・・・15

資料6　学習指導要領（抄）・・・・・・・・・・・30

資料1

食育基本法（抄）

平成17年6月17日法律第63号

1. 前文

…食育を、生きる上での基本であって、知育、徳育及び体育の基礎となるべきものと位置付ける（中略）…食育はあらゆる世代の国民に必要なものであるが、子どもたちに対する食育は、心身の成長及び人格の形成に大きな影響を及ぼし、生涯にわたって健全な心と身体を培い豊かな人間性をはぐくんでいく基礎となるものである。（中略）…家庭、学校、保育所、地域等を中心に、国民運動として、食育推進に取り組んでいく（後略）

2. 目的（第一条）

食育に関し、基本理念を定め、国、地方公共団体等の責務を明らかにするとともに、食育に関する施策の基本となる事項を定めることにより、食育に関する施策を総合的かつ計画的に推進し、現在及び将来にわたる健康で文化的な国民の生活と豊かで活力ある社会の実現に寄与する。

3. 基本理念（第二条～第八条）

- 国民の心身の健康の増進と豊かな人間形成
- 食に関する感謝の念と理解
- 食育推進運動の展開
- 子どもの食育における保護者、教育関係者等の役割
- 食に関する体験活動と食育推進活動の実践
- 伝統的な食文化、環境と調和した生産等への配意及び農山漁村の活性化と食料自給率の向上への貢献
- 食品の安全性の確保等における食育の役割

4. 国、地方公共団体等の責務（第九条～第十五条）

- 国の責務　基本理念にのっとり、食育に関する施策を総合的かつ計画的な策定、実施
- 地方公共団体の責務　基本理念にのっとり、国と連携し、地域の特性を生かした自主的な施策の策定、実施
- 教育関係者等　あらゆる機会、あらゆる場所を利用した積極的な食育の推進に努める。

（その他、国民、農林漁業者、食品関連事業者等の責務を規定。*）

5. 食育推進基本計画（第十六条～第十八条）

(1) 食育推進会議が「食育推進基本計画」を策定

○計画に盛り込む事項
- 食育の推進に関する施策についての基本的な方針
- 食育の推進の目標に関する事項
- 国民等の行う自発的な食育推進活動の総合的な推進に関する事項　等

(2) 都道府県は「都道府県食育推進計画」、市町村は「市町村食育推進計画」の作成に努めなければならない。

6. 基本的施策（第十九条～第二十五条）

（家庭における食育の推進）

第十九条　国及び地方公共団体は、父母その他の保護者及び子どもの食に対する関心及び理解を深め、健全な食習慣の確立に資するよう、親子で参加する料理教室その他の食事についての望ましい習慣を学びながら食を楽しむ機会の提供、健康美に関する知識の普及及び啓発その他の適切な栄養管理に関する知識の普及及び情報の提供、妊産婦に対する栄養指導又は乳幼児をはじめとする子どもを対象とする発達段階に応じた栄養指導その他の家庭における食育の推進を支援するために必要な施策を講ずるものとする。

（学校、保育所等における食育の推進）

第二十条　国及び地方公共団体は、学校、保育所等において魅力ある食育の推進に関する活動を効果的に促進することにより子どもの健全な食生活の実現及び健全な心身の成長が図られるよう、学校、保育所等における食育の推進のための指針の作成に関する支援、食育の指導にふさわしい教職員の設置及び指導的立場にある者の食育の推進において果たすべき役割についての意識の啓発その他の食育に関する指導体制の整備、学校、保育所等で行われる学校給食等の実施、教育の一環として行われる農場等における実習、食品の調理、食品廃棄物の再生利用等様々な体験活動を通じた子どもの食に関する理解の促進、過度の痩身又は肥満の心身の健康に及ぼす影響等についての知識の普及その他の必要な施策を講ずるものとする。

○地域における食生活の改善のための取組の推進
○食育推進運動の展開
○生産者と消費者との交流の促進、環境と調和のとれた農林漁業の活性化等
○食文化の継承のための活動への支援等
○食品の安全性、栄養その他の食生活に関する調査、研究、情報の提供及び国際交流の推進

資料2

平成18年3月31日
食育推進会議決定

食育推進基本計画（抄）

第1 食育の推進に関する施策についての基本的な方針

4 子どもの食育における保護者、教育関係者等の役割

健全な食生活は健康で豊かな人間性の基礎をなすものであり、特に、子どもの頃に身に付いた食習慣を大人になって改めることは困難であることを考えると、子どもの食育が重要である。このため、家庭での食生活をはじめ様々な機会や場所における適切な食生活の実践や食に関する体験活動の促進、適切な知識の普及や啓発等に積極的に取り組むことによって、子どもの成長に合わせた切れ目のない食育を推進し、運動習慣等を含めた適切な生活習慣を形成させていくことが重要である。

また、大人と異なり子どもの時期は、食に対する考え方を形成する途上にあることから、適切な食育が行われることにより、日々の食生活に必要な知識や判断力を習得し、これを主体的に実践する意欲の向上を図ることはもとより、食を大切にし、これを楽しむ心やさい広い社会的視野を育てていく上でも大きな効果が期待できる。

しかしながら、朝食の欠食や、「孤食」や「個食」等も見受けられることから、社会全体で朝食の見直しを進めることに加え、父母その他の保護者、保育者や教育、保育等に携わる関係者の意識の向上及び家庭や教育、保育等が果たすべき重要な役割についての自覚を促すとともに、相互の密接な連携の下、子どもが楽しく食について学ぶことができる取組が積極的に推進されるよう施策を講じるものとする。

第2 食育の推進の目標に関する事項

2 食育の推進に当たっての目標値
(2) 朝食を欠食する国民の割合の減少

国民の食生活については、様々な問題が生じているが、その代表的なものの一つに朝食の欠食があり、若い世代を中心に年々その割合は増加傾向にある。このため、朝食を欠食する国民の割合の減少を目標とする。
具体的には、生活習慣の形成途上にある子ども（小学生）について、平成12年度に4％となっている割合（小学校5年生のうちほとんど食べないと回答した者）について、平成22年度までに0％とすることを目指す。

7. 食育推進会議等（第二十六条〜第三十四条）
(1) 食育推進会議
　会長：内閣総理大臣
　構成：会長及び委員二十五名以内
　委員：①食育担当大臣
　　　　②国務大臣のうちから内閣総理大臣が指名する者
　　　　③食育の推進に関して十分な知識と経験を有する者のうちから、内閣総理大臣が任命する者
　任務：①食育推進基本計画を作成し、及びその実施を推進
　　　　②その他、食育の推進に関する重要事項を審議し、及び食育推進の施策の実施を推進
　設置官庁：内閣府
(2) 都道府県食育推進会議等
　都道府県・市町村は都道府県食育推進会議・市町村食育推進会議を置くことができる。

(3)学校給食における地場産物を使用する割合の増加

学校給食に「顔が見える、話ができる」生産者等の地場産物を使用し、食に関する指導の生きた教材として活用することは、子どもが身近に接する地域の自然や食文化、産業等に関する理解を深めるとともに、それらの生産に携わる者への感謝の念を育む上で重要であるほか、地産地消を推進する上でも有効な手段である。このため、学校給食における地場産物を使用する割合（食材数ベース）について、平成16年度に全国平均で21％となっている割合（食材数ベース）を、平成22年度までに30％以上とすることを目指す。

第3 食育の総合的な促進に関する事項

1.家庭における食育の推進

(2)取り組むべき施策

子どもやその他の保護者や子ども自身の食に対する関心と理解を深め、健全な食習慣を確立するため、国は以下の施策に取り組むとともに、地方公共団体等はその推進に努める。

(生活リズムの向上)

朝食をとることや早寝早起きを実践することなど、子どもの基本的な生活習慣を育成し、生活リズムの向上させるため、全国的な普及啓発活動を行うとともに、地域ぐるみで生活リズムの向上に取り組む活動を推進する。

(子どもの肥満予防の推進)

子どもの肥満病につながるおそれのある肥満を防止するためには、子どもの時期から適切な食生活習慣を身に付けることにかんがみ、子どもの栄養や運動に関する実態を把握するとともに、栄養と運動の両面からの肥満予防対策を推進する。

(望ましい食習慣や知識の習得)

家族が食を楽しみながら望ましい食習慣や知識を習得することができるよう、学校を通じて保護者に対し、食育の重要性や健康美を含めた適切な栄養管理に関する知識等の啓発に努める。また、家庭における食育の推進に役立てるため、食育に関する内容を含め家庭での望ましい食習慣の定着を図るため、学校、家庭、さらには地域住民や保育所、PT Aなど、栄養士会等の関係機関・団体が連携・協力し、様々な食育推進のための事

(栄養士会等を中核とした取組)

子どもに望ましい食習慣を身に付けさせるための連携の要である栄養教諭を中核として、学校、家庭、地域の栄養士会などと連携・協力し、各地域の栄養教諭を中核として作成した家庭教育手帳や小学生や保育者に配付し、その活用を図る。

業を実施するとともに、家庭に対する効果的な働きかけ等の実践的な調査研究や食育の実践の方策等の実践の方策等の方策等に関する情報発信等を行う。

また、栄養バランスのとれた食事を家族そろって楽しくとることの重要性等への理解を深めるとともに、保護者や教職員等を対象とした食育の普及啓発や栄養教諭による実践指導の紹介等を行うシンポジウムを全国各地で開催する。

2.学校、保育所等における食育の推進

(2)取り組むべき施策

学校、保育所等において、魅力ある食育推進活動を行い、子どもの健やかな食生活の実現と豊かな人間形成を図るため、国は以下の施策の推進を図るとともに、地方公共団体等はその推進に努める。

(指導体制の充実)

平成17年度から制度化された栄養教諭は、学校全体の食に関する指導に係る全体的な計画の策定、教職員や家庭、地域との連携、調整等において中核的な役割を担う職である。各学校において食育を推進していく上で不可欠な教員であり、全都道府県における早期の配置が必要である。このため、その重要性についての普及啓発を進めるとともに、

全ての現職の学校栄養職員が栄養教諭免許状を取得することができるよう必要な講習会等を開催することにより、栄養教諭への移行を促進する。また、給食の時間、家庭科や体育科をはじめとする各教科、総合的な学習の時間等において食育に関する指導の充実を促進し、学校における食育を組織的・計画的に推進するため、食に関する指導計画の作成や指導を行う上での手引を作成・配付し、各学校での指導の充実に役立てるとともに、学校長・教職員等が食育に関する指導の重要性等についての理解を深めるようシンポジウムを開催するなど意識啓発等を推進する。

(子どもへの指導内容の充実)

学校における食育の推進のためには、子どもが食について計画的に学ぶことができるよう、各学校において食に関する指導に係る全体的な計画が策定されることが必要であり、これを積極的に促進する。特に、その際には、学校長のリーダーシップの下に関係教職員が連携・協力しながら、栄養教諭が中心となって組織的な取組を進めることが必要である。

また、各教科、特別活動、総合的な学習の時間等の学校教育活動全体を通じて、食に関する指導を行うために必要な時間が十分に確保されるよう学校における取組を促進するとともに、食に関する学習教材を作成・配付し、その活用を図る。

さらに、地域の生産者団体等と連携し、農林漁業体験、食品の流通や調理、食品廃棄物の再生利用等による体験といった子どもの様々な体験活動等の養成を目的とした研修を実施するとともに、学校給食の充実を図るなど、学習指導要領の見直しに当たり、学校給食を生きた教材として食育に関する指導の充実を図るなど、食育が推進されるよう取り組む。

なお、学校教育以外でも、食料の生産・流通・消費に対する子どもの関心と理解を深めるため、子

さらに、食育推進運動を継続的に展開し、食育の一層の定着を図るため、毎月19日を「食育の日」と定めるほか、食の考え方等が広く国民に認識されるようなキャッチフレーズを活用するとともに、少なくとも週1日は家族そろって楽しく食卓を囲むことを呼びかけるなど、様々な機会をとらえて広報啓発活動を実施する。これに当たっては、子どもと保護者のみならず、食育への関心が薄い世代等に対する普及啓発にも十分配慮しつつ取り組むこととする。

6. 食文化の継承のための活動への支援等
(2)取り組むべき施策
我が国の伝統ある優れた食文化の継承を推進するため、国は以下の施策に取り組むとともに、地方公共団体等はその推進に努める。

(学校給食での郷土料理等の積極的な導入やイベントの活用)
我が国の伝統的な食文化について子どもが早い段階から関心と理解を抱くことができるよう、学校給食において郷土料理や伝統料理等の食文化を継承した献立を取り入れ、食に関する指導を行う上での教材として活用されるよう促進する。

ども向けパンフレット等を作成・配布するとともに、行政関係者や関係団体等と連携し、これら関係者による子どもへの指導を推進する。これらの取組を踏まえ、学校の関係者は、家庭や地域と連携しつつ、積極的に食育の推進に努める。

(学校給食の充実)
子どもの望ましい食習慣の形成や食に関する理解の促進のため、学校給食の一層の普及や献立内容の充実を促進するとともに、各教科等において学校給食が「生きた教材」としてさらに活用されるよう取り組むほか、栄養教諭を中心として、食物アレルギー等への対応を推進する。

また、望ましい食生活や食料の生産等に対する子どもの関心と理解を深めるとともに、地産地消を進めていくため、生産者団体等と連携し、学校給食における地場産物の活用の推進や米飯給食の一層の普及・定着を図りつつ、地域の生産者や生産に関する情報を子どもに伝達する取組を促進するほか、単独調理方式による教育上の効果等についての周知・普及を図る。

さらに、子どもの食習慣の改善等に資するため、生産者団体等による学校給食関係者を対象としたフォーラムの開催等を推進する。

(食育を通じた健康状態の改善等の推進)
食育の推進を通じて子どもの健康状態の改善や学習等に対する意欲の向上等を図るため、栄養教諭と養護教諭が連携し、子どもの食生活が健康や意欲に及ぼす影響等を調査研究するとともに、その成果を生かした効果的な指導プログラムの開発を推進する。また、子どもへの指導においては、過度の痩身や肥満が心身の健康等に及ぼす影響等健康状態の改善等に必要な知識等を普及し、その実践を図る。

4. 食育推進運動の展開
(2)取り組むべき施策
食育推進運動の全国的な展開とボランティアを含めた関係者間の連携・協力を図り、国民運動として食育を推進するため、国は以下の施策に取り組むとともに、地方公共団体等はその推進に努める。

(食育月間の設定・実施)
国、地方公共団体、関係団体等が協力して、食育推進運動を重点的かつ効果的に実施し、食育の国民への浸透を図るため、毎年6月を「食育月間」と定め、各種広報媒体やイベント等を活用してその周知と国民への定着を図る。具体的には、全国規模の中核的なイベントを毎年開催地を移しながら開催するとともに、各地でも地域的なイベントを行う。また、家庭、学校、職場、保育所、学校給食、地域等の場で実践を促すとともに、これを食育実践の契機とするよう呼びかける。

(継続的な食育推進運動)

資料3

学校給食法 (抄)

昭和29年6月3日法律第160号

最終改正：平成27年6月24日法律第46号

(この法律の目的)

第一条　この法律は、学校給食が児童及び生徒の心身の健全な発達に資するものであり、かつ、児童及び生徒の食に関する正しい理解と適切な判断力を養う上で重要な役割を果たすものであることにかんがみ、学校給食及び学校給食を活用した食に関する指導の実施に関し必要な事項を定め、もつて学校給食の普及充実及び学校における食育の推進を図ることを目的とする。

(学校給食の目標)

第二条　学校給食を実施するに当たつては、義務教育諸学校における教育の目的を実現するために、次に掲げる目標が達成されるよう努めなければならない。

一　適切な栄養の摂取による健康の保持増進を図ること。

二　日常生活における食事について正しい理解を深め、健全な食生活を営むことができる判断力を培い、及び望ましい食習慣を養うこと。

三　学校生活を豊かにし、明るい社交性及び協同の精神を養うこと。

四　食生活が自然の恩恵の上に成り立つものであることについての理解を深め、生命及び自然を尊重する精神並びに環境の保全に寄与する態度を養うこと。

五　食生活が食にかかわる人々の様々な活動に支えられていることについての理解を深め、勤労を重んずる態度を養うこと。

六　我が国や各地域の優れた伝統的な食文化についての理解を深めること。

七　食料の生産、流通及び消費について、正しい理解に導くこと。

(定義)

第三条　この法律で「学校給食」とは、前条各号に掲げる目標を達成するために、義務教育諸学校において、その児童又は生徒に対し実施される給食をいう。

2　この法律で「義務教育諸学校」とは、学校教育法(昭和二十二年法律第二十六号)に規定する小学校、中学校、義務教育学校、中等教育学校の前期課程又は特別支援学校の小学部若しくは中学部をいう。

(義務教育諸学校の設置者の任務)

第四条　義務教育諸学校の設置者は、当該義務教育諸学校において学校給食が実施されるように努めなければならない。

(国及び地方公共団体の任務)

第五条　国及び地方公共団体は、学校給食の普及と健全な発達を図るように努めなければならない。

(二以上の義務教育諸学校の学校給食の実施に必要な施設)

第六条　義務教育諸学校の設置者は、その設置する義務教育諸学校の学校給食を実施するため、二以上の義務教育諸学校の学校給食の実施に必要な施設(以下「共同調理場」という。)を設けることができる。

(学校給食栄養管理者)

第七条　義務教育諸学校又は共同調理場において学校給食の栄養に関する専門的事項をつかさどる職員(第十条第三項において「学校給食栄養管理者」という。)は、教育職員免許法(昭和二十四年法律第百四十七号)第四条第二項に規定する栄養教諭の免許状を有する者又は栄養士法(昭和二十二年法律第二百四十五号)第二条第一項の規定による栄養士の免許を有する者で学校給食の実施に必要な知識若しくは経験を有するものでなければならない。

(学校給食実施基準)

第八条　文部科学大臣は、児童又は生徒に必要な栄養量その他の学校給食の内容及び学校給食を適切に実施するために望ましい基準(次条第一項において「学校給食実施基準」という。)を定めるものとする。

2　学校給食を実施する義務教育諸学校の設置者は、学校給食実施基準に照らして適切な学校給食の実施に努めるものとする。

(学校給食衛生管理基準)

第九条　文部科学大臣は、学校給食の実施に必要な施設及び設備の整備及び管理、調理の過程における衛生管理その他の学校給食の適切な衛生管理を図る上で必要な事項について維持されることが望ましい基準(以下この条において「学校給食衛生管理基準」という。)を定めるものとする。

2　学校給食を実施する義務教育諸学校の設置者は、学校給食衛生管理基準に照らして適切な衛生管理に努めるものとする。

3　義務教育諸学校の校長又は共同調理場の長は、学校給食衛生管理基準に照らし、衛生管理上適正を欠く事項があると認めた場合には、遅滞なく、その改善のために必要な措置を講じ、又は当該措置を講ずることができないときは、当該義務教育諸学校若しくは共同調理場の設置者に対し、その旨を申し出るものとする。

(学校給食を活用した食に関する指導)

第十条　栄養教諭は、児童又は生徒が健全な食生活を自ら営むことができる知識及び態度を養うため、学校給食において摂取する食品と健康の保持増進との関連性についての指導、食に関して特別の配慮を必要とする児童又は生徒に対する個別的な指導その他の学校給食を

（政令への委任）

第十四条　この法律に規定するもののほか、この法律の実施のために必要な手続その他の事項は、政令で定める。

活用した食に関する実践的な指導を行うものとする。この場合において、校長は、当該指導が効果的に行われるよう、学校給食と関連付けつつ当該義務教育諸学校における食に関する指導の全体的な計画を作成することその他の必要な措置を講ずるものとする。

2　栄養教諭が前項の指導を行うに当たっては、当該義務教育諸学校が所在する地域の産物を学校給食に活用することその他の創意工夫を地域の実情に応じて行い、当該地域の食文化、食に係る産業又は自然環境の恵沢に対する児童又は生徒の理解の増進を図るよう努めるものとする。

3　栄養教諭以外の学校給食栄養管理者は、栄養教諭に準じて、第一項前段の指導を行うよう努めるものとする。この場合において、同項後段及び前項の規定を準用する。

（経費の負担）

第十一条　学校給食の実施に必要な施設及び設備に要する経費並びに学校給食の運営に要する経費のうち政令で定めるものは、義務教育諸学校の設置者の負担とする。

2　前項に規定する経費以外の学校給食に要する経費（以下「学校給食費」という。）は、学校給食を受ける児童又は生徒の学校教育法第十六条に規定する保護者の負担とする。

（国の補助）

第十二条　国は、私立の義務教育諸学校の設置者に対し、政令で定めるところにより、予算の範囲内において、学校給食の開設に必要な施設又は設備に要する経費の一部を補助することができる。

2　国は、公立の小学校、中学校、義務教育学校又は中等教育学校の設置者（以下この項において「保護者」という。）で生活保護法（昭和二十五年法律第百四十四号）第六条第二項に規定する要保護者（その児童又は生徒について、同法第十三条の規定による教育扶助で学校給食費に関するものが行われている場合の保護者を除く。）であるものに対して、学校給食費の全部又は一部を補助する場合には、当該設置者に対し、政令で定めるところにより、予算の範囲内において、これに要する経費の一部を補助することができる。

（補助金の返還等）

第十三条　文部科学大臣は、前条の規定による補助金の交付の決定を受けた者が次の各号のいずれかに該当するときは、補助金の交付をやめ、又は既に交付した補助金を返還させるものとする。

一　補助金を補助の目的以外の目的に使用したとき。

二　正当な理由がなくて補助金の交付の決定を受けた年度内に補助に係る施設又は設備を設けないこととなったとき。

三　補助金に係る施設又は設備を、正当な理由がなくて補助の目的以外の目的に使用し、又は文部科学大臣の許可を受けないで処分したとき。

四　補助金の交付の条件に違反したとき。

五　虚偽の方法によって補助金の交付を受け、又は受けようとしたとき。

資料4

学校給食実施基準（抄）

平成21年3月31日文部科学省告示第61号

最終改正：平成30年7月31日文部科学省告示第162号

（学校給食の実施の対象）

第一条 学校給食（学校給食法第三条第一項に規定する「学校給食」をいう。以下同じ。）は、これを実施する学校においては、当該学校に在学するすべての児童又は生徒に対し実施されるものとする。

（学校給食の実施回数等）

第二条 学校給食は、年間を通じ、原則として毎週五回、授業日の昼食時に実施されるものとする。

（児童生徒の個別の健康状態への配慮）

第三条 学校給食の実施に当たっては、児童又は生徒の個々の健康及び生活活動等の実態並びに地域の実情等に配慮するものとする。

（学校給食に供する食物の栄養内容）

第四条 学校給食に供する食物の栄養内容の基準は、別表に掲げる児童又は生徒一人一回当たりの学校給食摂取基準とする。

別表（第四条関係）

児童又は生徒一人一回当たりの学校給食摂取基準

区　　　分	基　　準　　値			
	児童（6歳～7歳）の場合	児童（8歳～9歳）の場合	児童（10歳～11歳）の場合	生徒（12歳～14歳）の場合
エネルギー（kcal）	530	650	780	830
たんぱく質（％）	学校給食による摂取エネルギー全体の13%～20%			
脂質（％）	学校給食による摂取エネルギー全体の20%～30%			
ナトリウム（食塩相当量）（g）	2未満	2未満	2.5未満	2.5未満
カルシウム（mg）	290	350	360	450
マグネシウム（mg）	40	50	70	120
鉄（mg）	2.5	3	4	4
ビタミンA（μgRAE）	170	200	240	300
ビタミンB$_1$（mg）	0.3	0.4	0.5	0.5
ビタミンB$_2$（mg）	0.4	0.4	0.5	0.6
ビタミンC（mg）	20	20	25	30
食物繊維（g）	4以上	5以上	5以上	6.5以上

（注）1 表に掲げるもののほか、次に掲げるものについても示した摂取について配慮すること。

　亜　鉛……児童（6歳～7歳）2mg、児童（8歳～9歳）2mg、児童（10歳～11歳）2mg、生徒（12歳～14歳）3mg

2 この摂取基準は、全国的な平均値を示したものであるから、適用に当たっては、個々の健康及び生活活動等の実態並びに地域の実情等に十分配慮し、弾力的に運用すること。

3 献立の作成に当たっては、多様な食品を適切に組み合わせるよう配慮すること。

資料5

学校給食衛生管理基準(抄)

平成21年3月31日文部科学省告示第64号

第1 総則

1 学校給食を実施する都道府県教育委員会及び市区町村教育委員会(以下「教育委員会」という。)、附属学校を設置する国立大学法人及び私立学校の設置者(以下「教育委員会等」という。)は、自らの責任において、必要に応じて、保健所の協力、助言及び援助(食品衛生法(昭和二十二年法律第二百三十三号)に定める食品衛生監視員による監視指導を含む。)を受けつつ、HACCP(コーデックス委員会(国連食糧農業機関/世界保健機関合同食品規格委員会)総会において採択された「危害分析・重要管理点方式とその適用に関するガイドライン」に規定されたHACCP(Hazard Analysis and Critical Control Point:危害分析・重要管理点)をいう。以下「学校給食調理場」(調理等の委託を行う場合を含む。)の考え方に基づき単独調理場、共同調理場(調理場)及び配送校の施設及び設備、食品の取扱い、調理作業、衛生管理体制等について実態把握に努め、衛生管理上の問題がある場合には、学校医又は学校薬剤師の協力を得て速やかに改善措置を図ること。

第2 学校給食施設及び設備の整備及び管理に係る衛生管理基準

1 学校給食施設及び設備の整備及び管理に係る衛生管理基準は、次の各号に掲げる項目ごとに、次のとおりとする。

(1) 学校給食施設

①共通事項

一 学校給食施設は、衛生的な場所に設置し、食数に適した広さとすること。また、随時施設の点検を行い、その実態の把握に努めるとともに、施設の新増築、改築、修理その他の必要な措置を講じること。

二 学校給食施設は、別添の「学校給食施設の区分」に従い区分するとともに、調理場(学校給食調理員が調理を行う場所であって、二次汚染防止の観点から、別添中区分の欄に示す「汚染作業区域」、「非汚染作業区域」(それぞれ別添中区分の欄に示す「汚染作業区域」、「非汚染作業区域」をいう。以下同じ。)及び「その他の区域」(事務室等を除く。)をいう。以下同じ。)に部屋単位で区分すること。ただし、洗浄室は、使用状況に応じて汚染作業区域又は非汚染作業区域に区分することが適当であることから、別途区分すること。また、検収、保管、下処理、調理及び配膳の各作業区域並びに更衣休憩室にあてる区域及び前室を設けること。

三 ドライシステムを導入するよう努めること。また、ドライシステムを導入していない調理場においてもドライ運用を図ること。

四 作業区域(別添中区分の欄に示す「作業区域」をいう。以下同じ。)の外部に開放される箇所にはエアカーテンを備えるよう努めること。

五 学校給食施設は、設計段階において保健所及び学校薬剤師等の助言を受けるとともに、栄養教諭又は学校栄養職員(以下「栄養教諭等」という。)その他の関係者の意見を取り入れ整備すること。

②作業区域内の施設

一 食品を取り扱う場所(作業区域のうち洗浄室を除く部分をいう。以下同じ。)は、内部の温度及び湿度管理が適切に行える空調等を備えた構造とすること。

二 食品の保管室は、専用であること。また、衛生面に配慮した構造及び配置とし、食品の搬入及び搬出に当たって、調理室を経由しないような構造及び配置を設けること。

三 外部からの汚染を受けないような構造の検収場を設けること。

四 排水溝は、詰まり又は逆流がおきにくく、かつ排水が飛散しない構造とすること。

五 釜周りの排水が床面に流れない構造とすること。

六 配膳室は、外部からの異物の混入を防ぐため、廊下等と明確に区分すること。また、その出入口には、原則として施錠設備を設けること。

③その他の区域の施設

一 廃棄物(調理場内で生じた廃棄物及び返却された残菜をいう。以下同じ。)の保管場所は、調理場外の適切な場所に設けること。

二 学校給食従事者専用の便所は、食品を取り扱う場所及び洗浄室から3m以上離れた場所に設けること。また、食品を取り扱う場所及び洗浄室から着脱できる構造とすること。さらに、便所の個室の前に調理衣を着脱できる場所を設けるよう努めること。

(2) 学校給食設備

①共通事項

一 機械及び機器については、可動式にするなど、調理過程に合った作業動線となるよう配慮した配置であること。

二 全ての移動性の器具及び容器は、衛生的に保管するため、外部から汚染されない構造の保管設備を設けること。

三 給水給湯設備は、必要な数を使用に便利な位置に設置し、給水栓は、直接手指を触れることのないよう、肘等で操作できるレバー式等であること。

四 共同調理場においては、調理した食品を調理後2時間以内に給食できるための配送車を必要台数確保すること。

②調理用の機械、機器、器具及び容器

一 食肉類、魚介類、卵、野菜類、果実類等食品の種類ごとに、それぞれ専用に調理用の器具及び容器を備えること。また、それぞれの調理用の器具及び容器は、下処理用、調理用、加熱調理済食品用等調理の過程ごとに区別すること。

二 調理用の機械、機器、器具及び容器は、洗浄及び消毒ができる材質、構造であり、衛生的に保管できるものであること。また、食数に適した大きさと数量を備えること。

三 献立及び調理内容に応じて、調理作業の合理化により衛生管理を充実するため、焼き物機、揚げ物機、真空冷却機、中心温度管理機能付き調理用機械等の調理用の機械及び機器を備えるよう努めること。

③ シンク
一 シンクは、食数に応じてゆとりのある大きさ、深さであること。また、下処理室における加熱調理用食品及び器具の洗浄に用いるシンクは別々に設置するとともに、三槽式構造とすること。さらに、調理室においては、食品用及び器具等の洗浄用のシンクを共用しないこと。あわせて、その他の用途用のシンクについても相互汚染しないよう努めること。具体的には、下処理室において加熱調理用食品とその他の食品及び器具等の洗浄用のシンクを共用しないこと。

④ 冷蔵及び冷凍設備
一 冷蔵及び冷凍設備は、食数に応じた広さがあるものを原材料保管用及び調理用等に整備し、共用を避けること。

⑤ 温度計及び湿度計
一 調理場内の適切な温度及び湿度の管理のために、適切な場所に正確な温度計及び湿度計を備えること。また、冷蔵庫・冷凍庫の内部及び食器消毒庫その他の設備には、適切な場所に正確な温度計を備えること。

⑥ 廃棄物容器等
一 ふた付きの廃棄物専用の容器を廃棄物の保管場所に備えること。

⑦ 学校給食従事者専用手洗い設備等
一 学校給食従事者専用の手洗い設備は、前室、便所の個室に設置するとともに、作業区分ごとに使用しやすい位置に設置すること。
二 肘まで洗える大きさの洗面台を設置するとともに、給水栓は、直接手指を触れることのないよう、肘等で操作できるレバー式、足踏み式又は自動式等の温水に対応した方式であること。

(3) 学校給食施設及び設備の衛生管理
一 学校給食施設及び設備は、清潔で衛生的であること。
二 冷蔵庫、冷凍庫及び食品の保管室は、整理整頓すること。また、調理室には、調理作業に不必要な物品等を置かないこと。
三 調理場は、換気を行い、温度は25℃以下、湿度は80%以下に保つよう努めること。また、調理室及び食品の保管室の温度及び湿度並びに冷蔵庫及び冷凍庫内の温度を適切に保ち、これらの温度及び湿度は毎日記録すること。
四 調理場内の温度計及び湿度計は、定期的に検査を行うこと。
五 調理場の給水、排水、採光、換気等の状態を適正に保つこと。また、夏期の直射日光を避ける設備を整備すること。
六 学校給食施設及び設備は、ねずみ及び衛生害虫等の侵入及び発生を防止するため、侵入防止措置を講じること。また、ねずみ及び衛生害虫の発生状況を

1ヶ月に1回以上点検し、発生を確認したときには、その都度駆除をすることとし、その記録を1年間保管すること。なお、殺そ剤又は殺虫剤を使用する場合は、食品を汚染しないようその取扱いに十分注意すること。

七 学校給食従事者専用の便所には、専用の履物を備えること。また、定期的に清掃及び消毒を行うこと。
八 学校給食従事者専用の手洗い設備は、衛生的に管理するとともに、石けん液、消毒用アルコール及びペーパータオル等を常備すること。また、布タオルの使用は避けること。さらに、前室の手洗い設備には個人用爪ブラシを常備すること。
九 食器具、容器及び調理用の器具は、使用後、でん粉及び脂肪等が残留しないよう、確実に洗浄するとともに、損傷がないように確認し、熱風保管庫等により適切に保管すること。また、フードカッター、野菜切り機等調理用の機械及び機器は、使用後調理室から分解して洗浄及び消毒した後、乾燥させること。さらに、下処理室及び調理室における食器具の使用後の洗浄及び消毒は、全ての食品が下処理室から搬出された後に行うよう努めること。
十 天井の水滴等を防ぐとともに、かびの発生の防止に努めること。
十一 床は破損箇所がないよう管理すること。
十二 清掃用具は、整理整頓し、所定の場所に保管すること。また、汚染作業区域と非汚染作業区域の共用を避けること。

2 学校給食施設及び設備の衛生管理に係る衛生管理基準は、(1)の各号に掲げる事項について、毎学年1回定期に、(2)及び(3)の各号に掲げる事項について、毎学年3回定期に、検査を行い、その実施記録を保管すること。

第3 調理の過程等における衛生管理に係る衛生管理基準
1 調理の過程等における衛生管理に係る衛生管理基準は、次の各号に掲げる項目ごとに、次のとおりとする。
(1) 献立作成
一 献立作成は、学校給食施設及び設備並びに人員等の能力に応じたものとするとともに、衛生的な作業工程及び作業動線となるよう配慮すること。
二 高温多湿の時期は、なまもの、和えもの等については、細菌の増殖等が起こらないように配慮すること。
三 保健所からの情報を収集し、地域における感染症、食中毒の発生状況に配慮すること。
四 献立作成委員会等を設ける等により、栄養教諭等、保護者その他の関係者の意見を尊重すること。
五 統一献立（複数の学校で共通して使用する献立をいう。）を作成するに当たっては、食品の品質管理又は確実な検収を行う上で支障を来すことのないよう、一定の地域別又は学校種別等の単位に分ける等により適正な規模での作成に努めること。

（2）学校給食用食品の購入

①共通事項

一　学校給食用食品（以下「食品」という。）の購入に当たっては、衛生上信用のおける製造業者を選定すること。また、製造業者の有する設備、人員等から見た能力に応じた委託とすること。また、委託において、随時点検を行い、記録を残し、事故発生の防止に努めること。

二　食品の購入に当たっては、衛生上信用のおける製造業者を選定するための委員会等を設ける等により、衛生管理に関する専門家の助言及び関係者の協力を得ること。また、食品選定のための委員会等を設け、栄養教諭等、保健所その他の関係者の意見を尊重すること。

②食品納入業者

一　食品納入業者の選定に当たっては、施設の衛生面及び食品の取扱いが良好で衛生上信用のおける業者を選定すること。

二　食品納入業者又は納入業者の団体等との間に連絡会等を設け、学校給食の意義、役割及び衛生管理の在り方について定期的な意見交換を行う等により、食品納入業者の衛生管理に努めること。

三　売買契約に当たって、衛生管理に関する事項を取り決める等により、製造業者若しくは食品納入業者等に自主的な衛生管理の状況を確認すること。

四　必要に応じて、食品納入業者の衛生管理の状況について、製造業者若しくは食品納入業者等に定期的に実施させること。また、検査等の結果については、保健所等に相談すること。さらに、検査結果を保管すること。

五　原材料及び加工食品について、製造業者若しくは食品納入業者等が定期的に実施する微生物及び理化学検査の結果等を提出させること。また、原材料として適切かを判断する場合には、検査結果を保管すること。

③食品の選定

一　食品は、過度に加工したものは避け、鮮度の良い衛生的なものを選定するよう配慮すること。また、有害なもの又はその疑いのあるものは避けること。

二　有害若しくは不必要な着色料、保存料、漂白剤、発色剤その他の食品添加物が添加された食品、又は内容表示、消費期限及び賞味期限、販売業者名、製造業者名及び所在地、使用原材料及び保存方法が明らかでない食品については使用しないこと。また、可能な限り、使用原材料の原産国についての記述がある食品を選定すること。

三　保健所等からの情報提供を受け、地域における感染症、食中毒の発生状況に応じて、食品の購入を考慮すること。

（3）食品の検収・保管等

一　検収は、あらかじめ定めた検収責任者が、食品の納入に立会し、品名、数量、納品時間、納入業者名、製造業者名及び所在地、生産地、品質、鮮度、箱、袋の汚れ、破れその他の包装容器等の状況、異物混入及び異臭の有無、消費期限又は賞味期限、製造年月日表示、ロット（納入業者が一の製造期間内に一連の製造工程により製造し、かつ、同一の原材料、同一の製造条件により製造された製品の一群をいう。以下同じ。）番号その他のロットに関する情報について、毎日、点検を行い、記録すること。また、共同調理場及び受配校において適切に分担し実施するとともに、その結果を記録すること。

二　食品の検収のために必要な場合には、検収責任者の勤務時間に合わせて割り振ること。

三　食肉類、魚介類等の生鮮食品は、原則として、当日搬入するとともに、一回で使い切る量を購入すること。また、当日搬入できない場合には、冷蔵庫等で適切に温度管理するなど衛生管理に留意すること。

四　食品を保管する必要がある場合には、食肉類、魚介類、野菜類等食品の分類ごとに、下処理室において、専用の容器に移し替え、下処理室及び調理室内に食品が直接床面に接触しないよう床面から60cm以上の高さの置台等を設けること。

五　食品は、検収室及び調理室において、専用の容器に移し替え、食品保管室内に食品の原材料、製品等の保存基準に従い、棚又は冷蔵冷凍設備に保管すること。

六　食品を保管する必要がある場合には、食肉類、魚介類、野菜類等食品の分類ごとに区分して専用の容器で保管する等により、原材料の相互汚染を防ぎ、衛生的な管理を行うこと。また、原材料、製品等の保存は、衛生的な管理を行い、棚又は冷蔵冷凍設備に保管すること。

七　牛乳については、専用の保冷庫等により適切な温度管理を行い、新鮮かつ良好なものが飲用に供されるよう品質の保持に努めること。

八　泥つきの根菜類等の処理は、検収室で行い、下処理室を清潔に保つこと。

（4）調理過程

①共通事項

一　給食の食品は、原則として、前日調理を行わず、全てその日に学校給食調理場で調理し、生で食用する野菜類、果実類等を除き、加熱処理したものを給食すること。また、加熱処理する食品については、中心部温度計を用いるなどにより、中心部が75℃で1分間以上（二枚貝等ノロウイルス汚染のおそれのある食品の場合は85℃で1分間以上）又はこれと同等以上まで加熱されていることを確認し、その温度と時間を記録すること。さらに、中心温度計については、定期的に検査を行い、正確な機器を使用すること。

二　野菜類の使用については、二次汚染防止の観点から、原則として加熱調理すること。また、教育委員会等において、二次汚染防止のための措置、学校給食の食事状況、施設及び設備の状況、調理過程における衛生管理の実態、調理運営体制の整備状況、安全性を確認しつつ、加熱調理の有無を判断すること。さらに、使用に当たっては、流水で十分洗浄し、必要に応じて、消毒するとともに、消毒剤が完全に洗い落とされるまで流水で流すこと。

三　和えもの、サラダ等の料理の混ぜ合わせ、料理の配食及び盛りつけに際しては、清潔

潔な場所で、清潔な器具を使用し、料理に直接手を触れないよう調理すること。

四 マヨネーズは、つくらないこと。

五 和えもの、サラダ等については、各食品を調理後速やかに冷却機等で冷却を行った
上で、和えること。やむを得ず水で冷却する場合は、直前に使用水の遊離残留塩素が〇・
一mg／L以上であることを確認し、冷却すること。また、冷却後速やかに提供すること。

六 缶詰は、缶の状態、内壁塗装の状態等を注意すること。

(2)使用水の安全確保

一 使用水は、学校環境衛生基準（平成二十一年文部科学省告示第六十号）に定める基
準を満たす飲料水を使用すること。また、毎日、調理開始前に十分流水した後及び調
理終了後に遊離残留塩素が〇・一mg／L以上であること並びに外観、臭気、味等に
ついて水質検査を実施し、その結果を記録すること。

二 使用水について使用に不適な場合は、給食を中止し速やかに改善措置を講じること。
また、再検査の結果使用した場合は、使用した水１Lを保存すること。

三 貯水槽を設けている場合は、専門の業者に委託する等により、年１回以上清掃する
こと。また、清掃した証明書等の記録は１年間保管すること。

(3)二次汚染の防止

一 献立ごとに調理作業の手順、時間及び担当者を示した調理作業工程表及び作業
動線図を作成すること。また、調理作業工程表及び作業動線図を作
業前に確認し、作業に当たること。

二 調理場における食品及び調理用の器具及び容器は、床面から６０cm以上の高さの
置台の上に置くこと。

三 食肉、魚介類及び卵は、専用の容器、調理用の機器及び器具を使用し、他の食品へ
の二次汚染を防止すること。

四 調理作業中の食品並びに調理用の機械、機器、器具及び容器の汚染の防止の徹底を
図ること。また、包丁及びまな板類については食品別及び処理別の使い分けの徹底を
図ること。

五 下処理後の加熱調理用食品及び加熱調理後冷却する必要のある食品及び加熱調理後
冷却する必要のある食品は、衛生的な容器に保管する
こと。

六 原材料用冷蔵庫は使用しないこと。

七 調理終了後の食品は、素手でさわらないこと。

八 調理終了後の食品を一時保存する場合など、衛生的な取扱いを行い、他からの二次汚染を防止す
ること。

九 エプロン、履物等は、色分けする等により明確に作業区分ごとに使い分けること。

また、保管の際は、作業区分ごとに洗浄及び消毒し、翌日までに乾燥させ、区分して
保管すること。また、換気を行うこと。

(4)食品の適切な温度管理等

一 調理作業時においては、調理室内の温度及び湿度を確認し、その記録を行うこと。
また、換気を行うこと。

二 原材料の適切な温度管理を行い、鮮度を保つこと。また、冷蔵保管及び冷凍保管す
る必要のある食品は常温放置しないこと。

三 加熱調理後冷却する必要のある食品については、冷却開始時間及び冷却終了時の温度
及びその時間を記録すること。

四 配送及び配食に当たっては、必要に応じて保温食缶若しくは保冷食缶又は蓄冷材等
を使用し、温度管理を行うこと。

五 調理後の食品は、適切な温度管理を行い、調理後２時間以内に給食できるよう努め
ること。また、配食の時間を毎日記録すること。さらに、共同調理場においては、調
理場搬出時及び受配校搬入時の時間を毎日記録するとともに、温度を定期的に記録す
ること。

六 加熱調理食品にトッピングする非加熱調理食品は、衛生的に保管し、トッピングす
る時期は給食までの時間が極力短くなるようにすること。

(5)廃棄物処理

一 廃棄物は、分別し、衛生的に処理すること。

二 廃棄物は、汚臭、汚液がもれないように管理すること。また、廃棄物のための容器
は、作業終了後速やかに清掃し、衛生上支障がないように保持すること。

三 返却された残菜は、非汚染作業区域に持ち込まないこと。

四 廃棄物は、作業場所に放置しないこと。

五 廃棄物の保管場所は、廃棄物の搬出後清掃するなど、環境に悪影響を及ぼさないよ
う管理すること。

(5)配送及び配食

①配送

一 共同調理場の衛生管理に努めること。また、調理済食品等が給食されるまでの温度
の管理及び時間の短縮に努めること。

二 食品を運搬する場合は、容器、運搬車の設備の整備に努め、運搬途中の埃塵等によ
る調理済食品等の汚染を防止すること。

②配食等

一 配膳室の衛生管理に努めること。

二 食品を運搬する場合は、容器にふたをすること。また、調理済食品等の配送用容器
は児童生徒の家庭から持参させる場合は、衛生的な取扱いをさせること。

三 パンの容器、牛乳等のびんその他の容器等の汚染に注意すること。

四 はし等を児童生徒の家庭から持参させる場合は、不衛生にならないよう指導するこ
と。

五 給食当番等配食を行う児童生徒及び教職員については、毎日、下痢、発熱、腹痛等

の有無、その他の手洗いを励行させ、清潔な手指で食器具及び食品を取り扱うようにすること。

六 調理後の手洗いは、児童生徒の嘔吐物のため汚れた食器具を扱う場合には、清潔な手指で食器具の消毒を行うなど衛生的に処理し、速やかに共同調理場に連絡すること。嘔吐物は、調理室には返却しないこと。

(6) 検食及び保存食等

① 検食

一 検食は、学校給食調理場及び共同調理場の受配校において、あらかじめ責任者を定めて児童生徒の摂食開始時間の30分前までに行うこと。また、異常があった場合に備え、検食を中止するとともに、共同調理場の受配校においては、速やかに共同調理場に連絡すること。

二 検食に当たっては、食品の中に人体に有害と思われる異物の混入がないか、調理過程において加熱及び冷却処理が適切に行われているか、食品の異味、異臭、その他の異常がないか、一食分としてそれぞれの食品の量が適当か、味付け、香り、色彩並びに形態等が適切か、及び、児童生徒の嗜好との関連はどのように配慮されているか等について確認すること。

三 検食を行った時間、検食者の意見等及び検食の結果を記録すること。

② 保存食

一 保存食は、毎日、原材料、加工食品及び調理済食品ごとに50g程度ずつ清潔な容器に密封して入れ、専用冷凍庫に-20℃以下で2週間以上保存すること。また、納入された食品の製造年月日若しくはロット番号が違う複数の釜で調理した場合は、それぞれ保存すること。

二 原材料は、洗浄、消毒等を行わず、購入した状態で保存すること。ただし、卵については、全て割卵し、混合したものから50g程度採取し保存すること。

三 保存食については、原材料、加工食品及び調理済食品が全て保存されているか並びに廃棄した日時を記録すること。

③ 残食及び残品

一 パン等の残食の児童生徒の持ち帰りは、衛生上の見地から、禁止することが望ましい。

二 パン、牛乳、おかず等の残品は、全てその日のうちに処分し、翌日に繰り越して使用しないこと。

三 児童生徒の栄養指導及び盛りつけの目安とする展示食を除き、保存食を兼用しないこと。

2 学校薬剤師等の協力を得て1の各号に掲げる事項について、毎学年1回((3)、(4)及び(6)①、②については毎学年3回)、定期に検査を行い、その実施記録を保管すること。

第4 衛生管理体制に係る衛生管理基準

1 衛生管理体制に係る衛生管理基準は、次の各号に掲げる項目ごとに、次のとおりとする。

(1) 衛生管理体制

一 学校給食調理場においては、栄養教諭等が現場においない場合は、調理師資格を有する学校給食調理員等を衛生管理責任者として定めること。

二 衛生管理責任者は、施設及び設備の衛生、食品の衛生及び学校給食調理員の衛生管理に当たること。

三 校長又は共同調理場の長(以下「校長等」という。)は、学校給食の衛生管理について注意を払い、学校給食関係者に対し、衛生管理の徹底を図るよう注意し、学校給食の安全な実施に配慮すること。

四 校長等は、学校保健委員会等を活用するなどにより、栄養教諭等、学校医、学校歯科医、学校薬剤師、保健所長等の専門家及び保護者が連携した学校給食の衛生管理を徹底するための体制を整備し、その適切な運用を図ること。

五 校長等は、食品の検収等の日常点検の結果、異常の発生その他必要な事項について、栄養教諭等から報告を求めること。また、異常の発生の防止に努めること。

六 校長等は、施設及び設備等の日常点検の結果、改善が必要と認められる場合、計画的な改善を行うこと。

七 校長等は、栄養教諭等の指導及び助言が円滑に実施されるよう、関係職員の意思疎通等に配慮すること。

八 教育委員会等は、栄養教諭等のその他の研修の機会が確保されるよう、栄養教諭等の衛生管理に関する専門性の向上を図るため、新規採用時及び経験年数に応じた研修その他の研修の機会が確保されるよう努めること。

九 教育委員会等は、学校給食調理員を対象とした研修の機会が確保されるよう努めること。また、非常勤職員等も含め可能な限り全員が受講できるよう配慮すること。

十 教育委員会等は、設置する学校について、登録検査機関(食品衛生法(昭和二十二年法律第二百三十三号)第四条第九項に規定する「登録検査機関」をいう。)等に委託するなどにより、定期的に原材料及び加工食品について、微生物検査、理化学検査を行うこと。

十一 調理に直接関係のない者を調理室に入れないこと。調理及び点検に従事しない者が、やむを得ず、調理室内に立ち入る場合には、専用の清潔な調理衣、マスク、帽子及び履物を着用させること。さらに、調理作業後の調理室及び食品等には触れさせないこと。

(2) 学校給食従事者の衛生管理

一 学校給食従事者は、身体、衣服を清潔に保つこと。

二 調理及び配食に当たっては、せき、くしゃみ、髪の毛等が食器、食品等につかない

よう専用で清潔な調理衣等を着用すること。

三 作業区域用の調理衣等及び履物等を着用したまま作業区域に入らないこと。

四 調理開始前、用便後、汚染作業区域から非汚染作業区域に移動する前、食品に直接触れる直前及び生の食肉類、魚介類、卵、調理前の野菜類等に触れ、他の食品及び器具等に触れる前に、手指の洗浄及び消毒を行うこと。

(3) 学校給食従事者の健康管理

一 学校給食従事者については、日常的な健康状態の点検を行うとともに、年1回健康診断を行うこと。また、当該健康診断を含め年3回定期に健康状態を把握することが望ましい。

二 検便は、赤痢菌、サルモネラ属菌、腸管出血性大腸菌血清型O157その他必要な細菌等について、毎月2回以上実施すること。

三 学校給食従事者の健康状態を、毎日、個人ごとに下痢、発熱、腹痛、嘔吐、化膿性疾患及び手指等の外傷等の有無等健康状態を把握するとともに、本人若しくは同居人に、感染症の予防及び感染症の患者に対する医療に関する法律(平成十年法律百十四号、以下「感染症予防法」という。)に規定する感染症又は感染症の疑いがあるかどうか毎日点検し、これらを記録すること。また、下痢、発熱、腹痛、嘔吐をしており、感染症予防法に規定する感染性疾患又はその疑いがある場合には、医療機関に受診させ感染性疾患の有無を確認し、その指示を励行させること。さらに、化膿性疾患が手指にある場合には、調理作業への従事を禁止すること。

四 ノロウイルスを原因とする感染性疾患による症状と診断された学校給食従事者は、高感度の検便検査においてノロウイルスを保有していないことが確認されるまでの間、食品に直接触れる調理作業を控えさせるなど適切な処置をとること。また、ノロウイルスにより発症した調理従事者と一緒に食事を喫食する、又は、ノロウイルスに感染した可能性がある調理従事者が家族にいるなど、同一の感染機会があった可能性がある調理従事者について、高感度の検便検査を実施し、検査の結果ノロウイルスを保有していないことが確認されるまでの間、調理に直接従事することを控えさせる等の手段を講じるよう努めること。

(4) 食中毒の集団発生の際の措置

一 教育委員会等、学校医、保健所等に連絡するとともに、患者の措置に万全を期すること。

二 学校医及び保健所等と相談の上、医療機関を受診させるとともに、給食の停止、当該児童生徒の出席停止及び必要に応じて臨時休業、消毒その他の事後措置の計画を立て、これに基づいて食中毒の拡大防止の措置を講じること。

三 学校長の指導のもと養護教諭等が児童生徒の症状の把握に努めるとともに、校内組織等に基づいて食中毒の集団発生の状況を整備するよう努めること。

四 保護者に対しては、校内組織等に基づいて食中毒の集団発生の状況を周知させ、患者の集団発生の状況を把握する等関係職員の役割を明確にし、校内における児童生徒の指導に当たること。

五 食中毒の発生原因については、保健所等に協力し、速やかに明らかになるよう努

め、その原因の除去、予防に努めること。

2 1の(1)に掲げる事項について、毎学年3回定期に検査を行い、その実施記録を保管すること。

第5 日常及び臨時の衛生検査

1 学校給食の臨時の衛生管理の維持改善を図るため、次に掲げる項目について、毎日点検を行うものとする。

(1) 学校給食の施設及び設備は、清潔で衛生的であること。また、調理室及び食品の保管室の温度及び湿度が適切に保たれ、これらの温度及び湿度の記録をすること。

(2) 食器具、容器及び調理用器具は、使用後、でんぷん及び脂肪等が残留しないよう、洗浄するとともに、損傷がないように確認し、熱風保管庫等により適切に保管されていること。また、フードカッター、ミキサー等調理用の機械及び機器は、使用後分解して洗浄及び消毒した後、乾燥されていること。

(3) 使用水に関しては、調理開始前に十分流水した後及び調理終了後に遊離残留塩素が0.1mg/L以上であること並びに外観、臭気、味等に異常がないことを確認し、記録されていること。

(4) 調理室には、調理作業に不必要な物品を置いていないこと。

(5) 食品等については、品質、鮮度、箱、袋の汚れ、破れその他の包装容器の状況、異物混入及び異臭等の有無、消費期限、賞味期限の異常の有無等について、点検するための検収が適切に行われていること。

(6) 食品等は、清潔な場所に床面から適切な距離を保って保管されていること。

(7) 下処理、調理、配食は、作業区分ごとに衛生的に行われていること。

(8) 生食する野菜類及び果実類等は流水で十分洗浄されていること。また、必要に応じて消毒されていること。

(9) 加熱、冷却が適切に行われているか、それらの温度及び時間が記録されていること。また、加熱すべき食品は加熱されていること。

(10) 調理に伴う廃棄物は、分別し、衛生的に処理されていること。さらに、その温度と時間が記録されていること。

(11) 給食当番等配食を行う児童生徒及び教職員の健康状態は良好であり、服装は衛生的であること。

(12) 調理終了後速やかに給食されるよう配送及び配食され、その時刻が記録されていること。

(13) 保存食は、適切な方法で、2週間以上保存され、かつ記録されていること。

(14) 学校給食従事者の服装及び身体が清潔であること。また、作業開始前、用便後、汚染作業区域から非汚染作業区域に移動する前、食品に直接触れる作業の開始直前、用便後、汚染作業区域から非汚染作業区域に移動する前、調理前の野菜類等に触れ、他の食品及び器具等に触れる前に、手指の洗浄及び消毒が行われていること。

(15) 学校給食従事者の下痢、発熱、腹痛、嘔吐、化膿性疾患及び手指等の外傷等の有無等健康状態を、毎日、個人ごとに把握するとともに、本人若しくは同居人に感染症予防法に

規定する感染症又は、その疑いがあるかどうか毎日点検し、これらが記録されていること。また、下痢、発熱、腹痛、嘔吐をしており、感染症予防法に規定する感染症又はその疑いがある場合には、医療機関に受診させ感染性疾患の有無を確認し、その指示が励行されていること。さらに、化膿性疾患が手指にある場合には、調理作業への従事が禁止されていること。

2 学校給食衛生管理の維持改善を図るため、次のような場合、必要があるときは臨時衛生検査を行うものとする。
① 感染症・食中毒の発生のおそれがあり、また、発生したとき。
② 風水害等により環境が不潔になり、又は汚染され、感染症の発生のおそれがあるとき。
③ その他必要なとき。
また、臨時衛生検査は、その目的に即して必要な検査項目を設定し、その検査項目の実施に当たっては、定期的に行う衛生検査に準じて行うこと。

第6 雑則
1 本基準に基づく記録は、1年間保存すること。
2 クックチル方式により学校給食を提供する場合には、教育委員会等の責任において、クック専用の施設設備の整備、二次汚染防止のための措置、学校給食従事者の研修の実施、衛生管理体制の整備等衛生管理のための必要な措置を講じたうえで実施すること。

別添　学校給食施設の区分

区分				内容
施設（学校給食施設）	調理場	作業区域	汚染作業区域	検収室 — 原材料の鮮度等の確認及び根菜類等の処理を行う場所 食品の保管室 — 食品の保管場所 下処理室 — 食品の選別、剥皮、洗浄等を行う場所 返却された食器・食缶等の搬入場 洗浄室（機械、食器具類の洗浄・消毒前）
			非汚染作業区域	調理室 ― 食品の切裁等を行う場所 ― 煮る、揚げる、焼く等の加熱調理を行う場所 ― 加熱調理した食品の冷却等を行う場所 ― 食品を食缶に配食する場所 配膳室 食品・食缶の搬出場 洗浄室（機械、食器具類の洗浄・消毒後）
		その他		更衣室、休憩室、調理員専用便所、前室等 事務室等（学校給食調理員が通常、出入りしない区域）

別紙

学校給食用食品の原材料、製品等の保存基準

食　品　名	保存温度
牛乳	10℃以下
固形油脂	10℃以下
種実類	15℃以下
豆腐	冷　蔵
魚介類　鮮魚介	5℃以下
魚肉ソーセージ、魚肉ハム及び特殊包装かまぼこ	10℃以下
冷凍魚肉ねり製品	−15℃以下
肉類　食肉	10℃以下
冷凍食肉（細切した食肉を凍結させたもので容器包装に入れたもの）	−15℃以下
食肉製品	10℃以下
冷凍食肉製品	−15℃以下
卵類　殻付卵	10℃以下
液卵	8℃以下
凍結卵	−15℃以下
乳製品　バター	10℃以下
チーズ	15℃以下
クリーム	10℃以下
生鮮果実・野菜類	10℃前後
冷凍食品	−15℃以下

資料6

小学校　学習指導要領（平成29年告示）（抄）

第1章　総則

第1　小学校教育の基本と教育課程の役割

1　各学校においては、教育基本法及び学校教育法その他の法令並びにこの章以下に示すところに従い、児童の人間として調和のとれた育成を目指し、児童の心身の発達の段階や特性及び学校や地域の実態を十分考慮して、適切な教育課程を編成するものとし、これらに掲げる目標を達成するよう教育を行うものとする。

2　学校の教育活動を進めるに当たっては、各学校において、第3の1に示す主体的・対話的で深い学びの実現に向けた授業改善を通して、創意工夫を生かした特色ある教育活動を展開する中で、次の(1)から(3)までに掲げる事項の実現を図り、児童に生きる力を育むことを目指すものとする。

(1) 基礎的・基本的な知識及び技能を確実に習得させ、これらを活用して課題を解決するために必要な思考力、判断力、表現力等を育むとともに、主体的に学習に取り組む態度を養い、個性を生かし多様な人々との協働を促す教育の充実に努めること。その際、児童の発達の段階を考慮して、児童の言語活動など、学習の基盤をつくる活動を充実するとともに、家庭との連携を図りながら、児童の学習習慣が確立するよう配慮すること。

(2) 道徳教育や体験活動、多様な表現や鑑賞の活動等を通して、豊かな心や創造性の涵養を目指した教育の充実に努めること。
学校における道徳教育は、特別の教科である道徳（以下「道徳科」という。）を要として学校の教育活動全体を通じて行うものであり、道徳科はもとより、各教科、外国語活動、総合的な学習の時間及び特別活動のそれぞれの特質に応じて、児童の発達の段階を考慮して、適切な指導を行うこと。
道徳教育は、教育基本法及び学校教育法に定められた教育の根本精神に基づき、自己の生き方を考え、主体的な判断の下に行動し、自立した人間として他者と共に生きるための基盤となる道徳性を養うことを目標とすること。
道徳教育を進めるに当たっては、人間尊重の精神と生命に対する畏敬の念を家庭、学校、その他社会における具体的な生活の中に生かし、豊かな心をもち、伝統と文化を尊重し、それらを育んできた我が国と郷土を愛し、個性豊かな文化の創造を図るとともに、平和で民主的な国家及び社会の形成者として、公共の精神を尊び、社会及び国家の発展に努め、他国を尊重し、国際社会の平和と発展や環境の保全に貢献し未来を拓く主体性のある日本人の育成に資することとなるよう特に留意すること。

(3) 学校における体育・健康に関する指導を、児童の発達の段階を考慮して、学校の教育活動全体を通じて適切に行うことにより、健康で安全な生活と豊かなスポーツライフの実現を目指した教育の充実に努めること。特に、学校における食育の推進並びに体力の向上に関する指導、安全に関する指導及び心身の健康の保持増進に関する指導については、体育

科、家庭科及び特別活動の時間はもとより、各教科、道徳科、外国語活動及び総合的な学習の時間などにおいても、それぞれの特質に応じて適切に行うよう努めること。また、それらの指導を通じて、家庭や地域社会との連携を図りながら、日常生活において適切な体育・健康に関する活動の実践を促し、生涯を通じて健康・安全で活力ある生活を送るための基礎が培われるよう配慮すること。

3 2の(1)から(3)までに掲げる事項の実現を図り、豊かな創造性を備え持続可能な社会の創り手となることが期待される児童に、生きる力を育むことを目指すに当たっては、学校教育全体並びに各教科、道徳科、外国語活動、総合的な学習の時間及び特別活動(以下「各教科等」という。ただし、第2の3の(2)のア及びウにおいて、特別活動については学級活動(学校給食に係るものを除く。)に限る。)の指導を通してどのような資質・能力の育成を目指すのかを明確にしながら、教育活動の充実を図るものとする。その際、児童の発達の段階や特性等を踏まえつつ、次に掲げることが偏りなく実現できるようにするものとする。
(1) 知識及び技能が習得されるようにすること。
(2) 思考力、判断力、表現力等を育成すること。(3) 学びに向かう力、人間性等を涵養すること。

4 各学校においては、児童や学校の実態を適切に把握し、教育の目的や目標の実現に必要な教育の内容等を教科等横断的な視点で組み立てていくこと、教育課程の実施状況を評価してその改善を図っていくこと、教育課程の実施に必要な人的又は物的な体制を確保するとともにその改善を図っていくことなどを通して、教育課程に基づき組織的かつ計画的に各学校の教育活動の質の向上を図っていくこと(以下「カリキュラム・マネジメント」という。)に努めるものとする。

第2 教育課程の編成
1 各学校の教育目標と教育課程の編成
教育課程の編成に当たっては、学校教育全体や各教科等における指導を通して育成を目指す資質・能力を踏まえつつ、各学校の教育目標を明確にするとともに、教育課程の編成についての基本的な方針が家庭や地域とも共有されるよう努めるものとする。その際、第5章総合的な学習の時間の第2の1に基づき定められる目標との関連を図るものとする。
2 教科等横断的な視点に立った資質・能力の育成
(1) 各学校においては、児童や学校、地域の実態及び児童の発達の段階を考慮し、言語能力、情報活用能力(情報モラルを含む。)、問題発見・解決能力等の学習の基盤となる資質・能力を育成していくことができるよう、各教科等の特質を生かし、教科等横断的な視点から教育課程の編成を図るものとする。
(2) 各学校においては、児童や学校、地域の実態及び児童の発達の段階を考慮し、豊かな人生の実現や災害等を乗り越えて次代の社会を形成することに向けた現代的な諸課題に対応して求められる資質・能力を、教科等横断的な視点で育成していくことができるよう、各学校の特色を生かした教育課程の編成を図るものとする。
3 教育課程の編成における共通的事項

(1) 内容等の取扱い
ア 第2章以下に示す各教科、道徳科、外国語活動及び特別活動の内容に関する事項は、特に示す場合を除き、いずれの学校においても取り扱わなければならない。
イ 学校において特に必要がある場合には、第2章以下に示していない内容を加えて指導することができる。また、第2章以下に示す内容の取扱いのうち内容の範囲や程度等を示す事項は、全ての児童に対して指導するものとする内容の範囲や程度等を示すものであり、学校において特に必要がある場合には、この事項にかかわらず加えて指導することができる。ただし、これらの場合には、第2章以下に示す各教科、道徳科、外国語活動及び特別活動の目標や内容の趣旨を逸脱したり、児童の負担過重となったりすることのないようにしなければならない。
ウ 第2章以下に示す各教科、道徳科、外国語活動及び特別活動の内容に掲げる事項の順序は、特に示す場合を除き、指導の順序を示すものではないので、学校においては、その取扱いについて学年別の順序を示すものではないので、学校においては、その取扱いについて適切な工夫を加えるものとする。
エ 学年の内容を2学年まとめて示した教科及び外国語活動の内容は、2学年間かけて指導する事項を示したものである。各学校においては、これらの事項を児童や学校、地域の実態に応じ、2学年間を見通して計画的に指導することとし、特に示す場合を除き、いずれかの学年に分けて、又はいずれの学年においても指導するものとする。
オ 学校において2以上の学年の児童で編制する学級について特に必要がある場合には、各教科及び道徳科の目標の達成に支障のない範囲内で、各教科及び道徳科の目標及び内容について学年別の順序によらないことができる。
カ 道徳科を要として学校の教育活動全体を通じて行う道徳教育の内容は、第3章特別の教科道徳の第2に示す内容とし、その実施に当たっては、第6に示す道徳教育に関する配慮事項を踏まえるものとする。

(2) 授業時数等の取扱い
ア 各教科等の授業は、年間35週(第1学年については34週)以上にわたって行うよう計画し、週当たりの授業時数が児童の負担過重にならないようにするものとする。ただし、各教科等や学習活動の特質に応じ効果的な場合には、夏季、冬季、学年末等の休業日の期間に授業日を設定する場合を含め、これらの授業を特定の期間に行うことができる。
イ 特別活動の授業のうち、児童会活動、クラブ活動及び学校行事については、それらの内容に応じ、年間、学期ごと、月ごとなどに適切な授業時数を充てるものとする。
ウ 各学校においては、地域や学校の実態、各教科等や学習活動の特質等に応じて、次のとおり授業の1単位時間や授業時数の運用を工夫することができる。
(ア) 各教科等のそれぞれの授業の1単位時間は、各学校において、各教科等の年間授業時数を確保しつつ、児童の発達の段階及び各教科等や学習活動の特質を考慮して適切に定めること。
(イ) 各教科等の特質に応じ、10分から15分程度の短い時間を活用して特定の教科等の指導を行う場合において、教師が、単元や題材など内容や時間のまとまりを見通した中で、その指導内容の決定や指導の成果の把握と活用等を責任をもって行う体制が整備されているときは、その時間を当該教科等の年間授業時数に含めることができる。

こと。

(ウ) 給食、休憩などの時間については、各学校において工夫を生かし、適切に定めること。

(エ) 各学校において、児童や学校、地域の実態、各教科等や学習活動の特質等に応じて、創意工夫を生かした時間割を弾力的に編成できること。

エ 総合的な学習の時間における学習活動により、特別活動の学校行事に掲げる各行事の実施と同様の成果が期待できる場合においては、総合的な学習の時間における学習活動をもって相当する特別活動の学校行事に掲げる各行事の実施に替えることができる。

(3) 指導計画の作成等に当たっての配慮事項

各教科等の指導計画の作成に当たっては、次の事項に配慮するものとする。

ア 各教科等の指導内容については、(1)のアを踏まえつつ、単元や題材など内容や時間のまとまりを見通しながら、そのまとめ方や重点の置き方に適切な工夫を加え、第3の1に示す主体的・対話的で深い学びの実現に向けた授業改善を通して資質・能力を育む効果的な指導ができるようにすること。

イ 各教科等及び各学年相互間の関連を図り、系統的、発展的な指導ができるようにすること。

ウ 学年の内容を2学年まとめて示した教科及び外国語活動については、当該学年間を見通して、児童や学校、地域の実態に応じ、児童の発達の段階を考慮しつつ、効果的、段階的に指導するようにすること。

エ 児童の実態等を考慮し、指導の効果を高めるため、児童の発達の段階や指導内容の関連性等を踏まえつつ、合科的・関連的な指導を進めること。

4 学校段階等間の接続

教育課程の編成に当たっては、次の事項に配慮しながら、学校段階等間の接続を図るものとする。

(1) 幼児期の終わりまでに育ってほしい姿を踏まえた指導を工夫することにより、幼稚園教育要領等に基づく幼児期の教育を通して育まれた資質・能力を踏まえて教育活動を実施し、児童が主体的に自己を発揮しながら学びに向かうことが可能となるようにすること。

また、低学年における教育全体において、例えば生活科において育成する自立し生活を豊かにしていくための資質・能力が、他教科等の学習においても生かされるようにするなど、教科等間の関連を積極的に図り、幼児期の教育及び中学年以降の教育との円滑な接続が図られるよう工夫すること。特に、小学校入学当初においては、幼児期において自発的な活動としての遊びを通して育まれてきたことが、各教科等における学習に円滑に接続されるよう、生活科を中心に、合科的・関連的な指導や弾力的な時間割の設定など、指導の工夫や指導計画の作成を行うこと。

(2) 中学校学習指導要領及び高等学校学習指導要領を踏まえ、中学校教育及びその後の教育との円滑な接続が図られるよう工夫すること。特に、義務教育学校、中学校連携型小学校及び併設型小学校においては、義務教育9年間を見通した計画的かつ継続的な教育課程を編成すること。

第3 教育課程の実施と学習評価

1 主体的・対話的で深い学びの実現に向けた授業改善

各教科等の指導に当たっては、次の事項に配慮するものとする。

(1) 第1の3の(1)から(3)までに示すことが偏りなく実現されるよう、単元や題材など内容や時間のまとまりを見通しながら、児童の主体的・対話的で深い学びの実現に向けた授業改善を行うこと。

特に、各教科等において身に付けた知識及び技能を活用したり、思考力、判断力、表現力等や学びに向かう力、人間性等を発揮させたりして、学習の対象となる物事を捉え思考することにより、各教科等の特質に応じた物事を捉える視点や考え方（以下「見方・考え方」という。）が鍛えられていくことに留意し、児童が各教科等の特質に応じた見方・考え方を働かせながら、知識を相互に関連付けてより深く理解したり、情報を精査して考えを形成したり、問題を見いだして解決策を考えたり、思いや考えを基に創造したりすることに向かう過程を重視した学習の充実を図ること。

(2) 第2の2の(1)に示す言語能力の育成を図るため、各学校において必要な言語環境を整えるとともに、国語科を要としつつ各教科等の特質に応じた言語活動を充実すること。あわせて、(7)に示すとおり読書活動を充実すること。

(3) 第2の2の(1)に示す情報活用能力の育成を図るため、各学校において、コンピュータや情報通信ネットワークなどの情報手段を活用するために必要な環境を整え、これらを適切に活用した学習活動の充実を図ること。また、各種の統計資料や新聞、視聴覚教材や教育機器などの教材・教具の適切な活用を図ること。

あわせて、各教科等の特質に応じて、次の学習活動を計画的に実施すること。

ア 児童がコンピュータで文字を入力するなどの学習の基盤として必要となる情報手段の基本的な操作を習得するための学習活動

イ 児童がプログラミングを体験しながら、コンピュータに意図した処理を行わせるために必要な論理的思考力を身に付けるための学習活動

(4) 児童が学習の見通しを立てたり学習したことを振り返ったりする活動を計画的に取り入れるように工夫すること。

(5) 児童が生命の有限性や自然の大切さ、主体的に挑戦してみることや多様な他者と協働することの重要性などを実感しながら理解することができるよう、各教科等の特質に応じた体験活動を重視し、家庭や地域社会と連携しつつ体系的・継続的に実施できるよう工夫すること。

(6) 児童が自ら学習課題や学習活動を選択する機会を設けるなど、児童の興味・関心を生かした自主的、自発的な学習が促されるよう工夫すること。

(7) 学校図書館を計画的に利用しその機能の活用を図り、児童の主体的・対話的で深い学びの実現に向けた授業改善に生かすとともに、児童の自主的、自発的な学習活動や読書活動を充実すること。また、地域の図書館や博物館、美術館、劇場、音楽堂等の施設の活用を積極的に図り、資料を活用した情報の収集や鑑賞等の学習活動を充実すること。

2 学習評価の充実

学習評価の実施に当たっては、次の事項に配慮するものとする。

(1) 児童のよい点や進歩の状況などを積極的に評価し、学習したことの意義や価値を実感できるようにすること。また、各教科等の目標の実現に向けた学習状況を把握する観点から、単元や題材など内容や時間のまとまりを見通しながら評価の場面や方法を工夫して、学習の過程や成果を評価し、指導の改善や学習意欲の向上を図り、資質・能力の育成に生かすようにすること。

(2) 創意工夫の中で学習評価の妥当性や信頼性が高められるよう、組織的かつ計画的な取組を推進するとともに、学年や学校段階を越えて児童の学習の成果が円滑に接続されるように工夫すること。

第5 学校運営上の留意事項

1 教育課程の改善と学校評価等

ア 各学校においては、校長の方針の下に、校務分掌に基づき教職員が適切に役割を分担しつつ、相互に連携しながら、各学校の特色を生かしたカリキュラム・マネジメントを行うよう努めるものとする。また、各学校が行う学校評価について、教育課程の編成、実施、改善が教育活動や学校運営の中核となることを踏まえ、カリキュラム・マネジメントと関連付けながら実施するよう留意するものとする。

イ 教育課程の編成及び実施に当たっては、学校保健計画、学校安全計画、食に関する指導の全体計画、いじめの防止等のための対策に関する基本的な方針など、各分野における学校の全体計画等と関連付けながら、効果的な指導が行われるように留意するものとする。

2 家庭や地域社会との連携及び協働と学校間の連携

教育課程の編成及び実施に当たっては、次の事項に配慮するものとする。

ア 学校がその目的を達成するため、学校や地域の実態等に応じ、教育活動の実施に必要な人的又は物的な体制を家庭や地域の人々の協力を得ながら整えるなど、家庭や地域社会との連携及び協働を深めること。また、高齢者や異年齢の子供など、地域における世代を越えた交流の機会を設けること。

イ 他の小学校や、幼稚園、認定こども園、保育所、中学校、高等学校、特別支援学校など との間の連携や交流を図るとともに、障害のある幼児児童生徒との交流及び共同学習の機会を設け、共に尊重し合いながら協働して生活していく態度を育むようにすること。

学校における食育推進に係る協力者会議委員

（職名は、平成３１年３月現在）

	赤松　美雪	香川県教育委員会保健体育課主任指導主事
	赤松　利恵	お茶の水女子大学基幹研究院自然科学系教授
	伊藤　秀一	江東区教育委員会指導室長
	猪野　典子	水戸市立大場小学校校長
	太田　敦弘	鳥取県日吉津村教育委員会事務局参事
	上園　竜之介	埼玉大学教育学部附属教育実践総合センター准教授
	北川　大樹	八王子市教育委員会学校教育部指導課指導主事
	北村　和子	香美市立大宮小学校栄養教諭
	木下　裕一郎	長崎県教育庁特別支援教育課企画班指導主事
	島津　美和	新潟市立関屋中学校栄養教諭
	鈴木　志保子	神奈川県立保健福祉大学保健福祉学部栄養学科教授
	高野　浩男	山形大学大学院教育実践研究科准教授
	長島　美保子	公益社団法人全国学校栄養士協議会会長
	深藏　祥子	大分県教育庁義務教育課幼児教育推進班指導主事
○	森泉　哲也	新潟医療福祉大学健康科学部健康栄養学科教授
	山﨑　さゆり	長野県小諸養護学校栄養教諭
	横張　亜希子	埼玉県立越谷総合技術高等学校教頭
	萬　かおり	琴浦町立浦安小学校栄養教諭
	脇田　哲郎	福岡教育大学大学院教育学研究科教授

（５０音順　○は座長）

文部科学省においては、次の者が本書の編成に当たった。

三谷　卓也	初等中等教育局健康教育・食育課長
清久　利和	初等中等教育局健康教育・食育課食育調査官
齊藤　るみ	初等中等教育局健康教育・食育課学校給食調査官
横嶋　剛	国立教育政策研究所教育課程研究センター教育課程調査官（前初等中等教育局健康教育・食育課調査官）

君に関する指導の手引 - 第二次改訂版 -

初版　　　　　　平成 19 年 3 月
第一次改訂版　　平成 22 年 3 月
第二次改訂版　　平成 31 年 3 月
第二次改訂版　初版第 1 刷発行　令和元年 8 月 1 日
第 4 刷発行　令和 5 年 4 月 3 日

著作権所有　　文部科学省

発行者　　細井精美

発行所　　株式会社 健学社
〒 102-0071 千代田区富士見 1-5-8 大輪京ビル
TEL (03) 3222-0557　FAX (03) 3262-2615
URL: https://www.kengaku.com
印　刷　　シナノ印刷株式会社

2023 Printed in Japan

©MEXT

ISBN:978-4-7797-0496-3 C3037 NDC 375 288p 210×297mm
※落丁本、乱丁本は小社にてお取り替えいたします。